Eduardo Galeano
Gesichter und Masken
Erinnerung an das Feuer,
Band 2

Dieses Buch
ist der zweite Band der Trilogie *Erinnerung an das Feuer.* Der Autor möchte darin die Geschichte Amerikas und vor allem Lateinamerikas neu erzählen, ihre vielen Facetten aufzeigen und in ihre Geheimnisse eindringen. Im dritten Band vervollständigt sich das großangelegte Mosaik dann bis in unsere Tage. *Gesichter und Masken* umfaßt das achtzehnte und das neunzehnte Jahrhundert.
Jedem Text ist die Jahreszahl und der Ort, an dem sich die erzählte Episode abspielte, vorangestellt. Die eingeklammerten Zahlen am Fuß der Texte verweisen auf die wichtigsten Bücher, die der Autor zu seiner Information und auf der Suche nach Belegen hinzugezogen hat. Das vollständige Quellenverzeichnis steht am Schluß des Buches.
Wörtliche Zitate sind in Kursivschrift hervorgehoben.

Der Autor,
Eduardo Hughes Galeano, wurde 1940 in Montevideo, Uruguay geboren. Seine ersten journalistischen Schritte tat er in der sozialistischen Wochenzeitung *El Sol;* er publizierte dort Zeichnungen und politische Karikaturen, die er wegen seines spanisch schwer auszusprechenden ersten Familiennamens mit *Gius* signierte. Später wurde er Chefredakteur der Wochenzeitung *Marcha* und Direktor der Tageszeitung *Época* sowie mehrerer anderer Publikationen in Montevideo. 1973 emigrierte er nach Argentinien, wo er die Zeitschrift *Crisis* gründete und leitete. Von 1976 bis 1985 lebte er im Exil in Spanien und kehrte dann nach Uruguay zurück.
Er hat mehrere Bücher veröffentlicht. Darunter *Die offenen Adern Lateinamerikas* (Peter Hammer Verlag, Wuppertal 1973), *Tage und Nächte von Liebe und Krieg* (Peter Hammer Verlag 1979/1985) sowie *Geburten* und *Jahrhundert des Sturms* (Peter Hammer Verlag 1983), die Bände eins und drei der Trilogie *Erinnerung an das Feuer.* 1991 erschien in der Übersetzung von Erich Hackl *Das Buch der Umarmungen.*

Eduardo Galeano

Gesichter und Masken

Erinnerung an das Feuer, Band 2

Aus dem Spanischen übersetzt von
Monika López

Peter Hammer Verlag

Die Deutsche Bibliothek – CIP-Einheitsaufnahme

Galeano, Eduardo:
Erinnerung an das Feuer / Eduardo Galeano. – Wuppertal : Hammer.
Einheitssacht.: Memoria del fuego <dt.>

2. Galeano, Eduardo: Gesichter und Masken. – 1991

Galeano, Eduardo:
Gesichter und Masken / Eduardo Galeano. Aus dem Span. von Monika López. – Wuppertal : Hammer, 1991
(Erinnerung an das Feuer / Eduardo Galeano ; 2)
(Peter-Hammer-Taschenbuch ; 35)
Einheitssacht.: Las caras y las mascaras <dt.>
ISBN 3-87294-291-3
NE: 2. GT

Ein Register der Bände 1 bis 3 befindet sich in Band 3.

Lektorat: Lutz Kliche
Umschlag: Markus Eidt unter Verwendung des Motivs eines Wandteppichs der Indianer der San-Blas-Inseln, Karibik
Gesamtherstellung: Steidl, Göttingen

Danksagungen

Zu den Freunden, die schon an *Geburten* und auch an diesem Band mitgearbeitet haben, kamen viele weitere und verschafften dem Autor Zugang zu der nötigen Bibliographie. Darunter Mariano Baptista Gumucio, Olga Behar, Claudia Canales, Hugo Chumbita, Galeno de Freitas, Horacio de Marsilio, Bud Flakoll, Piruncha und Jorge Galeano, Javier Lentini, Alejandro Losada, Paco Moncloa, Lucho Nieto, Rigoberto Paredes, Rius, Lincoln Silva, Cintio Vitier und René Zavaleta Mercado.
Diesmal opferten sich Jorge Enrique Adoum, Mario Benedetti, Edgardo Carvalho, Antonio Doñate, Juan Gelman, María Elena Martínez, Ramírez Contreras, Lina Rodríguez, Miguel Rojas-Mix, Nicole Rouan, Pilar Royo, César Salsamendi, José María Valverde und Federico Vogelius und lasen das Manuskript. Sie schlugen manche Veränderung vor und halfen, dumme Fehler zu vermeiden.
Helena Villagra war auch diesmal bei jedem Schritt zugegen. Gleich ob die Arbeit stockte oder floß, sie behielt bis zur letzten Zeile ihre rätselhafte Geduld.

Dieses Buch ist Tomás Borge, ist Nicaragua gewidmet.

Ich weiß nicht, wo ich geboren,
und auch nicht, wer ich bin.
Ich weiß nicht, woher komm ich?
Ich weiß nicht, wo will ich hin?

Von einem Baum, der wer weiß wo
gestürzt ist, bin ich ein Zweig.
Wo sind wohl meine Wurzeln?
Von welchem Baum bin ich ein Reis?

Volkslied aus Boyoacá, Kolumbien

Verheißung Amerikas

Der blaue Tiger wird die Welt zerfleischen.
Eine andere Erde, ohne Bosheit, ohne Sterben, wird aus dem Untergang der jetzigen Erde hervorgehen. So wünscht sie es sich. Sie wünscht sich, unterzugehen, sie wünscht sich, neugeboren zu werden, die alte, beleidigte Erde. Sie ist todmüde und ganz blind vom vielen Nach-innen-Weinen. Sterbenskrank schleppt sie sich – ein Wrack der Zeit – durch die Tage, und nachts tut sie den Sternen leid. Aber bald erhört der Erste Vater die Bitten der Welt, die anders sein will, und läßt den unter seiner Hängematte schlafenden blauen Tiger los.
In Erwartung dieses Augenblicks ziehen die Guaraní-Indianer über die verdammte Erde.
– Hast du uns etwas zu sagen, Kolibri?
Sie tanzen ohne Unterlaß, immer schwereloser, immer schwebender, und singen dazu die heiligen Lieder, in denen die bevorstehende Geburt der neuen Erde gefeiert wird.
– Schleudere Blitze, Kolibri, schleudere Blitze!
Ihre Suche nach dem Paradies hat sie bis ans Meeresufer und bis ins Herz Amerikas geführt. Sie zogen durch Urwälder, über Gebirgsketten und durchquerten Flüsse, um das neu zu gründende Reich zu finden, in dem niemand mehr alt oder krank wird und nichts das immerwährende Fest des Lebens stört. Den Liedern zufolge wächst der Mais dort von ganz allein, und die Pfeile fliegen von selbst durchs Dickicht. Und weder Strafe noch Vergebung sind nötig, weil es kein Verbot und keine Schuld mehr gibt. (72 und 232)*

* Die in Klammern angegebenen Zahlen beziehen sich auf die vom Autor benutzte Quelle. Eine Auflistung der Quellen ist im Quellenverzeichnis am Schluß des Buches zu finden.

1701, TAL VON SALINAS

Die Haut Gottes

Vor Jahren oder Jahrhunderten ruderten die Chiriguano-Indianer aus dem Guaraní-Volk den Pilcomayo hinauf und gelangten an die Grenze zum Inkareich. Dort, vor den ersten Andenhöhen, ließen sie sich nieder und warten seitdem auf das Reich ohne Bosheit und Tod. Da singen und tanzen sie, die Paradiessucher.
Bis dahin kannten die Chiriguanos kein Papier. Sie entdeckten es zusammen mit dem gedruckten und dem geschriebenen Wort, als die Franziskanermönche aus Chuquisaca nach langem Umherziehen mit frommen Büchern in den Satteltaschen in ihrer Gegend auftauchten.
Solange sie das Papier nicht kannten und nicht wußten, daß sie es brauchten, hatten die Indianer auch kein Wort dafür.
Heute nennen sie es die *Haut Gottes,* weil man auf Papier Freunden in der Ferne Nachrichten zukommen lassen kann.

(233 und 252)

1701, SÃO SALVADOR DE BAHIA

Sprechendes Amerika

Pater António Vieira starb, als das Jahrhundert sich wendete, seine Stimme aber gewährte den Schutzlosen weiterhin Schutz. In den Ohren der Unglückseligen und Verfolgten auf brasilianischem Boden klingen die Worte des Missionars, als wären sie eben gesprochen, bleiben lebendig.
Einmal hatte Pater Vieira abends über die ältesten Propheten gepredigt. Sie hätten sich nicht geirrt, sagte er, als sie das Schicksal aus den Eingeweiden der Opfertiere gelesen hätten. Aus den Eingeweiden, sagte er, nicht aus dem Kopf. Denn der Liebesfähige sei ein besserer Prophet als der Verstandesmensch.

(351)

1701, PARIS

Lockendes Amerika

In Paris sitzt ein gelehrter Geograph in seinem Kabinett und zweifelt. Guillaume Deslile fertigt exakte Erd- und Himmelskarten an. Soll er El Dorado in die Amerikakarte einzeichnen? Den geheimnisumwobenen See wie üblich irgendwo an den Oberlauf des Orinoko setzen? Deslile fragt sich, ob es das goldschimmernde Gewässer wirklich gibt, das nach Walter Raleighs Beschreibung so groß wie das Kaspische Meer ist. Sind tatsächlich jemals Fürsten aus Fleisch und Blut bei Fackellicht in den See getaucht und wie blinkende Goldfische darin geschwommen?

Der See kommt auf allen bislang gezeichneten Karten vor. Mal heißt er El Dorado, mal Parima. Aber Deslile kennt – vom Hörensagen oder Lesen – Berichte, die ihn an der Existenz des Sees zweifeln lassen. So mancher Glücksritter ist auf der Suche nach El Dorado tief in die Neue Welt vorgestoßen, in der sich die vier Winde schneiden und alle Farben und Narben brennen, und hat doch nichts gefunden. Spanier, Portugiesen, Engländer, Franzosen und Deutsche sind in Schluchten hinabgestiegen, die Amerikas Götter mit Zähnen und Klauen aufgerissen haben, sind in Urwälder vorgedrungen, in die die Götter ihren heißen Tabaksatem blasen, haben Flüsse befahren, die aus von den Göttern ausgerissenen Baumriesen entspringen, und haben Indianer gemartert oder umgebracht, die die Götter mit ihrem Speichel oder mit ihrem Odem oder im Schlaf erschaffen haben. Aber noch jedesmal löste sich das flüchtige Gold in Luft auf und verschwand der See, bevor jemand hinkam. El Dorado ist wie der Name eines Grabs ohne Sarg und ohne Leichentuch.

Vor zwei Jahrhunderten ist die Welt größer – und rund – geworden, und seitdem startet jeder, der auf der Welt Hirngespinsten nachjagt, von irgendeinem Kai nach Amerika und segelt, eng zusammengedrängt auf Schiffen, im Schutz eines Seefahrer- und Eroberergottes über das gewaltige Meer. Neben Hirten und Bauern, die in Europas Kriegen, Seuchen und Hungersnöten nicht umgekommen sind, reisen Kaufleute,

Kapitäne und Strolche, Mystiker und Abenteurer. Alle suchen das Wunder. Am anderen Ufer des zauberkräftigen Meers, das Blut abwäscht und Schicksale verklärt, liegt, zum Greifen nahe, die größte Verheißung aller Zeiten. Bettler dürfen dort Rache nehmen, aus armen Schluckern werden Grafen, aus Bösewichtern fromme Männer und aus Galgenvögeln Städtegründer. Und Frauen, die mit Liebe handeln, werden wieder zu Jungfrauen mit reicher Mitgift. (326)

Wächter Amerikas

Als die ganz frühen Indios in den Anden lebten, war es immer Nacht. Erst der Kondor brachte die Sonne. Der Kondor, das älteste unter den Tieren, die fliegen, ließ eine kleine Goldkugel auf die Berge fallen. Die Indios hoben sie auf, bliesen aus voller Lunge und pusteten das Gold schließlich an den Himmel. Da blieb es für immer. Die Sonne schwitzte Gold aus, und aus dem Gold ihrer Strahlen formten die Indios die Tiere und Pflanzen, die heute die Erde bevölkern.

Eines Nachts schien der Mond über den Gipfeln und hatte drei Höfe: einen aus Blut, den Vorboten von Kriegen, einen aus Glut, den Vorboten von Feuersbrünsten, und einen, der schwarz war wie die Verhängnis. Da flohen die Indios mitsamt ihrem heiligen Gold in die hochgelegenen Steinwüsten und sprangen dort mit dem Gold in die tiefen Lagunen und Vulkane.

Seitdem hütet der Kondor, der den Andenbewohnern die Sonne gebracht hat, die Schätze. Mit reglosen mächtigen Schwingen kreist er über Schneegipfeln, Gewässern und rauchenden Kratern. Wenn es Habgierige nahen fühlt, warnt ihn das Gold; es schreit dann, es brüllt und zischt. Dann schießt der Kondor auf die Räuber herab, hackt ihnen mit dem Schnabel die Augen aus und zerreißt sie mit seinen Fängen.

Nur die Sonne bekommt auch den Rücken des Kondors, seinen kahlen Schädel, seinen runzligen Hals zu sehen. Nur die Sonne weiß, wie einsam er ist. Von der Erde aus wirkt der Kondor wie ein unverwundbarer Flieger. (246)

1701, OURO PRETO

Hokuspokus

Der Silberberg von Potosí ist keine Fata Morgana, die Stollen in Mexiko bergen nicht nur Finsternis und Wahn, und die Flüsse in Zentralbrasilien sind tatsächlich auf Gold gebettet.

Über die Verteilung des Golds entscheidet in Brasilien die Tombola oder das Messer – man zieht das Los oder den Tod. Wer sein Leben nicht verliert, gewinnt gewaltige Reichtümer, auch wenn der portugiesische König ein Fünftel von allem einbehält. Ein Fünftel sollte es jedenfalls sein. Sehr viel Gold wird aber unter der Hand beiseite geschafft, und dagegen helfen auch nicht so viele Wachposten, wie Bäume in den hiesigen dichten Wäldern wachsen.

Die Geistlichen in Brasiliens Minendistrikt verbringen mehr Zeit mit dem Schmuggeln von Gold als mit der Rettung von Seelen. Hohle Heiligenfiguren aus Holz leisten ihnen dabei als Verstecke gute Dienste. An der Küste fälscht Pater Roberto Stempel, wie andere Rosenkränze beten, aber auf den unrechtmäßig erworbenen Goldbarren prangt dank seiner das königliche Siegel. Roberto, der Benediktinermönch aus dem Kloster Sorocaba, hat auch einen allmächtigen Schlüssel gefeilt, dem kein Schloß widersteht. (11)

1703, LISSABON

Transitgut Gold

Vor ein paar Jahren ließ der Generalgouverneur von Brasilien ebenso zutreffende wie nutzlose Unkenrufe hören. Aus Bahia warnte João de Lencastre den portugiesischen König, die Horden von Abenteurern würden den Grubendistrikt noch zum Wallfahrtsort für Verbrechen und Landstreicher machen. Aber es drohe noch eine weit schlimmere Gefahr. Portugal könne es mit dem Gold nämlich ebenso ergehen wie Spanien, das seinem Silber, kaum treffe es aus Amerika ein, mit Tränen in den Augen schon wieder ade sagen müsse. Das brasilianische Gold könne im Lissaboner Hafen landen und ohne Aufenthalt auf portugie-

sischem Boden den Tajo aufwärts gleich weiter nach England, Frankreich, Holland oder Deutschland wandern …
Wie um dem Gouverneur recht zu geben, wird der Methuen-Vertrag unterzeichnet. Demnach zahlt Portugal mit brasilianischem Gold für englisches Tuch. Gold aus Brasilien, der fremden Kolonie, bringt Englands Industrie denn auch gewaltig in Schwung. (11, 48 und 226)

1709, JUAN-FERNÁNDEZ-INSELN

Robinson Crusoe

Die Wache im Ausguck meldet: Da vorn brennen Feuer. Um sich die Feuermacher zu holen, ändern die Seeräuber auf der *Duke* den Kurs und halten auf chilenische Gestade zu.
Das Schiff nähert sich den Fernández-Inseln. Ein Kanu schießt ihnen von der Feuerkette her durch die Gischt entgegen. Fieberzitternd und grunzend steigt ein vor Schmutz starrender Haarwust an Deck.
Tage später ist Kapitän Rogers allmählich im Bilde. Der Schiffbrüchige heißt Alexander Selkirk und ist ein Kollege aus Schottland. Er versteht sich so gut wie er aufs Segelsetzen, Windbestimmen und Plündern. Er war beim Beutezug des Piraten William Dampier an der Küste von Valparaíso dabei. Dank seiner Bibel, seines Fahrtenmessers und seines Gewehrs hielt Selkirk mehr als vier Jahre auf einer der menschenleeren Inseln aus. Aus Ziegendärmen fertigte er sich Angelschnüre, zum Kochen kratzte er das kristallisierte Salz von den Klippen, und Licht machte er sich mit Seehundstran. Am höchsten Punkt baute er sich eine Hütte und daneben einen Ziegenstall. In einen Baumstamm ritzte er die verrinnende Zeit. Stürme trieben ihm Wrackteile und einmal auch einen halb ertrunkenen Indianer heran. Den Indianer nannte er Freitag, weil das an einem Freitag geschah. Mit ihm ergründete er die Geheimnisse der Pflanzen. Als das große Schiff kam, zog Freitag es vor, zu bleiben. Selkirk schwor, er werde wiederkommen, und Freitag glaubte ihm. Zehn Jahre später läßt Daniel Defoe in London die Abenteuer eines Schiffbrüchigen drucken. Im Roman heißt

Selkirk Robinson Crusoe und ist in York geboren. Aus dem Beutezug des englischen Piraten Dampier, der die peruanischen und chilenischen Küsten kahl zurückließ, wird ein ehrbares Handelsunternehmen. Das menschenleere und geschichtslose Eiland wird vom Pazifik an die Orinokomündung verlegt, und der Schiffbrüchige lebt darauf achtundzwanzig statt vier Jahre. Auch Robinson rettet einem Wilden das Leben, aber einem Menschenfresser. Das erste englische Wort, das er ihm beibringt, lautet *Master.* Selkirk ritzte jeder Ziege, die er einfing, nur mit dem Messer sein Zeichen ins Ohr. Robinson plant schon die Parzellierung seines Inselreichs, um es stückchenweise zu verkaufen. Bei jedem Wrackteil, das er auffliest, schätzt er den Wert, über alles, was die Insel hervorbringt, führt er Buch, und in jeder Lage zieht er Bilanz – auf der Sollseite die Mißgeschicke, auf der Habenseite die Glücksfälle. Wie Selkirk muß auch Robinson die Prüfung Einsamkeit, Angst und Wahnsinn bestehen. Aber während Alexander Selkirk, als er gerettet wurde, nur noch eine Jammergestalt war, die nicht mehr sprechen konnte und vor allem erschrak, kehrt Robinson Crusoe mit seinem treuen Freitag als sieghafter Bezwinger der Natur, Bilanz ziehend und neue Abenteuer planend, nach England heim. (92, 149 und 259)

1711, PARAMARIBO

Die Frauen schwiegen

Den Sklaven, die zum ersten Mal fliehen, schneiden die Holländer die Achillessehnen durch; den Verbockten, die es ein zweites Mal versuchen, hacken sie das Bein ab. Die Seuche der Freiheit ist am Surinam trotzdem nicht einzudämmen.

Kapitän Molinay fährt stromabwärts nach Paramaribo. Er bringt von der Expedition zwei abgeschlagene Köpfe zurück. Die gefangenen Frauen mußten einen Kopf kürzer gemacht werden, weil sie ganz nicht mehr durch den Urwald zu transportieren waren. Die eine hieß Flora und die andere Sery. Sie starren immer noch zum Himmel. Trotz Prügelstrafe, Feuer und glühender Zangen machten sie den Mund nicht auf – sie blieben herausfordernd stumm, als wäre, seit man sie einst gemästet, mit Öl eingerieben, kahlgeschoren und zwecks besserem Verkauf auf dem Markt in Paramaribo den Kopf mit Sternen und Halbmonden bemalt hatte, nie wieder ein Wort über ihre Lippen gekommen. Sie blieben stumm, diese Flora und diese Sery, solange die Soldaten sie nach den Verstecken der entflohenen Sklaven verhörten. Sie zuckten nicht mit der Wimper, sie sahen die ganze Zeit nur den am Himmel vorbeiziehenden bergehohen Wolken nach. (173)

Das Leben in den Frauenhaaren

So viele Neger man auch ans Kreuz schlägt oder an einem durch die Rippen gezogenen Eisenhaken aufhängt – die Aufstände nehmen kein Ende auf den vierhundert Plantagen an Surinams Küste. Dahinter, im Urwald, flattert ein schwarzer Löwe auf gelbem Grund – die Fahne der Freien. Dort lädt man die Waffen mangels Kugeln mit Kieseln oder knöchernen Bolzen. Aber der beste Verbündete im Kampf mit den holländischen Siedlern ist immer noch das undurchdringliche Dickicht.
Sklavinnen schaffen, bevor sie fliehen, Reis-, Mais- und Weizenkörner, Bohnen und Kürbissamen beiseite. Die nehmen sie dann in ihren riesigen Haarschöpfen mit, als wären es Getreidesäcke. Bei der Ankunft im Dschungel, in ihren Zufluchtsstätten, schütteln sie als erstes den Kopf und besäen so den freien Boden. (173)

Flüchtige Sklaven

Der Alligator liegt, als Baumstamm getarnt, da und genießt die Sonne. Auf den Fühlern der Schnecke kreisen ihre Augen. Gewandt wie ein Zirkusartist balzt der Vogel vor dem Weibchen. Das Spinnenmännchen turnt unter Lebensgefahr über das Spinnennetz – sein Bett- und sein Leichentuch, auf dem er gleich umschlungen und verschlungen wird. Eine Herde Affen

schwingt sich durchs Geäst zum Sturm auf die wildwachsenden Früchte. Ihr Kreischen gellt durchs Dickicht und übertönt den Singsang der Zikaden und den fragenden Gesang der Vögel. Aber da raschelt es seltsam, wie Schritte auf dem Laubteppich, und jählings verstummt und erstarrt der Urwald und duckt sich und wartet. Als der erste Schuß kracht, ergreift der ganze Dschungel die Flucht.
Der Schuß bedeutet: Es werden wieder einmal Sklaven, Cimarrones, gejagt. Cimarron ist antillanisch und heißt »Pfeil auf der Suche nach Freiheit«. Die Spanier bezeichneten damit Stiere, die ausbrachen und in den Wäldern lebten. Später wurde das Wort in andere Sprachen übernommen und bezeichnete – *chimarrão, maroon, marron* – die Sklaven, die in allen Teilen Amerikas Schutz in Wäldern, Sümpfen und Schluchten suchten, um dort in Freiheit ihre Hütten zu errichten und sie mit Hilfe todbringender Fallen und Irrwege zu verteidigen.
Die Cimarrones sind der Pfahl im Fleische der kolonialen Gesellschaft. (264)

1711, MURRÍ

Sie sind nie allein

Auch Indianer werden zuweilen Cimarrones. Um die Indianercimarrones unter die Herrschaft der Geistlichen und Militärs zu bringen, baut man Haftanstalten wie das eben gegründete Wehrdorf Murrí in der Region Chocó.
Seit die weißgeflügelten Riesenkanus auf der Suche nach den von den Bergen herabströmenden Goldflüssen angesegelt kamen, sind die Indios auf der Flucht. Eine Unzahl Geister zieht mit ihnen durch den Urwald und über die Flüsse.
Der Zauberer weiß, mit welchen Leuten man die Geister ruft. Will er Kranke gesund machen, bläst er mit dem Muschelhorn in das Dickicht, in dem das Nabelschwein, der Paradiesvogel und der singende Fisch wohnen. Will er Gesunde krank machen, hext er ihnen den Todesfalter in die Lunge. Der Zauberer weiß, daß es in der Gegend von Chocó kein Land, kein Wasser und keine Luft gibt, in denen keine Geister wohnen. (121)

1711, PALENQUE DE SAN BASILIO

Der schwarze König, der weiße Heilige und sein heiliges Weib

Vor mehr als einem Jahrhundert ist der Neger Domingo Bioho in Cartagena de Indias von den Galeeren geflohen und Kriegerkönig in den Sümpfen geworden. Rudel von Hunden und Musketenschützen haben ihn gejagt und gehetzt, und mehrmals ist Domingo gehängt worden. An mehr als einem Tag wurde Domingo unter starkem Applaus am Schwanz eines Maultiers durch Cartagenas Straßen geschleift, und mehrere Male schnitt man ihm das Glied ab und steckte es auf eine Lanze. Wer seiner habhaft geworden war, wurde jeweils mit Landzuteilungen belohnt, und mehr als einer erhielt auch den Titel eines Marquis. Dennoch herrscht Domingo Bioho in den Palenques, den Negersiedlungen am Dique-Kanal und am Unterlauf des Cauca, bis heute und lacht über sein ganzes unverwechselbar bemaltes Gesicht.

Die freien Neger sind ständig alarmbereit, bilden sich von Geburt an zum Kampf aus und wohnen im Schutz von Steilhängen, Schluchten und tiefen Gräben voll giftiger Dornen. Der bedeutendste Palenque in der Region, der schon seit Jahrhunderten besteht und widersteht, soll auf den Namen eines Heiligen getauft werden. San Basilio soll er heißen: die Figur des heiligen Basilius kommt schon den Magdalena-Strom heraufgefahren. Basilius darf als erster weißer Mann den Palenque betreten. Außer der Mitra und dem Herrscherstab bringt er auch eine kleine Kirche mit vielen Wundern darin. Basilius stößt sich nicht an den nackten Menschen ringsum, und er spricht auch nie im Befehlston. Die freien Neger geben ihm ein Haus und eine Frau. Es ist die fromme Katharina, die sein Weib wird, damit der Herr im Jenseits ihn nicht mit einer Eselin verheiratet und damit sie es auf Erden zu zweit gut haben, solange sie da sind. (108 und 120)

Stöckchenmarie

In den Gegenden, in denen Domingo Bioho für alle Zeiten über die Siedlungen der entlaufenen Neger gebietet, gibt es allerlei Bestien und Getier. Am meisten gefürchtet sind die Tiger, die würgende Boa und die Natter, die sich um Rotholzstämme ringelt und in die Hütten schleicht. Besonders faszinierend sind der Mayupa-Fisch, der aus dem Kopf kackt, und die Mariapalito oder Stöckchenmarie, eine Gottesanbeterin. Wie die Spinne frißt auch die Stöckchenmarie ihre Liebhaber. Wenn das Männchen sie von hinten umfaßt, dreht sie ihm ihr kinnloses Gesicht zu, taxiert ihn mit großen vorstehenden Augen, schlägt ihre Zähne in ihn und verspeist ihn in aller Ruhe, bis nichts mehr von ihm übrig ist.
Die Mariapalito ist ausgesprochen fromm. Sie hat ständig die Hände gefaltet und betet sogar beim Essen. (108)

1712, SANTA MARTA

Vom Piratenunwesen zum Schmuggelhandel

Zwischen den grünen Beinen der kolumbianischen Sierra Nevada, deren Füße schon im Meer liegen, steht ein Glockenturm mit Häusern aus Holz und Stroh darum. In den Häusern wohnen die dreißig weißen Familien der Hafenstadt Santa Marta. Um sie herum wohnen in palmblattbedeckten Schilf- und Lehmhütten die Indianer, Neger und Mischlinge, die zu zählen sich keiner die Mühe gemacht hat.
Der Alptraum dieses Küstenstreifens waren schon immer die Piraten. Vor fünfzehn Jahren mußte der Bischof sogar die Orgel in der Kirche auseinandernehmen, um Notmunition zu haben. Vor einer Woche nun sind englische Schiffe an den Kastellen vorbei, die den Hafen bewachen, durchs Geschützfeuer geprescht und lagen am frühen Morgen friedlich am Strand. Alles floh in die Berge.
Die Piraten warteten ab. Sie stahlen nicht ein Schnupftuch, sie steckten keine einzige Hütte in Brand.

Argwöhnisch kamen die Anwohner nach und nach heran. Und jetzt ist Santa Marta ein fröhlicher Marktflecken. Die Piraten sind, obwohl bis an die Zähne bewaffnet, zum Kaufen und Verkaufen da. Sie feilschen, aber sie zahlen gewissenhaft die ausgehandelten Preise.
Im fernen England vergrößern sich die Manufakturen und schreien nach Märkten. Viele Piraten satteln auf Schmuggelhandel um, auch wenn keiner von ihnen den Zungenbrecher *Kapitalakkumulation* kennt und weiß, was das bedeutet. (36)

1714, OURO PRETO

Der Grubenarzt

Dieser Arzt glaubt weder an Drogen noch an die sündhaft teuren Pülverchen aus Portugal. Er mißtraut Aderlässen und Klistieren und hält nicht viel von Altvater Galenus und seinen Gesetzestafeln. Luis Gomes Ferreira rät seinen Patienten zu einem täglichen Bad – was in Europa ein eindeutiger Hinweis auf Ketzerei oder Irrsinn wäre – und verordnet ihnen im Land wachsende Kräuter und Wurzeln. So manches Menschenleben hat Doktor Ferreira so gerettet – mit gesundem Menschenverstand, mit uraltem Indianerwissen und mit *Moça Branca,* dem *weißes Mädchen* genannten Zuckerrohrschnaps, der selbst Tote wieder auferweckt.
Nur gegen die Angewohnheit der Bergleute, sich gegenseitig über den Haufen zu schießen und den Bauch aufzuschlitzen, kann Ferreira nicht viel ausrichten. Glück und Reichtum sind hierzulande von kurzer Dauer, List gilt mehr als Tüchtigkeit. Kein Fachwissen hilft in dem gnadenlosen Krieg um den Besitz des schwarzen Drecks, der Sonnen birgt. Der königliche Schatzmeister, Hauptmann Tomas de Souza, wollte Gold und handelte sich Blei ein. Der Arzt konnte nur noch das Kreuz über ihm schlagen. Alle glaubten, der Hauptmann hätte das Gold tonnenweise gehortet, aber die Gläubiger fanden nur ein paar Sklaven zum Aufteilen.
Selten behandelt der Arzt einen Kranken, wenn er schwarz ist. In Brasiliens Bergwerken sind Sklaven Wegwerfartikel. Ver-

geblich rät Doktor Ferreira den Sklavenhaltern zu pfleglicher Behandlung, andernfalls frevelten sie an Gott und ihren eigenen Interessen. An den Goldwaschplätzen und in den Gruben hält kein Neger mehr als zehn Jahre durch. Aber für eine Handvoll Gold bekommt man ja einen neuen Jungen, und der ist so viel wert wie eine Handvoll Salz oder ein ganzes Schwein. (48)

1714, VILA NOVA DO PRINCIPE

Jacinta

Sie segnet den Boden, den sie betritt. Diese Stadt Principe und die Goldminen in den Schluchten von Quatro Vintens wurden von Jacinta de Siqueira, einer Afrikanerin aus Brasilien, gegründet. Jacinta ist eine schwarze Frau und eine grüne Frau: Sie öffnet und schließt sich wie eine fleischfressende Pflanze, verleibt sich Männer ein und stößt Kinder aller Hautfarben aus, in dieser noch auf keiner Karte verzeichneten Weltgegend.

An der Spitze der Wegelagerer, die barfuß und mit vorsintflutlichen Gewehren bewaffnet auf Maultieren reiten, bahnt sich Jacinta einen Weg durch den Urwald. Am Grubeneingang hängen sie ihr Gewissen an einen Ast oder versenken es in einem Schlammloch.

Das ist Jacinta, die in Angola geboren wurde und in Bahia Sklavin war, die Mutter allen Goldes in Minas Gerais. (89)

1716, POTOSÍ

Holguín

Unter hundertzwanzig ziselierten Silbertriumpfbögen und durch ein Spalier von Leinwänden, die Ikarus und Eros, Merkur, Endymion, den Koloß von Rhodos und Äneas auf der Flucht aus Troja darstellen, zieht der Vizekönig aus Lima, Don Diego Rubio Morcillo de Auñón, in Potosí ein.

Ach, auch Potosí ist nicht mehr, was es einmal war! Die Einwohnerzahl ist auf die Hälfte gesunken. Die Stadt empfängt ihren Vizekönig auf holz- und nicht mehr auf silbergepflasterten Straßen. Nur trompetet und getrommelt wird noch wie in den wunderbaren alten Zeiten, und Edelknaben in eleganten Livreen beleuchten mit Wachsfackeln den Weg vor den berittenen Statthaltern, Gouverneuren, Richtern, Oberamtmännern und Gesandten … Bei Einbruch der Nacht findet dann die strahlende Maskerade statt. In Gestalt der zwölf Recken Spaniens, der zwölf Paladine Karls des Großen und der zwölf Sibyllen huldigt die Stadt ihrem staubbedeckten Besucher. In glitzernden Gewändern entbieten ihm der streitbare Cid und Kaiser Karl nebst sämtlichen Nymphen, arabischen Prinzen und äthiopischen Königen, die es auf Erden – oder in Träumen – je gegeben hat, ihren Gruß.

Melchor Pérez Holguín stellt diesen Aufmarsch der Wunderwesen im Bilde dar. Er malt jede einzelne der tausend Figuren, er malt Potosí und – in silbrig schimmernden Erd-, Blut- und Rauchfarben – den spendabelsten Berg der Welt. Und an den unteren Rand des ausladenden Gemäldes malt er sein eigenes Konterfei: Holguín, ein Mestize in den Fünfzigern mit Adlernase, langem, unterm Künstlerhut vorquellendem schwarzen Haar, der die Palette hoch in der Hand hält. Daneben malt er zwei alte Leutchen, die am Stock gehen, und vor ihren Mund, was sie reden:

–Mägdlein, Pilonga, hast du je soviel Herrlichkeit beisammen gesehn?

– Alucho, mehr als hundert Jahr nicht so Großes!

Vielleicht weiß Holguín gar nicht, daß herrlich ist, was er – in der Meinung, er kopiere nur – da erschafft, und daß sein Werk noch leben wird, wenn der Prunk von Potosí längst hinweggefegt ist und kein Mensch mehr an einen Vizekönig denkt.

(16 und 215)

1716, CUZCO

Die Kirchenmaler

Mit Holguíns Lehrer Diego Quispe Tito war es aus, kurz nachdem es mit seinen Augen aus war. In der ersten Phase seiner Erblindung konnte er sich noch selber malen, wie er mit dem kaiserlichen Mal der Inkas auf der Stirn unterwegs zum Paradies war. Quispe war der begabteste unter den Indianerkünstlern in Cuzco. Auf seinen Bildern flattern Papageien inmitten von Engeln und setzen sich auf den pfeildurchbohrten heiligen Sebastian, und in europäische Landschaften sind verbotenerweise peruanische Gesichter, Vögel und Früchte eingeschmuggelt.

Während die Spanier auf der Plaza Mayor Indianerflöten und Ponchos verbrennen, bringen es die Cuzcoer Kirchenmaler zuwege, Schüsseln voller Avocados, Chilischoten, Annonen, Erdbeeren und Quitten auf den Abendmahlstisch zu setzen. Auch malen sie das Jesuskind, wie es aus Marias Schoß kommt, und die Jungfrau Maria, schlafend auf einem Bett aus Gold in Josefs Armen.

Die kleinen Leute halten auf ihren Bildern Maiskreuze hoch oder schmücken sie mit Kartoffelkränzen, und am Fuß der Altäre liegen Kürbisse und Melonen als Opfergaben.

(138 und 300)

Erdmutter Maria

In den Kirchen hierzulande trägt Maria gewöhnlich eine Federkrone oder Sonnenschirme wie eine Inkaprinzessin, und Gottvater steht als Sonne zwischen Affen, die mit tropischem Obst, Fisch und Geflügel beladene Säulen und Gesimse stützen.

Ein unsigniertes Bild zeigt die Jungfrau Maria auf dem Silberberg von Potosí zwischen Sonne und Mond. Zur Rechten hat sie den römischen Papst und zur Linken den König von Spanien. Aber eigentlich steht Maria nicht auf dem Berg, sondern *in* ihm. Sie *ist* der Berg, ein Berg mit Frauengesicht und Geberhänden, Maria der Berg, Maria der Fels, Maria, die von Gott Befruchtete, so wie die Erde von der Sonne befruchtet wird. (137)

Pachamama

Im Andenhochland heißt *Mama* die Madonna, und *Mama* heißt auch die Erde und die Zeit.
Die Erde, die Erdmutter Pachamama, wird böse, wenn jemand trinkt, ohne ihr etwas anzubieten. Hat sie großen Durst, zerschlägt sie das Gefäß und schüttet es aus.
Bei Geburten opfert man ihr den Mutterkuchen und vergräbt ihn unter Blumen, damit das Kind lebt. Und damit die Liebe lebt, vergraben die Liebenden verknotete Haare.
Die Erdgöttin nimmt die Müden und Gebrochenen in die Arme, aus denen sie hervorgegangen sind; und am Ende ihrer Reise tut sie sich auf, um ihnen Unterschlupf zu gewähren. Wenn sie dann unter der Erde liegen, helfen die Toten ihr zu blühen. (247)

Sirenen

Im Hauptportikus der Kathedrale von Puno meißelt Simón de Asto zwei Sirenen in den Stein.
Obwohl Sirenen Sünde symbolisieren, gestaltet der Künstler keine Ungeheuer. Der Künstler gestaltet zwei schöne Indiomädchen, die fröhlich Charango spielen und ohne einen Anflug von Schuldgefühlen lieben. Es sind die Andensirenen Quesintuu und Umantuu, die in alten Zeiten aus den Wassern des Titicacasees stiegen, um sich mit Tunupa zu paaren, dem Aymaragott des Feuers und des Blitzes, der beim Gehen eine Vulkankette hinter sich herzieht. (137)

1717, QUEBEC

Der Mann, der nicht an den Winter glaubte

Wie Rabelais und nach ihm Voltaire erzählt, ist die Kälte in Kanada so kalt, daß die Worte, wenn sie aus dem Mund kommen, in der Luft gefrieren. Ende April, bei den ersten Sonnenstrahlen, reißt das Eis auf den Flüssen, und knarrend wie einer, der aus dem Grab aufersteht, bricht der Frühling herein. Erst dann sind die im Winter gesprochenen Sätze zu hören.

Die französischen Siedler fürchten den Winter mehr als die Indianer und sind neidisch auf die Tiere, die ihn verschlafen. Bären und Murmeltiere spüren gar nichts von der schneidenden Kälte. Sie ziehen sich für ein paar Monate von der Welt zurück, während der Winter, krachend wie Schüsse, Bäume spaltet und Menschen in Standbilder aus gefrorenem Blut und marmornem Fleisch verwandelt.

Der Portugiese Pedro da Silva brachte jeden Winter im Hundeschlitten Post über den vereisten Sankt-Lorenz-Strom. Im Sommer machte er die Reise im Kanu und brauchte der Stürme wegen manchmal einen ganzen Monat für den Weg zwischen Quebec und Montreal.

Pedro beförderte Gouverneursdekrete, Pfarrberichte, Kanzleiakten, Pelzhändlerangebote, Freundesgelübde und Liebesgeheimnisse.

Ein Vierteljahrhundert lang hat Kanadas erster Briefträger gearbeitet, ohne dafür die Genehmigung beim Winter einzuholen. Jetzt ist er gestorben. (96)

1717, ISLE DUPAS

Pioniere

Die Kanadakarte nimmt eine ganze Wand ein. Zwischen der Ostküste und den großen Seen – nur ein paar Städte, eine Anzahl Forts. An einer weiteren Wand hängen, vergilbt vom Tabaksqualm, Skalps feindlicher Indianer zwischen gekreuzten Musketenläufen.

Pierre de La Vérendrye sitzt im Schaukelstuhl und kaut an seiner Pfeife. La Vérendrye hört nicht auf das Geplärr seines

neugeborenen Sohnes. Er blinzelt in Richtung Landkarte und treibt die reißenden Ströme hinab, auf denen noch kein Europäer gefahren ist.
La Vérendrye ist lebend von den Schlachtfeldern in Frankreich zurückgekehrt, nachdem man ihn schon totgesagt hatte: gestorben an einem Brustschuß und mehreren Säbelhieben. In Kanada fehlt es dem ehemaligen Fähnrich dank des Weizens auf seinen Feldern und dank seiner Invalidenrente nicht an Nahrung; aber er langweilt sich und phantasiert vor sich hin.
Mit seinen lädierten Beinen wird er noch einmal weiter laufen als in seinen kühnsten Träumen. La Vérendryes Forschungsreisen sollen diese Karte lächerlich erscheinen lassen. Er sucht im Westen nach dem Meer, das auch Chinas Gestade umspült, er gelangt im Norden in Gegenden, in denen der Musketenlauf beim Abdrücken vor Frost zerspringt, und er erkundet im Süden den Lauf des unbekannten Missouri. Der Knabe, der jetzt in seiner hölzernen Wiege neben ihm weint, wird einmal die unbezwingbare Barriere, die Rocky Mountains, entdecken. Missionare und Pelzhändler werden dem Entdecker auf dem Fuße folgen. So war es immer. So war es auch bei Cartier, Champlain und La Salle.
Europa zahlt gut für Biber-, Nutria- und Zobelpelze, für Hirsch-, Fuchs- und Bärenfelle. Im Tausch dafür erhalten die Indianer Waffen, damit sie sich gegenseitig umbringen oder in den Kriegen umkommen können, in denen Engländer und Franzosen sich um ihr Land streiten. Die Indianer erhalten dafür auch Schnaps, der den robustesten Krieger zum Wrack macht, und Seuchen, die schlimmer wüten als die heftigsten Schneestürme. (176 und 330)

Indianertableau

Kein Indianer in Kanada hat einen Buckel oder einen dicken Bauch, melden die französischen Mönche und Forschungsreisenden. Ist doch einmal einer blind oder hinkt oder hat nur ein Auge, so kommt es von einer Kriegsverletzung.

Eigentum und Neid sind unbekannt, berichtet Pouchet, und Geld heißt bei ihnen *Schlange der Franzosen.*
Ihresgleichen Gehorsam zu leisten, finden sie lächerlich, sagt Lafitau. Sie wählen sich Anführer, die keinerlei Privilegien genießen, und wenn einer unerwartet gern kommandiert, setzen sie ihn ab. Die Frauen äußern ihre Meinung und fassen Beschlüsse wie die Männer. Das letzte Wort haben Altenräte und Vollversammlungen. Noch größeres Gewicht als Menschenworte aber haben die Träume.
Träumen gehorchen sie wie die Christen den Geboten Gottes, beobachtet Brébeuf. Sie gehorchen ihnen jeden Tag, denn durch den Traum spricht ja jede Nacht die Seele. Und wenn der Winter endet und das Eis auf der Welt bricht, geben sie den Träumen mit einem langen heiligen Fest die Ehre. Dazu verkleiden sich die Indianer, und jede Tollheit ist erlaubt.
Sie essen, wenn sie Hunger haben, notiert Cartier. Sie kennen keine andere Uhr als ihren Appetit.
Sie sind Wüstlinge, warnt Le Jeune. Männer wie Frauen dürfen die Ehe brechen, wann sie wollen. Jungfernschaft bedeutet ihnen nichts. Champlain ist alten Frauen begegnet, die zwanzigmal verheiratet waren.
Le Jeune zufolge arbeiten die Indianer ungern, dafür denken sie sich mit Vergnügen Lügen aus. Kunst kennen sie nicht, es sei denn die Kunst, Feinde zu skalpieren. Rachsüchtig sind sie allerdings: Aus Rachgier fressen sie Läuse und Würmer und alles Getier, dem das Fleisch des Menschen schmeckt. Sie sind außerstande, stellt Biard fest, einen abstrakten Gedanken zu begreifen.
Laut Brébeuf ist den Indianern die Vorstellung von einer Hölle nicht einsichtig. Von ewiger Strafe haben sie nie etwas gehört. Wenn Christen ihnen mit der Hölle drohen, fragen diese Wilden: *Kommen in die Hölle auch meine Freunde?* (97)

Gesang der Chippeway-Indianer im Gebiet der Großen Seen

Zuweilen gehe ich und tue
mir selber leid.
Unterdessen weht der Wind
mich über den Himmel.

Das Gebüsch hockt
unterm Baum
und singt. (38 und 340)

1718, SÃO JOSÉ DO REI

Der Pranger

Die Horde Abenteurer hackt Wälder nieder, sprengt Berge und lenkt Flüsse um, und während das Feuer Glänzendes aus verwittertem Gestein schmilzt, fressen die Goldsucher Kröten und Wurzeln und gründen, von Hunger und Strafgerichten zweifach gepeinigt, neue Städte.
Erst wenn der Schandpfahl aufgestellt ist, gilt im brasilianischen Golddistrikt eine Stadt als gegründet. Der Schandpfahl ist der absolute Mittelpunkt, um ihn gruppieren sich später die Häuser und die auf Hügeln errichteten Kirchen. An seiner Spitze hängt ein Kranz, und unten sind Fußeisen für Sklaven, die Prügel verdient haben.
Mit erhobenem Degen steht Graf de Assumar vor dem Pranger und erklärt São José do Rei für offiziell gegründet. Vier Monate hat er von Rio bis hierher gebraucht, und unterwegs mußte er Affenfleisch und geröstete Ameisen essen.
Die Gegend hier ängstigt und ekelt ihn. Der Geist des Aufruhrs, meint Graf de Assumar, der Gouverneur von Minas Gerais, ist die zweite Natur dieser unumgänglichen, nicht seßhaften Menschen. Selbst die Sterne verleiten hier zur Unordnung, selbst das Wasser verströmt Meuterei, und aus der Erde steigt die Unruhe wie Dämpfe. Die Wolken sind anmaßend, die Luft ist widerspenstig, und ausfällig wird sogar das Gold.

Jeder entlaufene Sklave wird geköpft, ordnet der Graf an, und zur Verfolgung des aufsässigen Negervolks stellt er Milizen auf. Die Sklavenjäger sind *Rasselose,* weder Weiße noch Schwarze. Sie sind die erbärmlichen Abkömmlinge eines Sklavenhalters und einer Sklavin oder vereinen gar hunderterlei Rassen in sich. Von Geburt an zu einem Leben außerhalb des Gesetzes bestimmt, sind sie zum Sterben als Killer gerade gut genug. Mulatten und Mestizen sind ja reichlich vorhanden. Da es hierzulande keine weißen Frauen gibt, läßt sich der Wille des Königs in Lissabon, der das Vermeiden von *mit Mängeln behafteter, unreiner Nachkommenschaft* verfügt hat, leider nicht erfüllen. (122 und 209)

1719, POTOSÍ

Die Seuche

Schon vor drei Jahren hat der Himmel eine Warnung, eine *grausige Glut,* einen *Vorboten des Unglücks,* geschickt. Der Komet, eine losgerissene, eine toll gewordene Sonne, zielte mit seinem Schweif anklagend auf den Berg Potosí.

Zu Anfang des Jahres wurde dann im Stadtteil San Pedro ein Kind mit zwei Köpfen geboren, und der Pfarrer wußte nicht, ob er die Taufe einmal oder zweimal spenden sollte.

Trotz des Kometen und trotz der Mißgeburt ging Potosí jedoch weiter mit der französischen Mode. Es hielt an Kleidern und Sitten fest, die *Gott ein Greuel, dem Geschlecht ein Schimpf, ein Frevel wider die Natur und dem bürgerlichen und politischen Anstand ein Ärgernis* sind. Die Stadt beging die Fastnachtszeit wie üblich, mit *ganz und gar unzüchtigen* Tanz- und Trinkvergnügen; als aber gar sechs junge Mädchen splitternackt zu tanzen begannen, wurden sie auf der Stelle von dem Übel niedergemäht.

Tausenderlei Plagen und Todesfälle muß Potosí jetzt erleiden. Gott wütet gegen die Indianer, die zur Buße für die Sünden der Stadt Ströme von Blut vergießen.

Laut dem ehrwürdigen Matías Ciriaco y Selda, dem *gelehrten und hoch angesehenen Medicus,* bedient Gott sich zu seiner Rache

Saturns bösem Einfluß, durch den das Blut aufgerührt und in Harn und Galle verwandelt wird. (16)

1721, ZACATECAS

Um Gott zu essen

Die Glocken läuten zur Feier des Tages. Das Bergbauzentrum Zacatecas hat einen Friedensvertrag mit den Huichol-Indianern abgeschlossen. Die Huicholen hatten sich in die Berge von Nayarit zurückgezogen und dort zwei Jahrhunderte lang ständiger Belagerung zum Trotz ihre Unabhängigkeit verteidigt. Nun aber unterwerfen sie sich der spanischen Krone. Der Vertrag sichert ihnen zu, daß sie nicht zur Fron in den Gruben gezwungen werden.
Auf ihren Wallfahrten zu ihren heiligen Gebieten können die Huicholen nicht umhin, durch den nach Arbeitskräften gierenden Grubendistrikt zu wandern. Großvater Feuer beschützt sie zwar vor dem Skorpion und der Schlange, gegen die Indianerfänger aber vermag er wenig auszurichten.
Der lange Weg über kahle Berge und durch endlose Steinwüsten zum hochgelegenen Wirkuta ist eine Reise zum Ursprung auf den Spuren der Götter. In der Wirkuta-Wüste erleben die Huichol-Indianer dann die erste Hirschjagd noch einmal, den ewigen Augenblick, in dem der Herr der Hirsche die eben entstandene Sonne auf seinem Geweih hochschleudert, in dem er in seine Opferung einwilligt, um menschliches Leben zu ermöglichen, und den Mais mit seinem eigenen Blut befruchtet. Der Hirsch, der Gott der Götter, wohnt in einem Kaktus, dem schwer auffindbaren Peyote. Klein und unansehnlich, versteckt er sich zwischen Felsen. Entdecken ihn die Huicholen, schießen sie Pfeile auf ihn ab, und haben sie ihn getroffen, weinen sie. Danach lassen sie ihn ausbluten und häuten ihn und schneiden sein Fleisch in Scheiben. Sie hocken sich ums Lagerfeuer, essen den heiligen Kaktus und verfallen in Trance. Am Rande des Wahnsinns, in der Ekstase, in der alles ewig und zugleich gar nicht ist, sind sie Götter, solange die Vereinigung vonstatten geht. (31)

Wenn einer aus Unachtsamkeit seine Seele verliert

Was macht die Huichol-Indianerin, die da in den Wehen liegt? Sie beschwört Erinnerungen herauf. Sie denkt intensiv an die Liebesnacht, in der das Kind, das gleich geboren wird, entstanden ist. Sie denkt daran mit aller Kraft, die ihr Erinnerungsvermögen aufbringen kann, und mit aller Heiterkeit. So öffnet sich ihr Körper aus Glück über das genossene Glück, und ein guter Huichol kommt zur Welt, der des Genusses, dem er sich verdankt, würdig ist.

Ein guter Huichol hütet seine Seele, seine leuchtende Lebenskraft. Da die Seele aber sozusagen ein Nichts, ein Lufthauch ist, kleiner als eine Ameise, sachter als ein Säuseln, kann man sie bei der geringsten Unachtsamkeit verlieren.

Ein Kind braucht nur zu stolpern und den Abhang hinabzukullern, schon lockert sich seine Seele und fällt herunter bei der Talfahrt, denn sie hing ja nur an einem Spinnenfädchen. Dann wird der junge Huichol benommen und krank. Er stammelt nur noch nach dem Wächter über die heiligen Gesänge, dem zauberkundigen Priester.

Wonach stochert der alte Indianer am Berghang? Er folgt der Spur des nun krank Darniederliegenden. Stumm klettert er zwischen scharfkantigen Felsen bergauf, schaut unter jeden Ast, unter jedes Blatt und unter jeden kleinen Stein. *Wohin ist das Leben gefallen? Wo ist es erschrocken liegengeblieben?* Er geht ganz langsam vor und sperrt die Ohren dabei auf, denn verlorene Seelen weinen und säuseln manchmal wie der Wind.

Wenn er die herrenlose Seele findet, hebt der Zauberpriester sie mit einer Federspitze auf, steckt sie in einen hohlen Halm und bringt sie ihrem Besitzer zurück, der nun nicht mehr sterben muß. (124)

1726, BUCHT VON MONTEVIDEO

Montevideo

Östlich der Stelle, wo der Río Uruguay einen Bogen macht, gedeihen auf welligen Pampawiesen mehr Rinder als Klee. Die Grenzverschieber, die *Bandeirantes* aus Brasilien, gieren nach diesem riesigen Fundort für Fleisch und Leder, und über dem Fort Colonia del Sacramento am La-Plata-Ufer flattert auch schon die portugiesische Fahne. Um dem Ansturm Einhalt zu gebieten, läßt der König von Spanien in der Montevideo-Bucht eine Siedlung errichten.

Im Schutz von Kanonen und Kreuz entstehen auf einer Landzunge aus Felsen und Lehm, die der Wind peitscht und die von Indianern bedroht wird, die Anzeichen einer neuen Stadt. Die ersten Siedler kommen aus Buenos Aires – fünfzehn junge Leute, neunzehn Kinder und eine nicht genannte Anzahl Sklaven. Die Neger stellen die Arbeitskräfte zum Roden, Schaufeln, Hängen, die Brüste zum Stillen und die Stimmbänder zum Warenausrufen.

Die fast sämtlich des Lesens und Schreibens unkundigen Stadtgründer erhalten vom König Adelsprivilegien. Mate und Gin schlürfend und Zigarren rauchend, sitzen sie im Kreis und probieren aus, wie es sich anhört, wenn man ein Don vor seinen Namen setzen darf.

– *Auf Euer Wohl, Don.*

– *Auf das Eure.*

In der Eckkneipe, der Pulpería, riecht es nach Mate und Tabak. Sie hat als erstes Haus eine Holztür und Lehmziegelwände. Alle anderen sind Rindslederhütten, die sich verstreut in den Schatten des Forts drücken. In der Pulpería gibt es Alkohol, Unterhaltung und Gitarrenspiel, und drum herum werden Knöpfe, Pfannen, Salzgebäck und was man sonst noch so braucht, verkauft.

Aus der Pulpería soll sich einmal das Café entwickeln. Montevideo – die Stadt der Cafés. Keine Straßenecke, die etwas auf sich hält, kommt dann ohne Café aus, den Ort, wo man ungehemmt plauscht und Radau macht, den kleinen Tempel, in dem jeder Einsame Zuflucht findet, jede Begegnung gefeiert wird

und wo statt des Weihrauchs die Zigarette qualmt.
(278 und 315)

1733, OURO PRETO

Festlichkeiten

Bögen aus Blumengebinden wölben sich über Ouro Pretos Straßen – in deren Schatten zieht das Allerheiligste an seiden- und damastverkleideten Wänden vorbei. Die vier Winde und die sieben Planeten galoppieren auf edelsteinverzierten Pferden straßauf und straßab; auf hohen Thronen glitzern, ein jeder mit seinem Engelshofstaat, der Mond, die Nymphen und der Morgenstern. Nach einwöchigem Feuerwerk und ununterbrochenem Feiern singt der Karnevalszug Dankverse an Gold, Loblieder auf den Diamanten und Andachtsgebete an Gott.

Diamanten sind in der Gegend das Neueste. Bis vor kurzem dienten sie noch zum Punktezählen beim Würfelspiel. Als sich herumsprach, daß die kleinen Kristalle Diamanten seien, schenkte der portugiesische Fürst erst einmal einige davon Gott und dem Papst und erwarb mit dem Rest vom Vatikan den sündhaft teuren Titel Allergetreuester König. In Ouro Preto steigen die Straßen so steil an und fallen so steil ab wie Felswände, und nach Höhen und Tälern werden auch seine Einwohner unterteilt. Die Feste der oben Wohnenden sind feierlicher Pflichtprunk, die der unten Wohnenden provozieren Argwohn und Bestrafung. Hinter dunkler Haut droht eben Hexerei und Aufstand. Wenn arme Leute singen oder Viola spielen, ist es Sünde, wenn eine Mulattin zuviel lacht, riskiert sie Verhaftung oder Verbannung, und ein ausgelassener Sonntag kostet einen Sklaven womöglich den Kopf. (209)

1736, SAINT JOHN'S

Flammen

Um ihren Schwur zu besiegeln, tranken sie ein Gemisch aus Rum, Sargmoder und Hahnenblut, und unter ihrem Trommeln erbebte die Erde. Das Pulver, mit dem sie den Gouverneur und alle hohen Herren auf der britischen Insel Antigua in die Luft sprengen wollten, lag schon bereit. So jedenfalls stellte es der Ankläger dar. Und dem glaubten die Richter.

Sechs Negersklaven sind ans Blutgerüst gefesselt und verhungern. Fünf weitere werden in Stücke gerissen, siebenundsiebzig werden lebendig verbrannt. Zwei kaufen sich mit Lügengeschichten frei und bringen dafür ihre Eltern auf den Scheiterhaufen.

Die Verschwörer sind nur noch verkohltes Fleisch oder Aas, aber bei Tagesanbruch geistern sie am Strand. Die Fischer begegnen ihnen, wenn die Ebbe im Sand Wunderdinge freilegt. Die Toten holen sich dann Wasser und Nahrung für die Fortsetzung ihrer Reise ins Jenseits. (78)

1738, TRELAWNY TOWN

Cudjoe

In Westjamaikas dichten Wäldern schwitzen Menschen wie Pflanzen in Strömen. Die Sonne eilt gerade ihrem Nachtquartier zu, als das Horn mit langgezogenem Klageton die Ankunft des feindlichen Heerführers an der Schlucht meldet.

Diesmal kommt Oberst Guthrie nicht zum Kriegführen. Die englischen Sklavenhalter bieten den entlaufenen Sklaven Frieden an. Sie locken mit dem Versprechen, daß ihnen ihre langerkämpfte Freiheit belassen und ihr Eigentum an dem Land, auf dem sie wohnen, anerkannt wird. Als Gegenleistung sollen die freien Sklaven zu Gendarmen ihrer gefangenen Brüder werden: Sie sollen fortan Sklavenaufstände auf den Zuckerrohrplantagen niederwerfen helfen und Flüchtlinge ausliefern, die zu ihnen stoßen und um Unterschlupf bitten.

Anführer Cudjoe geht Oberst Guthrie entgegen. Cudjoe trägt einen Hut ohne Krempe und einen Kittel, der einmal blau war und Ärmel hatte. Am Wams des Oberst hingegen fehlt kein Knopf, und seine Lockenperücke läßt noch erkennen, daß sie weiß ist, obwohl der Staub auf Jamaika sonst jede Haut und jedes Kleid einheitlich rot färbt. Cudjoe fällt vor ihm zu Boden und küßt seine Schuhe. (78, 86 und 264)

1739, NEW NANNY TOWN

Nanny

Nach dem Abkommen mit Cudjoe, dem Anführer der Cimarrones von Sotavento, marschiert Oberst Guthrie weiter in den Ostteil der Insel. Aber irgendeine Hand schüttet tödliches Gift in seinen Rum, und Guthrie fällt wie niedergemäht vom Pferd. Ein paar Monate später bringt Hauptmann Adair am Fuß eines hohen Berges den Frieden im Osten zustande. Quao, der Anführer der Cimarrones von Barlovento, nimmt die Bedingungen an, wobei er mit seinem Degen und silberverziertem Hut prunkt.

Nur hat im zerklüfteten Osten Nanny eben mehr zu sagen als Quao. Ihr gehorchen die versprengten Banden von Barlovento ebenso wie die Scharen von Moskitos. Nanny, das große Weib aus glutheißem Lehm, die Geliebte der Götter, hat außer ihrer Halskette aus englischen Soldatenzähnen nichts auf dem Leib. Niemand sieht sie, und jeder sieht sie. Angeblich ist sie tot. Sie aber stürzt sich nackt – ein schwarzer Feuerstoß – mitten in die Schießerei. Sie stellt sich mit dem Rücken zum Feind hin und bückt sich, und ihr prachtvoller Hintern zieht alle Kugeln an und fängt sie ab. Manchmal schießt sie auch doppelt und dreifach zurück; dann wieder werden die Kugeln in ihrer Hand zu Baumwollflocken. (78 und 264)

Pilgerzug auf Jamaika

Sie kriechen aus Baumhöhlen, Erdlöchern und Felsritzen. Sie lassen sich weder vom Regen noch von Flüssen aufhalten. Sie kämpfen sich durch Schluchten, Sümpfe und Wälder. Nebel bringt sie nicht vom Weg ab, stechender Sonnenschein erschreckt sie nicht. Langsam, aber unbeirrbar bewegen sie sich bergab, seitwärts verdreht und doch immer geradeaus. Ihre Panzer glänzen in der Sonne. Die männlichen Kriegerbataillone dem Pilgerzug voran. Droht Gefahr, recken sie ihre Waffen, ihre Greifer. Viele kommen beim Wegebahnen um oder verlieren dabei einen Arm. Jamaikas Boden knirscht unter dem gewaltigen Heereszug der Krebse.
Zum Meer ist es weit. Erst nach zwei, drei Monaten kommt, wer durchhält, zu Tode erschöpft an. Dann treten die Weibchen vor, lassen die Wellen über sich hinwegspülen, und das Meer schwemmt ihre Eier fort.
Nur wenige schaffen es zurück. Von den Millionen, die sich auf den Weg zum Meer gemacht haben, kommen nur ganz wenige zurück. Aber unterm Sand brütet das Meer ja eine neue Krebskolonie aus. Und nach kurzer Zeit macht das junge Krebsvolk sich auf die Reise zu den Bergen, aus denen seine Mutter stammen, und niemand kann es aufhalten.
Krebse haben keinen Kopf. Sie sind zu spät gekommen, als der Gottkönig in Afrika in seinem Schloß aus Baumwolle und Kupfer die Köpfe verteilte. Krebse haben keinen Kopf – träumen und klug sein können sie aber trotzdem. (86)

1742, JUAN-FERNÁNDEZ-INSELN

Anson

Die Chilenen glauben, die Wellen in diesem Meer seien Pferde mit schäumenden Nüstern, auf denen Hexen mit Zügeln aus Blasentang reiten. Die Wellen schlagen gegen die hohen Klippen, die nicht an Hexen glauben, und die Felskastelle erdulden abschätzig ihren Anprall. Hoch droben sieht ein Ziegenbock mit Altväterbart würdevoll wie ein König dem Aufspritzen und Niedersinken der Gischt zu.

Es gibt nur noch wenige Ziegen auf den Juan-Fernández-Inseln. Vor Jahren haben die Spanier eine Meute Hunde aus Chile herangeschafft, damit sie den Piraten ihre leicht erhältliche Nahrung wegfressen. Kommandant Ansons Leute spähen vergeblich in Klippen und Klüften nach Ziegenhörnern, und wenn sie einmal eine vereinzelte Ziege erlegen, glauben sie den Schatten von Alexander Selkirks Zeichen an deren Ohren zu erkennen.
An den Masten weht unbesiegt die englische Flagge. Lord George Ansons Flotte wird zwar von Hunger und Skorbut dezimiert nach London heimkehren, dafür aber mit so reichlicher Beute, daß vierzig Ochsenwagen nicht ausreichen werden, sie aus dem Hafen zu fahren. Im Namen des Fortschritts von Kartographie, Geographie, Astronomie, Geometrie und Nautik hat der Wissenschaftler Anson mit Bordkanonen mehrere spanische Schiffe zerschossen und unter Mitnahme selbst der Perücken und bestickten Kniehosen eine Reihe Dörfer niedergebrannt.
In diesen Jahren entsteht aus dem Übergang von der Piraterie zum Schmuggelhandel das britische Weltreich; Anson allerdings ist noch ein Seeräuber alten Schlags. (10)

1753, SIERRA-LEONE-STROM

Lobsinget dem Herrn

Gott offenbarte sich unter Blitzezucken. Kapitän John Newton bekehrte sich zum Christentum, nachdem ein plötzliches Unwetter in einer ansonsten durchsoffenen und durchfluchten Nacht sein Schiff um ein Haar in den Grund gebohrt hätte.
Seitdem ist Newton ein Auserwählter Gottes. Allabendlich predigt er. Vor jeder Mahlzeit betet er, und jeden Tag beginnt er mit dem Absingen von Psalmen, die seine Mannschaft heiser nachröhrt. Am Ende jeder Fahrt zahlt er in Liverpool dem Allerhöchsten eine Messe zur ganz besonderen Danksagung.
Während er an der Sierra-Leone-Mündung auf eine Schiffsladung wartet, verscheucht er Ängste und Moskitos und betet

zu Gott, daß er seine Hand über das Schiff *African* und seine Besatzung hält und dafür sorgt, daß die Fracht, die sie bald an Bord nehmen werden, auch heil in Jamaika ankommt.
Kapitän Newton ist wie zahllose Berufskollegen im Dreieckshandel zwischen England, Afrika und den Antillen tätig. In Liverpool laden sie Tuch und Schnaps, Gewehre und Messer, und an der afrikanischen Küste tauschen sie die Ware gegen Männer, Frauen und Kinder ein. Dort nehmen die Schiffe Kurs auf die karibischen Inseln, wo sie die Sklaven gegen Zucker, Sirup, Baumwolle und Tabak eintauschen. Und diese Rohprodukte bringen sie dann wieder nach Liverpool, auf daß der Kreislauf von vorn beginnt.
In seinen freien Stunden bereichert der Kapitän mit der Komposition von Chorälen die heilige Liturgie. Heute abend allein in seiner Kajüte, beginnt er einen neuen Choral und wartet dabei auf den Sklavenkonvoi, der sich verspätet hat, weil ein paar Neger sich unterwegs mit Schlammfressen umbringen wollten. Den Titel hat er schon. Der Choral soll *Wie süß klingt Jesu Name* heißen. Die ersten Verse entstehen, und der Kapitän summt mögliche Melodien unter der wissend schaukelnden Lampe. (193)

1758, CAP FRANÇAIS

Macandal

Vor einer Cimarrones-Versammlung zog François Macandal ein gelbes Tuch aus dem Wasserglas.
– *Zuerst waren es die Indianer.*
Dann kam ein weißes Tuch.
– *Jetzt sind die Weißen die Herren.*
Dann schwenkte er ein schwarzes Tuch vor den Augen der entlaufenen Sklaven und ließ wissen, nun seien diejenigen afrikanischer Abstammung an der Reihe. Er schwenkte das Tuch mit seiner einzigen Hand: Die andere hatte ihm das Zuckerrohrmahlwerk mit seinen eisernen Zähnen abgerissen.
Im flachen Norden Haitis herrschte der einarmige Macandal mit Feuer und Gift. Ein Wink von ihm, und die Zuckerrohr-

felder brannten, wenn er zauberte, fielen die Plantagenbesitzer beim Abendessen mit blutigem Schaum vorm Mund vom Stuhl.
Er konnte sich in einen Leguan, eine Ameise oder eine Fliege verwandeln und sich Kiemen, Fühler oder Flügel zulegen. Trotzdem wurde er gefangen. Und verurteilt. Und wird jetzt bei lebendigem Leibe verbrannt.
Die Menge erahnt nur den sich windenden und krümmenden Körper in den Flammen, als ein grausiger Schmerzens- und Jubelschrei den Boden zerreißt und Macandal sich vom Pfahl löst und dem Tod entzieht. Johlend zischt er lodernd durch den Qualm und entschwindet durch die Lüfte.
Für die Sklaven ist das kein Wunder. Sie wußten, der Wanderer in der Nacht würde auf Haiti, in der Färbung eines jeden Schattens, bleiben. (63 und 115)

1761, CISTEIL

Canek

Die Maya-Indianer erklären Yukatan für unabhängig und kündigen an, bald werde ganz Amerika unabhängig.
– Nur Leid hat die Macht Spaniens uns gebracht. Nur schieres Leid.
König wird Jacinto Uc, der nur über Baumblätter streichen muß, und schon erschallen Trompeten. Canek, *Schwarze Schlange,* erwählt er zu seinem neuen Namen. Der König von Yukatan bindet sich den Mantel Mariens von der unbefleckten Empfängnis um den Hals und spricht so zu den übrigen Indianern. Maiskörner rollen über den Boden, für den Krieg wird gesungen. Die Propheten, die Männer mit den heißen Herzen, die Gotterleuchteten, haben einst gesagt, wer im Kampf sterbe, werde wiedererwachen. Canek sagt, er sei nicht aus Liebe zur Macht König, Macht verlange nur immer nach mehr Macht, und das Wasser laufe über, wenn die Schale voll sei. Er sagt, er sei König gegen die Macht der Mächtigen, und es sei nun Schluß damit, daß Indianer Frondienste leisteten, an Pfählen ausgepeitscht würden und Schlange stünden, um die Hand

ihres Herrn zu küssen. *Sie werden uns nicht fesseln können; es wird ihnen an Stricken mangeln.*
Im Dorf Cisteil wie auch in anderen Dörfern findet seine Rede ein Echo und wird zum Aufschrei. Und Pfarrer und Offiziere wälzen sich in ihrem Blut. (67 und 144)

1761, MÉRIDA

Stücke

Nachdem viel gestorben worden war, nahmen sie auch ihn gefangen. Der heilige Josef hielt seine Hand über die Kolonialherren und sorgte dafür, daß sie siegten.
Canek ist angeklagt, Christus ausgepeitscht und Christus Gras in den Mund gestopft zu haben.
Er wird verurteilt. Er soll auf der Plaza Mayor von Mérida lebendig in Stücke gehauen werden.
Canek trottet, das Gesicht fast ganz verdeckt von einer riesengroßen Papierkrone, auf einem Maultier auf den Platz. An der Krone ist seine Schandtat zu lesen: *Aufrührer wider Gott und wider den König.*
Sie zerstückeln ihn langsam, gönnen ihm nicht einmal die Gnade des Todes, schlimmer als bei einem Tier im Schlachthof. Und seine abgeschnittenen Teile werfen sie ins Feuer. Langandauerndes Beifallklatschen begleitet den Vorgang. Dazwischen wird gemunkelt, daß die Knechte ihren Herren jetzt feingemahlenes Glas in den Brotteig kneteten. (67 und 144)

1761, CISTEIL

Heiliger Mais

Die Henker streuen Caneks Asche in den Wind, damit er am Tag des Jüngsten Gerichts nicht auferstehe. Acht seiner Truppenführer werden mit der Garotte erdrosselt, zweihundert Indianern wird ein Ohr abgeschnitten. Als letzte Steigerung der Strafe, damit sie auch das Heiligste trifft, verbrennen die Soldaten die Maisfelder der aufrührerischen Dorfgemeinden.

Der Mais aber lebt. Es tut ihm weh, wenn er brennt, er ist beleidigt, wenn man auf ihn tritt. Vielleicht träumt er nur von den Indianern, so wie die Indianer vom Mais träumen. Der Mais ordnet Raum und Zeit und die Geschichte der Maismenschen. Caneks Nabelschnur wurde bei seiner Geburt auf einem Maiskolben durchgeschnitten. Und die mit dem Blut des Neugeborenen befleckten Körner wurden in seinem Namen ausgesät. Von demselben Maisfeld ernährte Canek sich und trank Tauwasser, das Licht vom Morgenstern enthält; und wuchs heran. (1, 67, 144 und 228)

1763, BURACO DE TATÚ

Weil sie in ihrer Hoffart ein schlechtes Beispiel geben

Die Fährtensucher, die in Mondnächten wie bei Tag sehen, konnten die Fallen umgehen. Mit ihrer Hilfe fanden sich die Soldaten durch das Labyrinth aus Schwertern, auf die man bei Gefahr für das Leben nicht treten darf, und fielen im Morgengrauen über das freie Negerdorf her.

Pulverdampf, Feuerqualm, beizende dicke Luft am Strand von Itapoá – um die Mittagszeit ist von Buraco de Tatú nichts mehr übrig, von dem Zufluchtsort der flüchtigen Sklaven, die der nahen Stadt São Salvador de Bahia zwanzig Jahre lang ein Dorn im Auge waren.

Der Vizekönig hat geschworen, Brasilien von Cimarrones zu säubern, aber ständig gibt es neue. Umsonst hat Hauptmann Bartolomeu Bueno in Minas Gerais viertausend Paar Ohren abgeschnitten.

Mit Gewehrkolben wird, wer bei der Verteidigung Buraco de Tatús nicht gefallen ist, in Reih und Glied gestoßen. Jeder bekommt ein F, von *Flüchtling, Fugido,* auf die Brust gebrannt und wird seinem Besitzer zurückgegeben. Hauptmann Joaquim da Costa Cardoso ist knapp bei Kasse und verkauft Kinder zu Schleuderpreisen. (264 und 284)

Abendmahl

Die Geschichte, eine Dame in rosa Rüschchen, die immer die Sieger küßt, wird einiges zu verbergen haben. Sie hat dann wahrscheinlich nichts gemerkt oder ist an Gedächtnisschwund erkrankt oder lügt, die Negersklaven seien in Brasilien sanftmütig und schicksalsergeben, womöglich sogar glücklich gewesen.
Und doch zwingen die Plantagenbesitzer ihre Köche, jedes Gericht vor ihren Augen zu kosten. Gifte, an denen man langsam stirbt, werden heimlich unter die Delikatessen bei Tisch gemischt. Die Sklaven töten. Sie töten sich auch selber oder fliehen und berauben ihren Besitzer damit seines wichtigsten Vermögens. Oder sie erheben sich, gläubig, mit Gesang und Tanz, denn nur so erlöst man sich und ersteht zu neuem Leben.
Die Luft auf den Plantagen macht besoffen, so sehr riecht es nach abgeerntetem Zuckerrohr, und sowohl auf der Erde als auch in der Brust der Menschen lodern Feuer. Am Feuer wird das Leder gespannt, dann dröhnen die Trommeln. Getrommelt wird für die alten Götter, die auch prompt zu ihren verlorenen Söhnen auf die Erde, ins Exil hinabeilen, in sie fahren und sich mit ihnen paaren und ihnen, indem sie ihnen Musik und Gejohle entlocken, ihr zerbrochenes Leben heil zurückgeben.
In Nigeria und Dahomey trommelt man die Fruchtbarkeit der Frauen und der Äcker herbei. Hier nicht. Hier bringen die Frauen Sklaven zur Welt, und die Äcker richten sie zugrunde. Hier haben die Feldgötter den Kriegsgöttern Platz gemacht. Die Trommeln bitten nicht um Fruchtbarkeit, sondern um Vergeltung, und der Eisengott Ogum wetzt Dolche und keine Spaten. (27)

Ansicht von Bahia

Die Mächtigen in Bahia sagen: *Ein Neger kann soviel beten, wie er will, er kommt nicht in den Himmel, weil seine stachligen Haare den Herrgott im Gesicht kratzen.* Sie sagen auch, ein Neger schlafe nicht, sondern schnarche. Er esse nicht, sondern fresse. Er spreche nicht, sondern brabbele. Er sterbe nicht, sondern verrecke. Und während Gott den Weißen erschaffen habe, habe er den Mulatten gepinselt. Und auf den Neger habe der Teufel gekackt.

Jedes Negerfest steht in dem Verdacht, daß auf ihm der Satan verehrt wird, und der Satan ist ein scheußlicher Neger mit Schwanz, Bocksfüßen und Dreizack. Andererseits wissen die Mächtigen auch wieder, wenn die Sklaven ab und zu ihren Spaß haben, arbeiten sie mehr, leben länger und bekommen mehr Kinder. Wie sich die *Capoeira,* eine todbringende rituelle Technik des Kampfes Mann gegen Mann, als effektvolles Spiel tarnt, so gibt sich auch der *Candomblé* als purer Tanz und Klamauk aus. Außerdem gibt es ja genug Madonnen und Heilige zur Tarnung. Wer soll Ogum verbieten, wenn er als blonder Ritter Georg auftritt? Die Negergötter sind gewitzt und schlüpfen sogar in des Heilands Wunden.

In der Karwoche, wie die Sklaven sie feiern, ist der Gerechte, der den weißen Verräter Judas – eine mit Kalk getünchte Puppe – in die Luft jagt, ein Neger, und Maria wird in der Prozession zwar mitgeführt, aber der eigentlich Verehrte ist Sankt Benedikt. Die Kirche kennt gar keinen Heiligen dieses Namens. Den Sklaven zufolge war Benedikt ein Sklave wie sie. Er kochte in einem Kloster, und während er betete, rührten die Engel fürsorglich den Topf für ihn um.

Den Sklavenhaltern ist der heilige Antonius lieber. Der hat sich beim Militär hochgedient, bezieht einen Sold und ist Fachmann auf dem Gebiet der Negerbewachung. Flieht ein Sklave, wirft sein Besitzer die Heiligenfigur auf den Kehricht, und Antonius muß so lange kopfunter in der Ecke liegen, bis die Hunde den Ausbrecher schnappen. (27 und 65)

Dein zweiter Kopf, dein zweites Gedächtnis

Ein düsterer Sinnspruch mahnt den Wanderer auf der Sonnenuhr des Franziskanerklosters an die Vergänglichkeit des Lebens: *Jede Stunde, die verrinnt, schlägt dir eine Wunde; die letzte bringt dir den Tod.*

Der Satz steht auf Lateinisch da. Die Negersklaven in Bahia verstehen weder Latein, noch können sie lesen. Sie haben sich aus Afrika heitere, kampflustige Götter mitgebracht. Zu denen gehören sie, zu denen gehen sie auch wieder. Wer stirbt, kehrt ein. Getrommelt wird, damit der Tote sich nicht verirrt und auch wirklich nach Oxalá findet. In Oxalá wartet im Haus des obersten Schöpfers ihr zweiter, ihr unsterblicher Kopf auf sie. Jeder Mensch hat zwei Köpfe und zwei Gedächtnisse. Der eine Kopf ist aus Lehm und zerfällt einmal zu Staub, dem anderen können Zeit und Leid nichts anhaben. Ein Gedächtnis stirbt beim Tod wie ein Kompaß, der am Ende der Fahrt ausfällt, ein zweites, kollektives Gedächtnis lebt so lange weiter, wie Menschen auf der Welt das Leben wagen.
Als die Luft im All sich zum ersten Mal regte und atmete und der Gott der Götter zur Welt kam, waren Himmel und Erde noch nicht getrennt. Heute sind sie scheinbar geschieden; doch sooft jemand stirbt oder geboren wird oder die Götter in seinen zuckenden Leib fahren, rücken Erde und Himmel wieder zusammen. (361)

1763, RIO DE JANEIRO

Hier

Vor einem Vierteljahrhundert schlug Luis da Cunha dem König von Portugal vor, mitsamt seinem Hof von Lissabon nach Rio de Janeiro umzuziehen und sich dort zum Kaiser des Westens ausrufen zu lassen. Die Hauptstadt des Reichs sollte hier, im Zentrum des Reichtums, liegen, denn Portugal käme ohne Brasilien nicht aus, Brasilien aber – so warnte da Cunha – durchaus ohne Portugal.
Vorerst steht der Thron weiterhin in Lissabon. Aber in der Kolonie selber verlagert sich das Zentrum allmählich von Norden nach Süden. Der Zuckerhafen Bahia tritt hinter den Gold- und Diamantenhafen Rio de Janeiro zurück. Brasilien dehnt sich nach Süden und Westen aus, es nagt an den spanischen Grenzen.

Die neue Hauptstadt liegt am schönsten Platz der Welt. Die Berge sehen aus wie Liebespaare, die Luft duftet, daß man lachen muß, und die warme Brise ermuntert die Vögel. Dinge und Menschen tönen wie Musik, und das Meer glitzert einem vor den Augen, daß man am liebsten ertrinken möchte.

(48)

1763, TIJUCO

Die Welt in einem Diamant

Inmitten hoher roter Felsblöcke, die eher Drachen ähneln, flimmert das von Menschenhand aufgerissene Land. Das Diamantenrevier sondert glühendheißen Staub ab, der in der Stadt Tijuco die Häuserwände rot färbt. An Tijuco vorbei fließt ein Bach, und in der Ferne lagern meerblau oder aschgrau die Gebirge. Die Diamanten stammen aus dem Bett dieses Baches. Sie wandern durch die Berge, segeln von Rio de Janeiro nach Lissabon, von Lissabon weiter nach London und werden dort geschliffen und um ein Vielfaches verteuert, um schließlich auf der ganzen Welt zu funkeln.

Viele Diamanten werden auch illegal gewaschen. Wer dabei ertappt wird, bleibt unbegraben liegen. Mag das Corpus delicti auch so klein wie ein Flohauge sein, er wird ein Fraß der Raben. Steht gar ein Sklave im Verdacht, unerlaubterweise etwas verschluckt zu haben, stopft man ihm das höllisch scharfe Abführmittel Chili-Pfeffer ins Maul.

Jeder Diamant gehört dem König von Portugal und dem im königlichen Auftrag hier regierenden João Fernandes de Oliveira. Die Frau an Oliveiras Seite heißt Chica da Silva, auch genannt *Chica die befiehlt.* Obwohl Mulattin, trägt sie die für Farbige verbotenen europäischen Kleider, und zur Kirche läßt sie sich in der Sänfte tragen, gefolgt von Negerinnen, die wie Prinzessinnen aufgeputzt sind. Während der Messe sitzt sie auf dem Ehrenplatz. Kein hiesiger Adliger versäumt es, sich vor ihrer goldberingten Hand zu bücken, und wenn sie in ihr großes Haus in den Bergen lädt, fehlt niemand. Ihren Gästen zu Ehren gibt Chica da Silva dort Banketts und Theatervorstel-

lungen – Erstaufführungen von *Medeas Zauberkräften* oder sonst einem Modestück – und danach Lustfahrten auf dem See, den Oliveira für sie hat anlegen lassen, weil sie Meer wollte, und Meer gab es nun einmal nicht. Zur Anlegestelle steigt man auf goldenen Stufen hinab und fährt dann auf einem großen Schiff mit zehn Mann Besatzung spazieren.
Chica da Silva trägt eine weißgelockte Perücke. Die Locken fallen ihr über die Stirn und verdecken das Zeichen, das ihr mit einem glühenden Eisen eingebrannt wurde, als sie noch Sklavin war. (307)

1763, HAVANNA

Fortschritt

Vor einem Jahr haben sich die Engländer am Strand von Cojímar den Weg ins Land freigeschossen.
Während das lange belagerte Havanna noch seine Kapitulation unterschrieb, warteten draußen vor dem Hafen schon die Sklavenschiffe. Als sie vor Anker gingen, rissen ihnen die Käufer fast die Ware aus der Hand. Kaufleute folgten den Kriegsleuten wie üblich auf dem Fuß. Ein einziger Händler, John Kennion, setzte während der britischen Besatzungszeit eintausendsiebenhundert Sklaven ab. Dank ihm und seinen Kollegen verdoppelte sich die Zahl der Plantagenarbeiter. Die Plantagen waren hier ja noch so altmodisch, daß sie noch allerlei Nährpflanzen anbauten, und die einzige Maschine ist eine Zuckermühle, die von im Kreis stampfenden Ochsen angetrieben wird.
Die britische Herrschaft über Kuba hat nur knapp zehn Monate gedauert, aber als die Spanier wieder einziehen, erkennen sie ihre Kolonie kaum wieder. Dank der Engländer ist Kuba schlagartig aus seinem agrarischen Dornröschenschlaf erwacht. Von da an verwandelt sich Kuba zusehends in eine gewaltige Zuckerfabrik, die Sklaven verschleißt und alles andere niedermäht. Tabaksaaten, Maisfelder und Gemüsegärten werden umgepflügt. Die Wälder werden abgeholzt, die Bäche

trocknen aus, und aus den Negersklaven wird das Letzte herausgeholt, bis es nach sieben Jahren mit ihnen zu Ende ist. (222)

Woran die Sklaven glauben

Die Götter treiben Blut und Saft durch die Adern der Menschen und der Pflanzen. In jedem Grashalm auf Kuba atmet ein Gott, und darum lebt der Wald wie die Menschen. Der Wald – der Tempel der afrikanischen Götter und die Wohnung der afrikanischen Vorfahren – ist heilig und voller Geheimnisse. Sagt jemand ihm nicht guten Tag, so wird er böse und entzieht ihm Glück und Gesundheit. Man muß ihn verwöhnen und grüßen, wenn man die Blätter haben will, die Wunden heilen und dem Unglück wehren. Den Wald begrüßt man mit rituell vorgeschriebenen Worten oder wie es einem gerade einfällt. Jeder redet mit den Göttern, wie ihm zumute ist und wie er kann. Kein Gott ist ganz und gar gut oder ganz und gar schlecht. Jeder ist bald ein Retter, bald ein Mörder. Der Windhauch kühlt, und der Orkan verwüstet, und doch sind beide Luft. (56)

Die Ceiba

– Guten Abend, Mutter Ceiba, Euren Segen!

Die mächtige Ceiba ist ein Baum voller Rätsel. Den Ahnen und Göttern ist er der liebste. Die Sintflut hat ihn verschont. Blitz und Wirbelsturm können ihm nichts anhaben.

Auf den Schatten der Ceiba darf man nicht unerlaubt treten, ihr auch nicht unerlaubt den Rücken kehren. Wer die Axt in ihren heiligen Stamm schlägt, spürt den Hieb am eigenen Leib. Nur zum Feuertod sagt sie mitunter ja, weil das Feuer, so heißt es, ihr Lieblingskind ist.

Bittet jemand sie um Zuflucht, so nimmt sie ihn auf, und zur Verteidigung des Flüchtigen bewehrt sie sich mit Dornen. (56)

Die Königspalme

In der stolzen Palme wohnt Shangó, der schwarze Gott, der sich, wenn er sich als Christenweib tarnt, Sankt Barbara nennt. Seine Arme sind die Palmwedel; aus dieser Höhe schießt er, der Himmelsschütze.

Shangó frißt Feuer, kleidet sich in Funken, redet mit Donner und versengt die Erde mit seinen Blitzen. Seine Feinde verbrennt er zu Asche.

Der kampflustige und lüsterne Shangó liebt Kriege und Feste und kann nie genug bekommen vom Raufen und vom Lieben. Die Götter hassen ihn, die Göttinnen sind scharf auf ihn. Seit er seinem Bruder Ogum die Frau ausgespannt hat, ficht Oyá – die sich als die Madonna de la Candelaria ausgibt – mit zwei Schwertern zugleich an Shangós Seite. Mit einer anderen aus seiner Frauenschar, Oshún, treibt er es in den Flüssen; und danach essen die beiden mit Zucker und Zimt bestreute Speisen.

(28 und 56)

1766, FELDER BEI ARECO

Wilde Pferde

Vor vollem Haus hat der zwanzigköpfige indianische Kinderchor aus der Jesuitenmission San Javier in Buenos Aires gesungen. Die Kinder haben in der Kathedrale und noch in mehreren anderen Kirchen gesungen, und das Publikum wußte die Stimmen zu schätzen, die aus dem Himmel zu kommen schienen. Auch das Guaraní-Orchester hat mit seinen Violinen und Muschelhörnern Wunder vollbracht.

Von Pater Hermann Paucke geleitet, machen sich die Musiker auf den Heimweg. Zwei Wochen sind es bis zu ihren Häusern am Meeresufer. Jedesmal, wenn sie Rast machen, geht Paucke sammeln und zeichnet alles, was er sieht: die Pflanzen, die Vögel und die Bräuche.

Auf den Fluren um Areco erleben die Guaraní-Musiker mit, wie Wildpferde geschlachtet werden. Die Peonen treiben die freilebenden Tiere zusammen mit zahmen Pferden in die

Gehege, werfen ihnen dort das Lasso über und zerren sie einzeln aufs freie Feld. Dort stoßen sie sie um und schlitzen ihnen den Bauch auf. Die Wildpferde verheddern sich mit den Beinen in ihren Därmen, aber sie galoppieren trotzdem weiter, bis sie endlich ins Gras stürzen. Tags darauf sind ihre Knochen von den Hunden schon bis aufs Weiße abgenagt.
Die wilden Pferde traben in kleinen Herden, die eher wie Schwärme fliegender Fische aussehen, durch die Pampa. Sie schweben zwischen Himmel und Prärie dahin und stecken die Hauspferde an mit ihren freien Sitten. (55)

1767, MISIONES

Die Geschichte von den sieben Dörfern

Der König von Spanien machte seinem Schwiegervater, dem König von Portugal, sieben Dörfer zum Geschenk. Er verschenkte sie leer, doch sie waren bewohnt. Es handelte sich um sieben Missionssiedlungen am Ostufer des oberen Uruguay, die Jesuitenpatres für Guaraní-Indianer gegründet hatten. Wie viele andere Missionsgründungen auf Guaraní-Gebiet hatten sie vormals als Bastionen an der ständig bedrohten Grenze gedient.
Die Guaraní-Indianer weigerten sich, fortzuziehen. Sollten sie etwa wie Schafe den Weideplatz wechseln, bloß weil der Besitzer es so wollte? Sie hatten von den Jesuiten nicht nur gelernt, wie man Uhren, Pflüge, Glocken, Klarinetten und Bücher in der Guaraní-Sprache herstellt, sondern auch, wie man Kanonen gießt, um sich gegen die Sklavenfänger zu wehren.
Portugiesische und spanische Soldaten vertrieben sie, und nachts stahlen sich die Indianer doch wieder in ihre sieben Dörfer zurück. Wieder wurden sie vertrieben, und wieder kamen sie zurück, diesmal aber als brüllender Sturm, als zuckendes, brandschatzendes Gewitter. Und jeder erfuhr, daß die Patres auf ihrer Seite standen. *Des Königs Wille ist Gottes Wille,* ließen die Oberen in Loyolas Orden zwar verlauten. Und *Sein Wille ist unerforschlich, er stellt uns auf die Probe: Als Abraham der göttlichen Stimme gehorchte und das Schwert über seines Sohnes Isaak Hals*

schwang, sandte Gott in seiner Weisheit einen Engel, daß er den Hieb im rechten Augenblick noch aufhalte... Aber die Jesuitengeistlichen weigerten sich, die Indianer preiszugeben, und da nützte es auch nichts, daß der Erzbischof von Buenos Aires wiederholt mit der Exkommunizierung der Indianer und der Patres drohte. Vergeblich verlangten die kirchlichen Würdenträger die Verbrennung des Pulvers und die Zerstörung der Kanonen und Lanzen, die in den Missionen doch viele hundert Mal den Ansturm der Portugiesen auf die spanische Grenze gestoppt hatten.
Der Krieg der sieben Dörfer gegen die zwei Kronen zog sich lange hin. In der Schlacht am Berg Caybaté fielen eintausendfünfhundert Indios.
Die sieben Missionsdörfer wurden zwar dem Erdboden gleichgemacht, doch hatte der portugiesische König an dem spanischen Königsgeschenk nie Freude.
Beide Könige verziehen den Affront nicht. Drei Jahre nach der Caybaté-Schlacht verbannte der König von Portugal die Jesuiten aus allen seinen Besitzungen. Und der König von Spanien tut es ihm soeben nach. (76 und 189)

Die Vertreibung der Jesuiten

Die Anweisungen kommen in versiegelten Umschlägen aus Madrid und werden von Vizekönigen und Gouverneuren in ganz Amerika augenblicklich ausgeführt. Aus heiterem Himmel werden die Jesuitenpatres in der Nacht verhaftet und auf der Stelle ins ferne Italien verschifft. Über zweitausend Priester gehen so ins Exil.
Loyolas Söhne, die zu Söhnen Amerikas geworden sind, werden vom spanischen König dafür bestraft, daß sie sich wiederholt des Ungehorsams schuldig gemacht und den Verdacht der Planung eines unabhängigen Indianerreichs auf sich gezogen haben.
Niemand trauert ihnen mehr nach als die Guaranís. Die vielen Jesuitenmissionen auf Guaraní-Gebiet versprachen, das gelobte Land ohne Bosheit und ohne Tod zu werden, und die

Indianer gaben den Geistlichen den Namen *Karaí*, der eigentlich ihren Propheten vorbehalten war.
Aus ihrer zerstörten Mission San Luis Gonzaga schicken Indianer einen Brief an den Gouverneur in Buenos Aires. *Wir sind keine Sklaven,* schreiben sie, *uns behagt eure Sitte nicht, wonach ein jeder für sich selber sorgt, anstatt einander zu helfen.*
Bald löst sich alles auf. Das Gemeinde-Eigentum zerfällt und die gemeinschaftliche Produktions- und Lebensweise. Die besten Missionshazienden werden versteigert, Kirchen, Manufakturen und Schulen stürzen ein, Mate-Pflanzungen und Weizenfelder überwuchert das Unkraut. Buchseiten finden nur noch Verwendung als Pulvertüten. Die Indianer fliehen in den Urwald oder werden zu Landstreichern oder Huren und Säufern. Als Indianer geboren worden zu sein, ist wieder eine Schande und ein Verbrechen. (189)

Ihre Zunge lassen sie sich nicht abschneiden

Die Druckereien der paraguayischen Jesuitenmissionen brachten einige der bestgemachten Bücher im kolonialen Amerika heraus. Es waren religiöse Bücher in der Guaraní-Sprache; die Buchstaben und die Illustrationen hatten die Indianer in Holz geschnitten.
Guaraní war in den Missionsdörfern Schrift- und Umgangssprache gewesen. Nach der Jesuitenvertreibung wurde der ausschließliche Gebrauch des Spanischen für die Indianer zur Pflicht.
Keiner findet sich damit ab, fortan sprach- und erinnerungslos zu sein. Keiner gehorcht. (117)

1769, LONDON

Der erste in Amerika geschriebene Roman

Vor zehn Jahren haben die Glocken in London sich zur Feier der Siege des britischen Imperiums über die Welt wundgeläutet. Nach heftigem Beschuß war die Stadt Quebec gefallen, Frankreich hatte seine Besitzungen in Kanada verloren. Der junge Befehlshaber der englischen Armee, General James Wolfe, hatte angekündigt, er werde die *kanadische Pest* ausrotten, doch er kam nicht mehr dazu. Böse Zungen behaupten, er habe sich allmorgendlich gemessen und tatsächlich täglich größer gefunden; nur habe eine Kugel sein Wachstum dann eben jäh beendet.
Jetzt veröffentlicht Frances Brooke in London einen Roman, *Die Geschichte der Emily Montague,* in dem Wolfes Offiziere in dem mit Kanonen eroberten Land die Herzen brechen. Die Autorin, eine mollige nette Engländerin, lebt und schreibt in Kanada. In zweihundertachtundzwanzig Briefen erzählt sie ihre Eindrücke und Erlebnisse in der neu hinzugekommenen britischen Kolonie und flicht ab und zu eine Liebesgeschichte zwischen uniformierten Galanen und seufzenden Fräulein aus der feinen Quebecer Gesellschaft ein. Nach den obligatorischen Zwischenstationen bei der Schneiderin, im Ballsaal und bei Picknicks auf Inseln führen die in geordneten Bahnen verlaufenden, wohlerzogenen Leidenschaften natürlich zur Ehe. Erhabene Wasserfälle und herrliche Seen geben die passende Kulisse dafür ab. (50, 52 und 176)

Indianer und Träume im Roman der Frances Brooke

Die Indianer bewahren den größten Teil ihrer abergläubischen Vorstellungen. Ich möchte ihren Glauben an Träume unterstreichen, einen Wahn, von dem sie trotz wiederholter Enttäuschungen nicht geheilt werden können ... Ein Wilder erzählte uns einen prophetischen Traum, der seiner Meinung nach den Tod eines englischen Offiziers ankündigte. Ich konnte mir ein Lächeln nicht verkneifen. »Ihr Europäer«, sprach er dar-

auf, »seid doch die unvernünftigsten Menschen auf der Welt. Ihr verlacht uns ob unsres Glaubens an Träume und erwartet doch, daß wir an Dinge glauben, die tausendmal unglaubwürdiger sind.« (50)

1769, LIMA

Vizekönig Amat

Ausgerechnet wenn die Familien zum Rosenkranz, zum Trisagium, zur Novene und zum Totengebet niederknien, rattert die Karosse des Vizekönigs zum Theater. Empörtes Geraune hinter halb heruntergelassenen Rolläden bildet das Echo. Die Gebete brechen ab, dafür geht das Getuschel los. Der schroffe Vizekönig von Lima, der Muffel, der Plumpsack, der Klotz, ist in eine Schaustellerin aus den Vorstädten vernarrt.

Abend für Abend geht Don Manuel de Amat y Junyent in jede Operette, jede Komödie, jedes Passions- oder Singspiel, in dem Micaela Villegas mit den Hüften wackelt oder auf die Bretter stampft. Von der Handlung bekommt er gar nichts mit. Wenn die zimtbraune, zimtfeine, zimtduftende Micaela zu singen, nein, zu säuseln beginnt, steht dem gealterten Vizekönig die Perücke zu Berge: Er klatscht wie rasend Beifall und zerhackt den Fußboden mit seinem Gehstock. Micaela macht darauf Kulleraugen, lächelt mit ihren obligaten Leberfleck und bietet unter pailettenglitzernden Verbeugungen ihren Busen dar.

Eigentlich war der Vizekönig einmal ein Mann der Kasernen, nicht der Soireen. Er kam als finster dreinblickender Junggeselle mit fünf nordafrikanischen Kriegernarben nach Lima, um die Wege von Wegelagerern zu säubern und die nichtstuenden Taugenichtse zu vertreiben. Unter Limas bleischwerem Himmel – eher ein Dach als ein Himmel – hätte er sich mitunter am liebsten umgebracht. Aber er knüpfte Leute auf und entging so der Versuchung.

Acht Jahre nach seiner Ankunft hat der Vizekönig einiges dazugelernt. Er kann unterschlagen, Ají-Pfeffer und scharfes Meerschweinchenfleisch essen und im Opernglas Dekolletés studieren. Auf dem Schiff, das ihn aus Valparaíso hergebracht hat, war die Galionsfigur eine nackte Frau. (26 und 245)

1769, LIMA

Die Perricholi

Wie alle Frauen in Lima trägt Micaela Villegas ein weites Dekolleté, versteckt aber ihre Füße in winzigen weißen Seidenschühchen. Wie alle Frauen in Lima genießt sie Rubin- und Saphirbesatz bis hinab auf den Bauch, auch wenn die Rubine wie in ihrem Fall Glasperlen sind und aus dem Bühnenfundus stammen.

Da sie die Tochter eines armen Mestizen aus der Provinz war, lief Micaela in Lima am Anfang aus purer Lust am Beschauen und Befühlen von Lyoner Seide und flandrischem Tuch durch sämtliche Läden und biß sich auf die Lippen, wenn sie am Hals des Kätzchens einer vornehmen Dame ein Kollier aus Gold und Diamanten sah.

Micaela brachte es zu was in der Komödiantenzunft und war schließlich – für die Dauer einer Vorstellung – Königin, Elfe, Maja oder Göttin. Mittlerweile ist sie – und zwar rund um die Uhr – auch noch erste Dame bei Hofe. Ein Schwarm schwarzer Sklaven umschwirrt sie, ihren Schmuck bekrittelt niemand mehr, und Grafen küssen ihr die Hand.

Aus Rache nennen die Limaer Damen sie die Perricholi. Der Vizekönig nannte sie seinen hundsgeilen Schatz, seine *Perra chola,* aber in seinem zahnlosen Mund klang es wie Perricholi. Verfluchen, verwünschen wollte er sie so, heißt es, während er sie die Leiter zu seinem hohen Bett hinaufzerrte, sich ihrer erwehren, denn Micaela lehrte ihn derart das Fürchten, das Verbrennen und Ertrinken, das Verdorren, daß er sich zitternd in seine frühesten Jahre zurückversetzt fühlte.

(93, 245 und 304)

Die Gaumenuhr

Mit dem Milchmädchen morgens um sieben wird es laut in Lima. Ihr folgt mit Gottes Segen die Verkäuferin von Kräutertees.

Um acht kommt der Quarkhändler vorbei.

Um neun ruft ein anderer Zimtkonfekt aus.
Um zehn suchen die Maiskuchen Kunden, denen sie munden können.
Um elf sind die Melonen und Makronen und gerösteten Maiskörner an der Reihe.
Zu Mittag werden die Bananen, die Grenadillen, die Ananasfrüchte, die innen milchweißen und außen grünsamtenen Annonen und die mit weichem Fruchtfleisch lockenden Avocados durch die Straßen gefahren.
Um eins sind die heißen Honigkuchen dran.
Um zwei preist die Picaronera Picaronbrezeln und Krapfen an, an denen man sich am liebsten verschlucken möchte, und hinter ihr prangen die zimtbepuderten Maispasteten, die keine Zunge je wieder vergißt.
Um drei erscheint der Mann mit den Rindsleberspießen und den gehackten Herzen, gefolgt von den Honig- und Zuckerhändlern.
Um vier verkauft die Gewürzhändlerin allerlei Scharfes und Feuriges.
Daß es fünf ist, merkt man am Cebiche, dem zitronengesäuerten und gepfefferten rohen Fisch.
Daß es sechs ist, an den Nüssen.
Um sieben gibt es Maisbrei, Mazamorra, auf dem Dach in der Sonne gegart.
Um acht öffnet Eis aller Sorten und Farben wie ein kühler Wind die Tore zur Nacht. (93 und 245)

1771, MADRID

Gipfeltreffen der Könige

Aus Perus glühendheißen Wüsten kommen große Kisten bei Hofe an. Der Herrscher über Spanien liest in dem beigefügten Bericht des beamteten Absenders: Dies ist das vollständige Grab eines Mochikenkönigs, lange vor den Inkas; die Nachfahren der Mochiken und der Cimus leben heute in entsetzlicher Not und werden immer weniger; ihre Täler sind in der Hand *einer Handvoll bösartiger Spanier.*

Die Kisten werden aufgestemmt. Ein Mann, der vor eintausendsiebenhundert Jahren König war, liegt zu Füßen Karls III. Zähne, Fingernägel und Haare sind unversehrt, die pergamentene Haut spannt sich um die Knochen, und das majestätische Gewand funkelt vor Gold und leuchtet vor Federn. Der Gast aus fernen Landen hat sein Zepter, einen pflanzenumwundenen Maisgott, bei sich, und auch die bei ihm begrabenen Gefäße sind mit nach Madrid gereist.

Sprachlos starrt der spanische König auf das Töpferwerk, das um seinen verstorbenen Kollegen angeordnet ist. Der Mochikenkönig lag ja mitten im Tode von Lust umgeben: Die Gefäße stellen Liebespaare dar, die sich auf hunderterlei Art und Weise umarmen und begatten, die von der Erbsünde nichts gehört haben, die es sich wohl sein lassen und nicht wissen, daß wir dieser Ungehorsamkeit wegen zum Leben auf der Erde verdammt sind. (355)

1771, PARIS

Das Zeitalter der Aufklärung

In Europa bekommen die ehrfurchtgebietenden Dom- und Schloßwände Risse. Mit Dampfmaschinen, Enzyklopädiebänden und anderen unbremsbaren Rammböcken zur industriellen Revolution gerüstet, bläst das Bürgertum zum Sturm.

Aus Paris stammen die provokanten Ideen, von denen der *törichte* Pöbel gar nichts merkt, die aber das Jahrhundert prägen. Es sind Zeiten rabiaten Lernen- und Verstehenwollens: Die Aufklärung hält den Kirchendogmen und Adelsprivilegien die menschliche Vernunft, den Verstand einer denkenden Minderheit, entgegen. Verurteilung, Verfolgung und Verbannung spornen die gelehrten Jünger der englischen Philosophen und des fruchtbaren Descartes, der als erstes *an allem zweifelte,* nur noch an.

Kein Thema – vom Gesetz der Schwerkraft bis zum Priesterzölibat – ist den Denkern der Aufklärung fremd. Die Institution Sklaverei handelt sich bei ihnen unentwegte Attacken ein. Sklaverei sei wider die Natur, verbreitet Denis Diderot, der

Herausgeber der *Kritischen Enzyklopädie oder* des *Nachschlagewerks der Wissenschaften, Künste und Handwerke.* Ein Mensch könne nicht Eigentum seines Herrn sein, aus dem gleichen Grunde, aus dem ein Kind nicht Eigentum seines Vaters, eine Frau nicht ihres Mannes, ein Knecht nicht seines Dienstherrn und ein Untertan nicht Eigentum seines Königs sein könne. Wer anderes glaube, verwechsele Menschen mit Dingen. Helvetius zufolge *gelangt keine Tonne Zucker nach Europa, die nicht von Menschenblut gefärbt ist,* und Voltaires Kunstfigur Candide trifft in Surinam auf einen Sklaven, dem die Hand von der Zuckermühle abgerissen und das Bein wegen eines Fluchtversuchs abgehackt wurde:

– *Dies ist der Preis, um welchen Ihr in Europa Zucker eßt!*

Gestünden wir zu, meint Montesquieu, daß Neger Menschen sind, so gestünden wir damit zugleich, wie wenig christlich wir sind. Jede Religion, die Sklavenhaltung absegnet, verdient es nach Meinung von Abbé Raynal, verboten zu werden. Und Jean-Jacques Rousseau schämt sich angesichts der Sklaverei, überhaupt ein Mensch zu sein. (95 und 98)

Die Physiokraten

Die Sklaverei ist mehr als ein Verbrechen, behaupten die Physiokraten, sie ist ein ökonomischer Fehler.

In seinem letzten Band *Ephemérides du Citoyen* liefert Pierre Dupont de Nemours die Begründung. Die Sklavenarbeit perpetuiere veraltete Anbaumethoden und bremse in den französischen Kolonien auf den Antillen und dem amerikanischen Festland die Entwicklung. Die verschlissene Arbeitskraft werde zwar ständig ersetzt, aber der Einsatz von Sklaven bringe dennoch Verschwendung und eine Wertminderung des investierten Kapitals mit sich. Statt dessen, schlägt Dupont de Nemours vor, sollten die durch frühes Sklavensterben und Brandstiftung seitens der Cimarrones entstehenden Verluste, die Kosten der pausenlosen Kriege mit den Cimarrones, die miserablen Vorarbeiten für die Ernte und das aus Unaufgeklärtheit oder Böswilligkeit unbrauchbar gemachte Werkzeug

in die Kostenrechnung einbezogen werden. Böser Wille und Faulheit, meint Dupont, sind Waffen, zu denen der Sklave greift, um sich einen Teil seiner ihm vom Herrn genommenen Persönlichkeit wiederzuholen, und seine Ungeschicklichkeit korrespondiert mit dem Fehlen jeglichen Anreizes zu höheren Intelligenzleistungen. Die Sklaverei, nicht die Natur macht den Sklaven.
Den philosophierenden Ökonomen der Physiokratenschule zufolge ist nur die freie Arbeitskraft wirklich produktiv. Für die Physiokraten ist das Eigentum zwar unantastbar, aber Mehrwert wird eben nur in Freiheit produziert.

Frankreichs Kolonialminister begründet, warum die Mulatten nicht aus ihrem angeborenen »Stand der Demütigung« befreit werden dürfen

Seine Majestät ist der Ansicht, ein solcher Gnadenbeweis führe dahin, den Unterschied auszulöschen, welchen die Natur zwischen Weiß und Schwarz geschoben und welchen politisches Vorurteil als einen Abstand, den Farbige und ihre Abkömmlinge nie werden überspringen können, tunlichst beibehalten hat. Kurzum, im Interesse einer rechten Ordnung sei es wichtig, daß der Stand der Demütigung, welcher der Spezies angeboren, nicht geschwächt werde, in welchem Grade sie auch immer fortbestehe, und das Vorurteil sei ja um so nützlicher, als die Sklaven selber es im Herzen trügen und es an vorderster Stelle zur Ruhe in den Kolonien beitrage. (139)

1772, CAP FRANÇAIS

Die reichste Kolonie Frankreichs

Die Geistlichen verweigern Mademoiselle Morange, der Diva der *Capkomödie,* die Totenmesse, dabei wird ihr unersetzlicher Verlust auf Haiti in sechs Theatern und mehr als sechs Schlafgemächern betrauert. Schauspieler verdienen es nun einmal nicht, daß man Respons für sie betet, Theaterspielen ist eine in alle Ewigkeit verdammte, ehrlose Beschäftigung. Dafür bim-

melt ein Schauspieler – in schwarzer Soutane, ein Kruzifix auf der Brust und mit glänzender Tonsur – mit dem Glöckchen vor dem Trauerzug der tugendhaften Toten und singt lateinische Psalmen dazu.
Die Polizei prescht noch vor dem Friedhof auf den Heldenbariton und seine Kumpanen los. Sie verschwinden spurlos; die Menge deckt und versteckt sie. Wer sympathisiert auch nicht mit den Mimen, die den frischen Wind gebildeter Tollheit in Haitis unerträgliche Schwüle bringen?
Auf den Bühnen von Frankreichs reichster Kolonie werden Stücke beklatscht, die vor kurzem – wenig zuvor – in Paris Premiere hatten, und die Theater gleichen denen in Paris oder möchten ihnen doch zumindest gleichen. Nur das Publikum sitzt nach Hautfarben getrennt: in der Mitte das Elfenbeinweiß, rechts das Kupferbraun, links das Ebenholzschwarz – die wenigen freien Neger.
Um die Vermögenden rauscht während der Vorstellungen zwar ein Wald von Fächern, unter ihren gepuderten Perücken rinnt der haitischen Hitze wegen aber doch in Strömen der Schweiß hervor. Jede weiße Dame ist ein ganzer Juwelierladen: Gold, Perlen und Diamanten glitzern um ihre seidenumrahmten, Unterwerfung und Begehrung heischenden, feucht schwellenden Brüste.
Vor nichts hüten Haitis mächtigste Siedler sich mehr, als von der Sonne beschienen zu werden und Hörner aufgesetzt zu bekommen. Sie gehen nicht aus dem Haus, bevor es dämmert und die Sonne weniger sticht, und auch dann nur in Sänften und vielspännigen Kutschen. Und die Damen stehen in dem Ruf, oft zu lieben und oft zu verwitwen. (115 und 136)

1772, LÉOGANE

Zabeth

Als sie laufen konnte, brach sie zum ersten Mal aus. Sie bekam eine schwere Kette um die Knöchel und wuchs in Ketten auf. Aber auch so überwand sie hundertmal die Palisaden und wurde in Haitis Bergen hundertmal von den Hunden gefangen.

Man brannte ihr mit glühenden Eisen die bourbonische Lilie auf die Wange. Man legte ihr Hals-, Hand- und Fußeisen an und sperrte sie in die Zuckermühle. Sie aber hielt die Finger in die Mahlwalzen und riß sich danach mit den Zähnen die Verbände ab. Damit sie in Eisen stirbt, schlug man sie wieder in Ketten, und jetzt stirbt sie, Verwünschungen singend, vor sich hin.
Zabeth, diese Frau aus Eisen, ist Eigentum von Madame Galbaud du Fort, wohnhaft in Nantes. (90)

1773, SAN MATEO HUITZILOPOCHCO

Die Macht der Dinge

Die Dorfkirche bietet ein Bild des Jammers. Der eben aus Spanien eingetroffene Pfarrer findet, Gott könne nicht länger in einem so finsteren und heruntergekommenen Hause wohnen, und macht sich ans Werk. Damit die neuen Wände auch wirklich halten, schickt er die Indios in die Ruinen aus der Zeit des Götzendienstes, Steine zu holen.
Keine Drohung und keine Strafe bringt die Indios dazu, zu gehorchen. Sie weigern sich, auch nur einen Quader von der Stelle zu rücken, an dem ihre Vorfahren zu den Göttern beteten. Die Steine verheißen zwar nichts, aber sie bewahren vorm Vergessen. (135 und 322)

1774, SAN ANDRÉS ITZAPÁN

Dominus vobiscum

Die Indianer müssen ausspucken, sooft sie einen ihrer Götter erwähnen.
Sie müssen neuartige Tänze tanzen – den Conquistatanz, den Mauren-und-Christen-Tanz –, die den Einfall in Amerika und die Unterwerfung der Heiden loben.
Sie müssen ihren Körper bedeckt halten, weil Kampf gegen Götzendienst zugleich auch Kampf gegen das Nackte ist, das gefährliche Nackte, das nach Meinung des Erzbischofs von Guatemala im Betrachter *schwere Gehirnschädigungen hervorruft.*

Die Indianer müssen das Sanctus, das Ave-Maria und das Vaterunser aus dem Gedächtnis aufsagen.
Sind die Indianer Guatemalas nun zu Christen geworden?
Der Missionspfarrer von Andrés Itzapán ist sich da nicht so sicher. Er sagt, er habe zur Veranschaulichung des Geheimnisses von der heiligen Dreieinigkeit ein Tuch zusammengefaltet und den Indianern vorgehalten: *Seht! Ein einziges Tuch in drei Falten. Genauso ist auch Gott dreierlei in einem.* Die Indianer waren daraufhin überzeugt, sagt er, daß Gott aus Tuch bestehe.
Die Indianer tragen die Madonna auf einer federverzierten Sänfte spazieren, nennen sie die Großmutter des Lichts und bitten sie allabendlich, auch am nächsten Morgen die Sonne zu bringen. Andächtiger aber verehren sie die Schlange, die die Madonna mit ihrem Fuß zertritt. Weihrauch opfern sie dem alten Schlangengott, der reichlich Mais und reichlich Rehe gibt und beim Feindetöten hilft. Mehr als den Heiligen Georg feiern sie den Drachen, den sie mit Blumen überschütten. Und die Blumen unter Ritter Jakob gelten dem Pferd und nicht dem Reiter. In Jesus erkennen sie sich wieder, der wurde ohne Beweise verurteilt wie sie, aber das Kreuz beten sie nicht deshalb an, weil es Christus' Opfertod symbolisiert, sondern weil es die Form der befruchtenden Begegnung von Regen und Erde hat. (322)

1775, GUATEMALA – STADT

Heilige Güter

Die Indianer begehen die kirchlichen Feiertage nicht, es sei denn, sie fallen auf Regen-, Ernte- oder Saattage. Der Erzbischof von Guatemala, Pedro Cortés Larraz, erläßt darum eine neue Verordnung, die jenen droht, die ihr Seelenheil derart vergessen.
Die Indianer gehen auch nicht zum Gottesdienst. Weder wenn man sie ruft, noch wenn es läutet. Man muß ihnen erst in ihre Dörfer und auf ihre Maisfelder hinterherreiten und sie mit Gewalt heranschleppen. Auf einmal Fehlen stehen zwar acht Peitschenhiebe, aber die Messe beleidigt die Mayagötter, und

das wiegt schwerer als die Angst vor der Peitsche. Fünfzigmal im Jahr unterbricht die Messe sie bei der Feldarbeit, mit der sie doch täglich ihren Bund mit der Erde schließen. Wenn man von Anfang bis Ende den Kreislauf mitvollzieht, in dem der Mais stirbt und wieder aufersteht, ist das für die Indianer wie ein Gebet, und das gewaltige Gotteshaus Erde bezeugt ihnen tagaus, tagein das Wunder des neu erstehenden Lebens. Bei ihnen ist jeder Erdklumpen eine Kirche und jeder Wald ein Altar.
Um der Züchtigung am Pranger zu entgehen, landen ein paar Indianer durchaus im Beichtstuhl, wo sie lernen, was Sünde ist, oder knien vor dem Altar nieder, wo sie am Tisch des Herrn ihren Maisgott essen. Aber ihre Kinder übereignen sie zuerst ihren alten Göttern tief in den Bergen und bringen sie erst danach ans Taufbecken. Vor ihren Göttern jubeln sie über die Auferstehung. Alles, was geboren wird wird neu geboren.

(322)

1775, HUEHUETENANGO

Bäume, die wissen, bluten und sprechen

Der Geistliche reitet bei seinem Einzug in Huehuetenango durch Weihrauchschwaden. Er glaubt, die Heiden huldigten dem wahren Gott. Aber die Mütter breiten ihre Umhänge über ihre Säuglinge, damit der Pfaffe sie mit seinem Blick nicht krankmacht.
Der Weihrauch brennt nicht zum Dank und nicht zum Empfang, er soll vielmehr Krankheit bannen.
Das Herz der Kopalfichte schwelt, und der sich kräuselnde Rauch betet zu den alten Mayagöttern, die von den Christen eingeschleppten Seuchen möchten doch erlöschen.
Die Fichte, aus der Räucherwerk blutet, ist ein heiliger Baum. Heilig sind auch die Ceiba, die nachts zur Frau wird, und die Zeder und überhaupt alle Bäume, die ein Ohr für das Leid der Menschen haben. (322)

1775, GADO-SABY

Bonny

Mit gezieltem Beschuß brechen sich die achthundert aus Holland angereisten Soldaten Bahn. Das freie Negerdorf Gado-Saby knirscht und kracht zusammen. Hinter Rauchfahnen und Feuer führen Blutspuren bis an den Waldrand.
Oberst Fourgeaud, Schweizer und Veteran der europäischen Kriege, beschließt, in den Trümmern zu kampieren. Als es Nacht wird, hallen sonderbare Laute, und Kugeln zischen aus dem Urwald, so daß die Soldaten sich auf die Erde werfen müssen.
Die ganze Nacht halten Schüsse, Schmährufe und Lieder von neuem Kampf und Sieg die Einheit in Schach. Die Cimarrones, die ja nicht zu sehen sind, lachen schallend, als Oberst Fourgeaud, an den Boden gepreßt, ihnen, falls sie sich ergeben, Freiheit und Nahrung verspricht.
– *Hungerleider!* schallt es mit tausend Stimmen aus dem Wald. – *Vogelscheuche!*
Die holländischen Soldaten werden *weiße Sklaven* genannt, und es wird angekündigt, daß König Bonny bald in ganz Surinam herrscht.
Als das Morgenlicht den Kessel sprengt, erkennt Oberst Fourgeaud, daß seine Soldaten nicht von Kugeln, sondern von Steinen, Knöpfen und kleinen Münzen getroffen worden sind. Er erkennt außerdem, daß die ehemaligen Sklaven, während die Holländer unter dem Beschuß von Krimskrams und Schimpfwörtern wie gelähmt dalagen, die ganze Nacht Reis-, Maniok- und Jamssäcke in den Urwald gekarrt haben.
Ausgeheckt hat das Spiel Bonny. Der Cimarrones-Anführer Bonny trägt nirgendwo am Körper ein Brandzeichen. Seine noch versklavte Mutter floh aus dem Bett ihres Herrn und gebar im Urwald ein freies Kind. (264)

1776, CAPE COAST CASTLE

Alchimistenzauber im Afrikageschäft

Kapitän Peleg Clarke handelt an der afrikanischen Küste schon eine Weile die Preise herunter.

Auf seinem Schiff stinkt es. Der Kapitän befiehlt seiner Mannschaft, die schon angekauften Sklaven zum Waschen an Deck zu holen; aber kaum werden den Negern die Ketten abgenommen, springen sie ins Meer, und die Strömung reißt die an Land Schwimmenden fort.

Der Verlust der Ware ist ehrverletzend für einen altgedienten Hirten solcher Herden wie Kapitän Clarke und schadet auch dem Ruf der Sklavenschiffe aus Rhode Island. Schließlich rühmen nordamerikanische Werften sich, die sichersten Schiffe für den Guinea-Handel zu bauen. So perfekt sind ihre schwimmenden Verliese gezimmert, daß auf ihnen nur alle viereinhalb Jahre ein Sklavenaufstand vorkommt, wohingegen die Aufstandsquote bei den Franzosen viermal so hoch und auf den Spezialschiffen der Engländer zweimal so hoch liegt.

Die dreizehn Kolonien, aus denen bald die Vereinigten Staaten von Amerika werden, haben ihren Sklavenschiffern einiges zu verdanken. Amerikanischer Rum, eine Arznei für Seele und Leib, wird an Afrikas Küsten zu Sklaven. Die Neger verwandeln sich auf den Antilleninseln Jamaika und Barbados in Melasse. Die Melasse segelt nach Norden und wird in den Schnapsbrennereien von Massachusetts wieder zu Rum. Mit dem Rum beginnt die Reise übers Meer nach Afrika von vorn. Vervollständigt wird das Geschäft auf jeder Fahrt mit dem Verkauf von Tabak, Bohlen, Eisenwaren, Mehl und Pökelfleisch und dem Ankauf von Gewürzen auf den Inseln. Überschüssige Neger landen auf den Plantagen in Süd-Carolina, Georgia und Virginia.

Der Sklavenhandel zahlt sich also aus für die Seefahrer, Geldverleiher, Schnapsbrenner und Werfteigner, die Sägemühlen- und Plantagenbesitzer, Pökelfleischfabrikanten und Versicherungsunternehmer. (77 und 193)

1776, PENNSYLVANIEN

Paine

Es nennt sich *Common sense,* gesunder Menschenverstand. Erschienen ist die Kampfschrift zu Anfang des Jahres, und weitergereicht wird sie wie Wasser und Brot. Ihr Verfasser, der vor ein paar Jahren eingereiste Engländer Thomas Paine, fordert darin, endlich die Unabhängigkeit von England auszurufen: *Das Recht auf eine eigene Regierung ist unser natürliches Recht. Warum zaudern wir noch?*

In der Monarchie sieht Paine eine *lächerliche* Regierungsform. Regierungen seien im besten Fall überhaupt nur ein notwendiges, im schlimmsten Fall ein unerträgliches Übel. Und die Monarchie sei der schlimmste Fall. Jeder ehrliche Mensch sei mehr wert als alle bisher *gekrönten Schurken,* und George den Dritten nennt Paine gar das *königliche Vieh von Großbritannien.* Auf der ganzen Welt, schreibt Paine, werde eine wilde Jagd auf die Freiheit veranstaltet. In Europa gelte sie als Fremdling, aus Asien und Afrika sei sie seit langem verbannt, und die Engländer hätten ihr schon angekündigt, daß sie fortmüsse. Paine ermuntert die Kolonisten in Amerika, den Boden unter ihren Füßen zu einer Zufluchtsstätte freier Menschen zu machen. *Nehmt die Flüchtigen auf und rüstet dem Menschengeschlecht ein Obdach!* (243)

1776, PHILADELPHIA

Die Vereinigten Staaten

England hat seine dreizehn Kolonien an der amerikanischen Atlantikküste nie sonderlich beachtet. Sie haben kein Gold, kein Silber, keinen Zucker – sie waren ihm nie unentbehrlich, und es hinderte sie nie am Wachsen. So lernten sie auf eigenen Füßen stehen, schon seit der Zeit, als die ersten Einwanderer das steinige Land betraten, das sie Neu-England nannten. Und der Boden war so hart, daß man die Saatkörner mit dem Gewehr in die Erde schießen mußte. Inzwischen geht es den englischen Kolonien gar nicht schnell genug mit ihrer Entwicklung.

Die dreizehn Kolonien hungern nach dem Land im Westen. Viele Pioniere träumen von dem Sprung über die Mountains, zu dem sie nur eine Waffe, ein Beil und eine Handvoll Mais mitnehmen wollen. Aber die englische Krone hat die Grenze in den Bergkämmen der Apachen gezogen und alles Land dahinter den Indianern zugesprochen. Die dreizehn Kolonien hungern auch nach Welt. Ihre Schiffe befahren bereits alle Meere, aber die englische Krone schreibt ihnen vor, was sie einzukaufen und wo sie zu verkaufen haben.
Da zerreißen sie mit einem Ruck die Fesseln. Alle dreizehn Kolonien weigern sich, einem König auf einer so fernen Insel weiterhin ihren Tribut an Gehorsam und Geld zu leisten. Sie hissen ihre eigene Fahne, sie beschließen, sich Vereinigte Staaten von Amerika zu nennen, sie schwören dem Tee ab und küren dafür ihr landeseigenes Produkt zum Nationalgetränk. Alle Menschen werden gleich geboren, steht in der Unabhängigkeitserklärung. Die Sklaven, eine halbe Million Negersklaven, erfahren nichts davon. (130 und 224)

1776, MONTICELLO

Jefferson

Der die Unabhängigkeitserklärung, die Geburtsurkunde der USA, formuliert hat, ist ein vielbegabter und rundum wissensdurstiger Mann.
Unermüdlich liest er Thermometer und Barometer ab, verschlingt Bücher, stellt Fragen, macht Funde, möchte die Natur entschleiern und jede Dimension des menschlichen Geistes erfassen. Er baut eine sagenhafte Büchersammlung und eine Welt aus Steinen, Fossilien und Pflanzen auf, und mehr als er kann man über neuplatonische Philosophie, lateinische Grammatik, griechische Sprachstrukturen und die Organisation der Gesellschaft in der Geschichte nicht wissen. Seine Heimat Virginia kennt er gründlich, jeden Grashalm, jedes Kind und jeden Großvater in jeder Familie, und über technische Neuheiten auf der Welt ist er ständig aktuell informiert. Dampfmaschinen,

neue Pflüge, originelle Schmalz- und Käsegewinnungstechniken auszuprobieren, ist für ihn eine Lust, und sein großes Haus in Monticello hat er selber entworfen, fehlerlos gezeichnet und eigenhändig gebaut.

Die Puritaner berechnen die Einwohnerzahl nach *Seelen.* Jefferson berechnet sie nach *Angehörigen der Spezies Mensch.* Innerhalb der Spezies sind die Neger fast gleichwertig. Neger haben ein ganz gutes Gedächtnis, aber keinerlei Phantasie, und ihre schwach entwickelte Intelligenz könnte einen Euklid nie begreifen. Jefferson, der virginische Aristokrat, predigt Demokratie – eine Demokratie der Besitzenden – und Freiheit des Denkens und des Glaubens; sobald es aber um Geschlecht und Hautfarbe geht, ist er für strikte Hierarchie. Seine Volksbildungspläne gelten nicht für Frauen, Indianer und Neger. Jefferson verdammt die Sklaverei, hält aber weiterhin Sklaven. Mulattinnen reizen ihn mehr als weiße Frauen, aber ihn graust vor Verlust des reinen Blutes, und in Rassenmischung sieht er die schlimmste Versuchung, in die ein weißer Kolonist geraten kann. (41 und 161)

1777, PARIS

Franklin

Der berühmteste aller US-Amerikaner kommt mit einem von der Verzweiflung diktierten Auftrag nach Paris. Benjamin Franklin bittet um Hilfe gegen die englischen Kolonialtruppen, die schon halb Philadelphia und andere Patriotenstützpunkte eingenommen haben. Mit dem ganzen Gewicht seines persönlichen Ansehens will der Abgesandte in den Herzen der Franzosen die Flammen des Zorns und des Siegs anfachen.

Vom König bis zum Bettelmann kennt jeder auf der Welt Franklin, seit er einen Ballon hat aufsteigen lassen und herausgefunden hat, daß sich bei Blitz und Donner nicht Gottes Zorn, sondern die in der Atmosphäre vorhandene Elektrizität entlädt. Bei seinen wissenschaftlichen Funden inspiriert ihn das Alltagsleben. Das Komplizierteste ist im Einfachsten enthalten: das Morgenrot mit seinen nie gleichen Formgebilden, das

aufs Wasser gegossene Öl, das die Wellen glättet, die im Wein ertrunkene Fliege, die in der Sonne wieder lebendig wird. Aufgrund seiner Beobachtung, daß Schweiß an extremen Hitzetagen den Körper kühlt, ersann Franklin eine Kühlmethode, bei der Dampf Kälte erzeugt. Er erfand und baute auch Öfen und Uhren und das Musikinstrument Glasharmonika, von dem Mozart sich anregen ließ. Da es ihm zuwider war, zum Lesen oder zum Fern-Sehen ständig die Brille wechseln zu müssen, schnitt er die Gläser durch, steckte zwei Hälften in ein und dieselbe Fassung und kreierte so die Bifokalbrille.
Ganz und gar populär aber wurde Franklin, nachdem ihm aufgefallen war, daß Strom in spitze Enden fährt. Er setzte daraufhin einen zugespitzten Eisenstab auf ein Turmdach und hatte den Blitz besiegt.
Weil Franklin aber Wortführer der amerikanischen Rebellen ist, ordnet der englische König an, daß sämtliche britischen Blitzableiter rund auslaufen müssen. (79)

Wenn er als Frau zur Welt gekommen wäre

Von allen sechzehn Geschwistern kommt Jane ihrem Bruder Benjamin Franklin an Talenten und Willenskraft am nächsten. Aber in dem Alter, als Benjamin das Elternhaus verläßt, um seinen eigenen Weg zu gehen, heiratet Jane einen mittellosen Sattler, der sie auch ohne Mitgift nimmt, und gebiert zehn Monate später ihr erstes Kind.
Von da an wird Jane über ein Vierteljahrhundert hinweg alle zwei Jahre von einem weiteren Kind entbunden. Manche Kinder sterben, und jeder kleine Tote schneidet ihr ins Herz. Die am Leben bleiben, wollen gefüttert, gekleidet, unterrichtet und getröstet werden. Jane tut nächtelang kein Auge zu, weil sie weinende Babys einlullt. Jane wäscht Berge schmutziger Wäsche, badet Horden von Kindern, hetzt zwischen Marktplatz und Küche hin und her, spült Türme von Geschirr, bringt den Kleinen das ABC und den Großen Berufe bei, arbeitet neben ihrem Mann in der Werkstatt und betreut Pensionsgäste, mit deren Mietzahlungen der Topf voller wird. Jane ist eine

hingebungsvolle Gattin und eine musterhafte Witwe, und als die Kinder groß sind, versorgt sie wieder ihre gebrechlichen alten Eltern und ihre unverheirateten Töchter und schutzlosen Enkel.
Nie lernt Jane den Genuß kennen, an einer Drachenschnur über den See zu treiben, wie es Benjamin auch im Alter noch tut. Nie hat sie Zeit zum Nachdenken, nie gestattet sie sich einen Zweifel.
Benjamin ist bis zuletzt ein feuriger Liebhaber, Jane hingegen weiß nicht einmal, daß man von Sex auch noch anderes haben kann als Kinder.
Benjamin, der Gründer einer Nation der Erfinder, ist für alle Zeiten ein großer Mann. Jane ist nur eine Frau ihrer Zeit, wie fast alle Frauen zu allen Zeiten. Sie tut ihre Pflicht auf dieser Welt, sie büßt ihren Anteil an biblischer Schuld ab, sie setzt alles daran, nicht verrückt zu werden, und sie sehnt sich vergeblich nach ein wenig Stille.
Ihr Dasein birgt für Historiker kein Interesse. (313)

1778, PHILADELPHIA

Washington

Der kühnste Soldat ist auch der angesehenste Farmer, der schnellste Reiter und der Jäger, der am besten schießt. Er gibt niemandem die Hand und läßt sich von niemandem in die Augen sehen. Für niemanden heißt er George. Nie kommt ein Lob aus seinem Mund, allerdings auch keine Klage. Immer ist er ein Vorbild an Abhärtung und Verwegenheit, mag er auch noch so sehr unter seinen Magengeschwüren, Zahnschmerzen und Fieberanfällen leiden.
Mit Hilfe von Waffen und Männern aus Frankreich entreißt George Washington den Briten die Stadt Philadelphia. Der Unabhängigkeitskrieg der Vereinigten Staaten – Schwarzröcke gegen Rotröcke – zieht sich quälend lange hin.
(224 und 305)

1780, BOLOGNA

Clavijero verteidigt den verrufenen Kontinent

Einer der aus Amerika vertriebenen Jesuiten, Francó Javier Clavijero, schreibt in Italien seine »Frühe Geschichte Mexikos«. In vier Bänden erzählt der Priester das *Leben eines Volks von Helden* und hilft damit den Kreolen, die Neuspanien allmählich Mexiko nennen und das Wort Vaterland mit Stolz aussprechen, bei der Gewinnung von Selbstbewußtsein, nationalem und historischem Selbstbewußtsein.

Das Werk ist eine Verteidigung Amerikas, das in diesen Jahren von Paris, Berlin oder Edinburgh aus so heftig angegriffen wird. *So wie Amerika keinen Weizen hatte, so besaß Europa keinen Mais... Wenn Amerika keine Granatäpfel und keine Zitronen hatte, so besitzt es sie doch immerhin heute. Was es in Europa jedoch nie gab und auch nie geben wird, sind Annonen, Avocados, Bananen und Sapotillenfrüchte.* Naiv und leidenschaftlich schreibt Clavijero gegen die Enzyklopädisten an, die die Neue Welt als einen Tummelplatz abscheulicher Dinge schildern. Comte de Buffon behauptet, in Amerika geize der Himmel mit Wasser und doch faule die Erde vor Regennässe; die Löwen seien dort kahlköpfig, klein und feige, der Tapir sei ein Elefant im Taschenformat, Pferde, Schweine und Hunde schrumpften dort zu Zwergengröße, und die Indianer – kaltblütig wie Schlangen – hätten keine Seele und entflammten nicht beim Anblick des Weibes. Auch bei Voltaire kommen unbehaarte Löwen und Menschen vor, und Baron Montesquieu verbreitet, niedrigstehende Völker stammten aus heißen Weltgegenden. Abbé Guillaume Raynal empört sich darüber, daß die Gebirgszüge in Amerika von Norden nach Süden verlaufen, statt, wie es sich gehört, von Osten nach Westen. Und sein preußischer Kollege Corneille de Pauw zeichnet die amerikanischen Indianer als bösartige und faule Arbeitstiere. De Pauw meint, die Tiere verlören dort durch das Klima ihren Schwanz und würden schmalbrüstig. Die Frauen seien so häßlich, daß man sie mit Männern verwechsle, und der Zucker schmecke, der Kaffee rieche nach nichts.

(73 und 134)

1780, SANGARARA

Amerika brennt von den Kordilleren bis zum Meer

Zwei Jahrhunderte sind vergangen, seit das Henkersschwert auf dem Hauptplatz in Cuzco den Hals des letzten Inkas Tupac Amarú durchtrennt hat. Heute wird die Legende wahr, die sich damals bei Tupacs Tod gebildet hat. Die Prophezeiung trifft ein: Kopf und Rumpf wachsen wieder zusammen, und der neu erstandene Tupac Amarú geht zum Angriff über.
José Gabriel Condorcanqui, Tupac Amarú II., zieht beim Klang großer Muschelhörner in das Dorf Sangarara ein. Er *will das üble Regiment all der Diebe und Drohnen stürzen, die uns den Honig aus unsern Bienenkörben stehlen.* Hinter seinem Schimmel sammelt sich ein Heer der Verzweifelten. Die abgerissenen Soldaten kämpfen mit Schleudern, Stöcken, Messern. Die meisten sind Indianer, die in Potosís Schächten Blut und *mit dem Blut ihr Leben ausspucken* oder sich beim Frondienst in Manufakturen und Hazienden zu Tode schinden.
Trommeln dröhnen, ein Meer von Fahnen, fünfzigtausend Mann stehen auf den Bergkämmen. Tupac Amarú rückt vor, verwüstet, befreit Indianer und Neger und richtet diejenigen, *die uns zu diesem kläglichen Sterben verurteilt haben.* Wo seine Boten durchgaloppieren, erheben sich die Ortschaften, vom Cuzco-Tal bis zur Küste von Arica und zur Grenze von Tucumán, *denn wer in diesem Kriege fällt, dem ist die Auferstehung sicher.*
Auch viele Mestizen schließen sich dem Aufstand an. Auch ein paar weiße Kreolen, der Abkunft nach Europäer, aber schon als Amerikaner geboren. (183 und 344)

1780, TUNGASUCA

Tupac Amarú II.

Antonio Oblitas, Sklave bei Richter Arriaga, hat auf dem Dorfplatz von Tungasuca einen dicken Strick – einen Galgen –, einen Maultierstrick – hochgezogen, und eine Woche lang schaukelte der tote Arriaga, der Indianer herumkommandierte und Neger, darunter auch Oblitas, gehalten hatte, im Wind. Dieselbe Hand, die den Strick geknüpft hat, malt jetzt. Antonio Oblitas malt an dem Porträt des Mannes, der die Freilassung aller Sklaven in Peru verfügt hat. Mangels einer Staffelei lehnt ein Brett an einem Stapel Maissäcke. Hin und her fährt der Pinsel auf dem rauhen Holz. Antonio kreiert Farben, Antonio, der Henker seines Herrn, der nie wieder Sklave sein will. Tupac Amarú steht Modell, zu Pferde, im Freien. Ohne seine gewohnte schwarze Samtjacke, ohne seinen Dreispitz. Der Inkanachfolger trägt die Gewänder des Sonnensohns und Königsembleme: wie seine Vorfahren auf dem Kopf den Federhelm, die dreifache Krone und die hängende Borla, auf der Brust die goldene Sonnenscheibe und in der Faust das stachelbewehrte Herrscherzepter. Rings um den reglosen Reiter erstehen Szenen aus dem jüngsten Sieg über die Kolonialtruppen. Antonios Hand zaubert kleine Soldaten und Rauchwolken, Indianer auf Kriegspfad, die in Flammen stehende Kirche von Sangarara und die aus dem Gefängnis stürzenden Häftlinge aufs Holz.

Das Bild entsteht zwischen zwei Schlachten, während einer Waffenruhe. Tupac und sein Pferd stehen schon eine ganze Weile Modell. Sie stehen so versteinert da, daß Antonio sich fragt, ob sie überhaupt noch atmen. Das Brett füllt sich langsam mit leuchtenden Farben. Der Maler überläßt sich der kurzen Ewigkeit des Waffenstillstands. Beide, der Künstler und sein Modell, entrinnen so der Zeit, solange an dem Porträt gemalt wird – damit es zu keiner Niederlage kommt, damit der Tod ihnen nichts anhat. (137, 183 und 344)

1780, POMACANCHI

Der Frondienst fährt wie ein riesiges Schiff

auf den Ländern Amerikas, wie eine nie stillstehende Galeere, auf der Tag und Nacht Indianer einem Hafen entgegenrudern, in den sie nie einlaufen werden. Die Indianer rudern einem Strand entgegen, der immer wieder in die Ferne rückt, und wenn der Schlaf sie übermannt, weckt sie die Peitsche.

Da spinnen, weben und nähen Männer, Frauen, Kinder und alte Leute Baumwolle und Wolle in den Manufakturen. Laut Gesetz haben sie zwar feste Arbeitszeiten und Löhne, aber wer von den Indianern in diese großen Gefängnisschuppen geworfen wurde, kommt erst zu seinem Begräbnis wieder heraus. Im Süden von Cuzco läßt Tupac Amarú an die Webstühle gefesselte Indios frei. Der Sturmwind des großen Aufstands raubt den Vizekönigen in Lima, in Buenos Aires und in Bogotá den Schlaf. (170 und 320)

Ein Gedicht aus der Kolonialzeit: Wenn die Indianer siegen würden . . .

--- müßten wir hart arbeiten,
so wie heute sie.
Erniedrigt stünden dann wir
da, wo sie heute stehen.
Keiner dürfte flehen
um Prunk, Hof und Haus.
Mit Ämtern wär' es aus.
Alle wären dann Pöbel.
Ihre Indianer wir wären
und sie unsere Herren. (183)

1781, BOGOTÁ

Die Comuneros

Unter dem vor Zorn bebenden Erzbischof von Bogotá ächzt das Sesselleder. Seine mit Rubinen und Smaragden geschmückten Hände, Marzipanhände, zerknüllen den violetten Rock. Hochwürden Don Antonio Caballero y Góngora flucht mit vollem Mund. Er ißt zwar nicht, aber seine Zunge ist so dick wie er.

Empörendes ist ihm aus dem Städtchen Socorro zu Ohren gekommen. Die Comuneros, Kommunarden, gemeine, ge-

meinsinnige Leute, begehren gegen die neuen Steuern auf und ernennen Einheimische zu ihren Anführern.
Die neuen Steuern treffen arm und reich. Sie werden von der Talgkerze bis zum Honig auf alles erhoben; nicht einmal der Wind ist steuerfrei. *Windverkaufssteuer* heißt darum die Gebühr, die durchreisende Händler entrichten müssen.
In der Felsenstadt Socorro ist der Aufstand ausgebrochen, den der Vizekönig in Bogotá kommen sah. Und zwar an einem Markttag, mitten auf dem Platz. Manuela Beltrán, eine Frau aus dem Volk, riß den Erlaß vom Rathaustor, zerfetzte und zertrat ihn, und die Anwohner brachen die Lagerhäuser auf und steckten das Gefängnis in Brand. Jetzt marschieren viele Tausende Comuneros mit Spießen und Spaten bewaffnet und Trommeln rührend auf Bogotá zu. Das spanische Wappen ging schon im ersten Gefecht zu Boden.
Der Erzbischof, der mehr zu sagen hat als der Vizekönig, beschließt den Aufrührern entgegenzureisen. Er plant, sie mit Versprechungen zu ködern, und will dazu den Emissären der Krone voranreiten. Sein Maultier sieht es mit Entsetzen.

(13 und 185)

1781, TÁMARA

Im Tiefland

Túpac Amarus Namen im Mund, kommen eintausendfünfhundert Indios aus dem Tiefland östlich der Anden angesprengt. Sie wollen über die Kordilleren und sich dem Comunero-Strom anschließen, der sich auf Bogotá zuwälzt. Der Gouverneur des Tieflands rettet erst einmal seine eigene Haut.
Wer da aufsteht, sind Indianer aus den Savannen der Nebenflüsse des Orinoko. An den Orinoko-Ufern, wo Schildkröten im Sand ihre Eier legen, pflegten sie ihre Märkte abzuhalten. Dorthin sind seit uralten Zeiten auch Indianer aus Guyana und dem Amazonasgebiet gekommen. Sie tauschten Salz, Gold und Tontöpfe, Körbe, Netze und Dörrfisch, Schildkrötenöl, Pfeilgift und rote Farbe, die die Moskitos vom nackten Körper abhält. Schneckenhäuser waren das übliche Zahlungsmittel,

bis die Europäer kamen und nach Sklaven gierten. Sie boten Äxte, Scheren, Spiegel und Branntwein zum Tausch gegen Menschen. Seitdem haben die Indianer begonnen, sich gegenseitig zu versklaven, ihren Bruder und ihre Schwester zu verkaufen, und jeder Fallensteller wurde zugleich zum Flüchtling; und viele starben an Masern oder Pocken. (121 und 185)

1781, ZIPAQUIRÁ

Galán

In Zipaquirá wird ein vom Erzbischof abgefaßter Friedensvertrag unterzeichnet, den der Erzbischof auch über den Evangelien beeidet und mit einem Hochamt absegnet.

Dem Abkommen zufolge haben die Rebellen recht. Der Vertrag ist nur bald nicht einmal mehr das Papier wert, auf dem er steht, und die Anführer der Comuneros wissen es. Aber schließlich sind sie auch reiche Kreolen und haben als solche ein Interesse daran, daß sich das dräuende Unwetter – diese *äußerste Sittenverwilderung im Pöbel* – möglichst bald verzieht. Es breitet sich aus, es verdüstert zusehends auch den Himmel über Bogotá und bedroht allmählich die vermögenden Amerikaner ebensosehr wie die spanische Krone.

Nur ein Rädelsführer weigert sich, in die Falle zu tappen. José Antonio Galán, dessen Laufbahn im Cartagenaer Mulattenbataillon begann, streckt nicht die Waffen. Sklaven befreiend, Steuern abschaffend und Land verteilend zieht er von Dorf zu Dorf und von Gut zu Gut. *Bund der Bedrückten wider ihre Bedrükker* steht auf seiner Fahne. Bei Freund und Feind heißt er der *hiesige Tupac Amarú.* (13 und 185)

Volkstümliche Comunero-Ballade

Die Trommeln sollen schweigen,
und ihr spitzt die Ohren!
Treu will ich besingen,
was da meinen die Comuneros:

die Ziege ziehts den Berg rauf,
den Berg ziehts – ja, wohin denn?
So schnell kann das keiner wissen.
Der Reiche zieht am armen Mann,
und Arme zieh'n sowohl als Reiche
am Indianer, der noch weniger gilt,
bis das sie ihn zerrissen. (13)

1781, CUZCO

Der Mittelpunkt der Erde, die Wohnstatt der Götter

Cuzco möchte wieder die heilige Stadt sein, die sie einmal war. Die schwarzen Quader aus den alten Zeiten, die wie zärtlich Liebende dicht beieinanderliegen und das Wüten von Erdreich und Mensch überstanden haben, möchten die Kirchen und Paläste abschütteln, die auf ihnen lasten.

Micaela Bastidas sieht auf Cuzco herab und beißt sich auf die Lippen. Die Frau Tupac Amarús sieht vom Gipfel eines Berges auf den von Göttern auserkorenen Platz herab. Da liegt sie, zum Greifen nah, die einstige Inkahauptstadt in ihren Lehm- und Rauchfarben, so nah, daß man sie fast berühren kann.

Hunderte Male hat Micaela vergeblich gedrängt; aber der neue Inka kann sich nicht zum Angriff entschließen. Tupac Amarú, der Sonnensohn, möchte eben kein Indioblut vergießen. Tupac Amarú, der fleischgewordene Schöpfer allen Lebens, die lebende Verheißung der Auferstehung, kann eben keine Indios töten. Und von Indios unter dem Kommando Häuptling Pumacahuas wird das Bollwerk der Spanier nun einmal verteidigt.

Hunderte Male hat Micaela darauf bestanden, hundert weitere Male versucht sie es noch einmal; aber Tupac bleibt stumm. Da weiß sie, auf dem Platz der Tränen wird sich eine Tragödie abspielen, aber sie weiß auch, daß sie trotz allem bis ans bittere Ende dabeisein wird. (183 und 344)

Perus staubige, leiderfahrene Straßen

Von Kugeln getroffen, haben sich manche im Sitzen, andere im Liegen trotzdem weiter gewehrt und zu unserer Schande mit vielen Steinen nach uns geworfen ... Die Berghänge sind Leichenfelder. Unter den Toten, den Speeren, den zerfetzten Fahnen finden die Sieger nur hin und wieder einen Karabiner.

Tupac Amarú zieht nicht als Sieger vor seinen unbändigen Truppen in die heilige Stadt ein. Er zuckelt auf einem Maultier durch Cuzco und schleift schwere Ketten auf dem Pflaster hinter sich her. Rechts und links je ein Spalier Soldaten, so geht es zum Gefängnis. Die Glocken läuten wie toll geworden von den Kirchen.

Dabei war Tupac Amarú ihnen noch schwimmend über den Rio Combapata entkommen und erst in dem Dorf Langui in einen Hinterhalt geraten. Verraten und verkauft hat ihn einer seiner Hauptleute, Francisco Santa Cruz, der dazu noch der Taufpate seiner Kinder war.

Der Verräter sucht sich keinen Strick, um sich aufzuhängen. Er kassiert zweitausend Pesos und läßt sich adeln.

(183 und 344)

Märtyrerdrama in der Folterkammer

Blutüberströmt und nackt hängt Tupac Amarú überm Bock. In der Folterkammer ist es schummrig, die Decke hängt niedrig. Ein Lichtkegel fällt auf den Rädelsführer, grelles schmerzendes Licht.

José Antonio Areche trägt eine Lockenperücke und Galauniform. Areche steht hier für den spanischen König, er befehligt die hiesige Armee und ist oberster Richter. Er sitzt an der Kurbel. Jedesmal, wenn er etwas dreht, wird das Seil gespannt und reißt Tupac Amarús Arme und Beine von neuem auseinander. Der Gequälte stöhnt dumpf auf.

ARECHE: Ha, du König der Könige! Ein für schnöde Silberlinge verkaufter Operettenkönig! Ha, Seine Majestät José I., ein Agent im Sold der Engländer! So paart sich Geld mit Machtgier! Wen wundert schon solch eine Verbindung? Ist ja die übliche … Britische Waffen, britisches Geld. Warum leugnest du's nicht ab, he? Armer Teufel! (*Er steht auf und streicht Tupac Amarú über den Kopf.*) Luthers Ketzer haben ihm Sand in die Augen gestreut und seinen Verstand getrübt. Armer Teufel. José Gabriel Tupac Amarú, der unumschränkte und angestammte Herrscher über die hiesigen Reiche … José I., der über die Neue Welt gebietet! (*Er faltet ein amtliches Schriftstück auseinander und liest vor.*) »Don José I. von Gottes Gnaden, Inka und König von Peru, Santa Fe, Quito, Chile, Buenos Aires und den Erdteilen der Südsee, Herzog von Superlativa, Herr über die Stadt der Cäsaren und Amazonien, Besitzer von Ländereien im großen Paititi, Verteiler göttlicher Milde an des Höchsten Statt …« (*Er fährt ruckartig zu Tupac Amarú herum.*) Wenn du das leugnest! Diese Ernennungsurkunde haben wir in deinen Taschen gefunden! Du hast Freiheit versprochen … Du hast von den Ketzern Unterricht in der üblen Kunst des Schmuggels erhalten! Du hast die allerschlimmste Tyrannei in das Banner der Freiheit gewickelt! (*Er geht um die auf den Bock geschnallte Gestalt herum.*) »Man verfährt mit uns wie mit Hunden«, hast du gesagt. »Man zieht uns das Fell über die Ohren«, hast du gesagt. Doch hast du oder haben die Deinen überhaupt jemals Tribut entrichtet! Ihr habt sogar das Privileg genossen, Waffen tragen und reiten zu dürfen. Du bist doch immer als ein Christ reinsten Geblüts behandelt worden! Wir ließen dich wie einen Weißen leben, und du hast Rassenhaß gepredigt. Wir Spanier, die du haßt, haben dich reden gelehrt, aber was hast du gesprochen? »Revolution!« Wir haben dich schreiben gelehrt, aber was hast du geschrieben? »Krieg!« (*Er setzt sich. Er dreht Tupac Amarú den Rücken zu und schlägt die Beine übereinander.*) Du hast Peru verwüstet. Mord, Brandstiftung, Raub, Kirchenschändung … Du und deine Terroristengefolgschaft, ihr habt aus diesen Provinzen die Hölle gemacht. Die Spanier lassen den Indianern nur die Erde zum Ablecken? Ich habe schon angeordnet, daß die Zwangsverkäufe aufhören und die Kronmanufakturen geöffnet werden und daß angemessen bezahlt wird. Ich habe die Zehnten und Zölle aufgehoben … Warum also hast du den Krieg fortgesetzt, da das gute Einvernehmen doch wiederhergestellt war? Wieviel tausend Menschen sind deinetwegen umgekommen, du Operettenkaiser? Wieviel Leid hast du über die Länder gebracht, die du überfallen? (*Er steht auf und beugt sich über Tupac Amarú, der die Augen nicht aufschlägt.*) Weil der Frondienst ein Verbrechen ist und von hundert Indianern, die in die Gruben hinabsteigen, nur zwanzig wieder heraufkommen? Ich habe schon verfügt, daß die Zwangsarbeit eingestellt wird. Und ist die so abscheuliche Fron nicht überhaupt eine Erfindung deiner Vorfahren, der Inkas? Die Inkas ... Niemand hat die Indianer je schlimmer behandelt. Du übst Verrat an dem Europäerblut in deinen Adern, José Gabriel Condorcanqui Noguera ... (*Er macht eine Pause, umkreist die Gestalt des Besiegten und redet dabei weiter.*) Dein Urteil ist fertig. Ich habe es ersonnen, zu Papier gebracht und unterzeichnet. (*Er haut mit der Hand durch die Luft über Tupacs Mund, als wolle er sie zerhacken.*) Du wirst zum Schafott geschafft werden, und der Henker schneidet dir die Zunge ab. Du wirst an Händen und Füßen an vier Pferde gebunden. Du wirst gevierteilt. (*Er streicht mit der Hand über den nackten Rumpf des anderen.*) Dein Rumpf wird auf dem Berg Picchu auf den Scheiterhaufen geworfen, und deine Asche wird in die Winde verstreut. (*Er befühlt des anderen Gesicht.*) Dein Kopf soll erst drei Tage in Tinta hängen und dann am Ortseingang auf eine Stange gespießt werden. Er bekommt eine Krone mit elf Eisendornen aufgesetzt, weil deiner kaiserlichen Titel elf sind. (*Er streichelt Tupacs Arme.*) Einen Arm schikken wir nach Tungasuca, und den anderen zeigen wir in der Hauptstadt von Carabaya. (*Und seine Beine.*) Ein Bein nach Livitaca und das andere nach Santa Rosa de Lampa. Die Häuser, in denen du gewohnt hast, werden niedergerissen. Auf deine Äcker wird Salz gestreut. Schmach soll über deine Kinder und Kindeskinder kommen bis ans Ende aller Zeiten. (*Er zündet eine Kerze an und hält sie Tupac Amarú übers Gesicht.*) Noch hast du Zeit. Sag, wer führt den Aufstand fort, den du begonnen hast? Wer sind deine Spießgesellen? (*Einschmeichelnd.*) Noch hast du Zeit. Ich biete dir den Galgen an. Noch hast du Zeit, dir so viel Erniedrigung und Qual zu ersparen. Nenne mir Namen. Sprich. (*Er geht mit dem Ohr dicht an den anderen heran.*) Du bist dein eigener Henker, du indianischer Bluthund! (*Spricht wieder in sanftem Tonfall.*) Deinem Kind Hipólito schneiden wir ebenfalls die Zunge ab. Und deinem Weib Micaela schneiden wir erst die Zunge ab, und dann erdrosseln wir sie mit der Würgschraube ... Daß es dich nachher nicht gereut – rette sie. Wenigstens sie! Rette dein Weib vor einem so schmachvollen Tod. (*Er tritt dicht an den anderen heran. Er wartet ab.*) Nur Gott allein weiß, welche Verbrechen du auf dich geladen hast. (*Er dreht wie wild die Kurbel; Tupac entfährt ein grauenhaftes Stöhnen.*) Vor dem allerhöchsten Gericht wirst du dich mit Schweigen nicht rechtfertigen können, du hoffärtiger Indio! (*Mitleidig.*) Ach, es betrübt mich, daß eines Menschen Seele derart auf die ewige Verdammnis zusteuert ... (*Erbittert.*) Zum letzten Mal! Wer sind deine Spießgesellen?

TUPAC AMARÚ (*hebt mit Mühe den Kopf, öffnet die Augen und spricht endlich*). – Hier gibt es nur zwei Spießgesellen, dich und mich. Beide, du, weil du unterdrückst, und ich, weil ich befreie, verdienen wir den Tod. (183 und 344)

Areches Erlaß gegen das Tragen von Inkatrachten und für den Gebrauch des Spanischen durch die Indianer

Hiermit wird verboten, daß Indianer Heidentrachten und insbesondere heidnische Adelstrachten anlegen, taugen dieselben doch einzig und allein dazu, ihnen das Aussehen ihrer ehemaligen Inkas vor Augen zu führen und damit Erinnerungen zu wecken, welche ihnen nichts anderes als größeren und immer größeren Haß wider das herrschende Volk einflößen; abgesehen davon nehmen sie sich lächerlich aus und vertragen sich schlecht mit der Reinheit unseres Glaubens, da auf ihnen an mehreren Stellen die Sonne angebracht ist, welche ihre oberste Gottheit war; und dieser Beschluß gilt in allen Provinzen des südlichen Amerika, auf daß derlei Trachten gänzlich ausgemerzt werden ... sowie alle Malereien und Bildnisse von Inkas ...

Damit die Indianer den Haß, den sie gegen die Spanier hegen, auch wirklich fahren lassen und die gesetzlich vorgeschriebenen Trachten anlegen, sich also nach unserer spanischen Sitte kleiden und Kastiliens Sprache sprechen, wird deren Gebrauch nachdrücklicher als bisher an den Schulen durchgesetzt, bei strengeren und gerechteren Strafen wider diejenigen, welche sich ihrer auch nach einer angemessenen Frist, in der sie sie erlernt haben könnten, noch immer nicht bedienen ...

(345)

Micaela

In diesem Krieg, unter dem das Land wie in Geburtswehen ächzte, war Micaela Bastidas weder Ruhe noch Trost vergönnt. Pausenlos reiste die Frau mit dem Vogelhals durch die Provinzen, *Menschen sammeln,* und schickte neue Kriegerscharen, ab und zu ein paar Gewehre, ein Fernrohr, um das jemand gebeten hatte, Kokablätter und Maiskolben an die Front. Pausenlos sprengten Pferde mit ihren Ordern, Passierscheinen, Abrechnungen und Briefen zwischen den Bergen und der Hauptstadt hin und her. In zahllosen Billetts drängte sie Tupac Amarú, er solle mit seinen Truppen endlich auf Cuzco marschieren, bevor die Spanier ihre Verteidigungsanlagen verstärkten und die Aufständischen den Mut verlören und auseinanderliefen. *Chepe,* schrieb sie, *Chepe, mein Liebster! Oft genug habe ich dich gewarnt ...*
Am Schweif eines Rosses wird Micaela in Cuzco auf die Plaza Mayor geschleift, die bei den Indios der »Platz der Tränen« heißt. Sie steckt in einem zugebundenen Ledersack, von der Art, in der Mate aus Paraguay transportiert wird. Auch Tupac Amarú wird so von Pferden zum Schafott geschleift, und auch Hipólito, Micaelas und Tupacs Sohn. Ein weiteres Kind, Fernando, steht dabei und starrt. (159 und 183)

Heiliger Regen

Das Kind möchte den Kopf wegdrehen, aber die Soldaten zwingen es, hinzusehen. Fernando sieht hin, als der Henker seinem Bruder Hipólito die Zunge herausschneidet und ihn unter dem Galgen vom Treppchen stößt. Der Henker hängt auch zwei von Fernandos Onkeln auf und danach den Sklaven Antonio Oblitas, der Tupac Amarús Porträt gemalt hat; den hackt er auch noch mit der Axt in Stücke. Und Fernando sieht zu. Mit Ketten an den Händen und Fußeisen steht er zwischen zwei

Soldaten, die ihn zwingen, hinzusehen. Und Fernando sieht hin. Er sieht, wie der Henker die Kazikin Tomasa Condemaita aus Acos, deren Frauenbataillon das Spanierheer entsetzlich durchgebleut hat, mit der Garotte erwürgt. Dann steigt Micaela aufs Podest, und das Kind sieht schlechter. Als der Henker nach Micaelas Zunge grapscht, verschwimmt Fernando alles vor den Augen, und als seine Mutter für die letzte Marter hingesetzt wird, verschleiern Tränen seine Augen. Die Schraube greift nicht an dem dünnen Hals, und ihr müssen erst *Stricke um den Hals geworfen und von beiden Seiten daran gezogen werden, und dazu muß sie in den Magen und auf die Brüste getreten werden, damit sie endlich stirbt.*

Nun sieht und hört er gar nichts mehr, der kleine Fernando, den Micaela vor neun Jahren geboren hat. Er sieht nicht mehr, daß jetzt sein Vater, Tupac Amarú, herangeschleift und auf dem Rücken liegend mit Händen und Füßen an die Sattelgurte von vier Pferden gefesselt wird. Die Reiter lenken ihre Tiere mit den Sporen in die vier Himmelsrichtungen, aber Tupac Amarú zerreißt nicht. *Sie spannen ihn in der Luft, er gleicht einer Spinne,* die Pferde bluten aus den Weichen, sie bäumen sich auf und zerren mit aller Kraft, aber Tupac Amarú zerreißt nicht.

Im Tal von Cuzco herrscht schon seit langem Dürre. Punkt zwölf Uhr – die Pferde ziehen immer noch, und Tupac Amarú zerreißt noch immer nicht – geht plötzlich ein Sturzbach nieder. Der Regen prasselt wie Steine vom Himmel. Es ist, als fände der Christen- oder der Sonnengott, dies sei der Augenblick für einen Regen, bei dem die Welt für eine kurze Zeit erblindet.

(183 und 344)

Woran die Indianer glauben:

Jesus kleidet sich weiß und kommt nach Cuzco. Ein Hirtenjunge entdeckt ihn und spielt mit ihm und läuft ihm nach. Jesus ist auch ein Kind. Er jagt zwischen Erde und Himmel dahin, setzt über den Fluß, ohne naß zu werden, und schwebt ganz sanft im heiligen Tal der Inkas ein, um nur ja nicht den Boden mit den noch frischen Wunden aufzuschrammen. Von den

Berghängen des Pik Ausangate, der mit seinem eisigen Atem Lebenskraft verströmt, wandert er zum Coylloriti. Am Fuß dieses Berges, der Herberge uralter Götter, wirft Jesus sein weißes Gewand ab. Er klettert die Felsen hinauf und bleibt stehen. Dann tritt er ins Gestein.
Jesus will sich an die Besiegten verschenken, darum versteinert er wie die alten Götter. Er wird zum Stein, der spricht: *Ich bin Gott, ich bin ihr, ich bin die, die gefallen sind.*
Für alle Zeiten pilgern die Indianer seitdem aus dem Cuzco-Tal zu ihm hinauf und entbieten ihm ihren Gruß. Sie reinigen sich im wilden Wasser und tanzen mit Fackeln in der Hand vor ihm, tanzen mit ihm zur Freude. Jesus ist ja so traurig, so todtraurig, da drinnen. (301)

Indianertanz zu Ehren des Paradieses

Fernab von Cuzco, bei den Tepehuas, machten sich die Indianer ebenfalls Sorgen wegen Jesu Trauer. Seit der Ankunft des neuen Gottes in Mexiko zogen die Tepehuas mit Musik in die Kirche, tanzten und verkleideten sich für ihn, kochten ihm lekkere Maispasteten und brachten ihm etwas Gutes zu trinken mit. Er aber ließ sich einfach nicht aufmuntern. Jesus litt mit hängendem Kinn vor sich hin. Bis die Tepehuas sich eines Tages den Tanz der Alten ausdachten.
Er wird von zwei maskierten Männern getanzt. Einer spielt die alte Frau, der andere den alten Mann. Die beiden Alten kommen mit Garnelen als Geschenk vom Meer und schleppen ihre alterskrummen Gestalten an federumwundenen Holzstöcken durch ganz San Pedro. Vor jedem auf der Straße aufgebauten Altar machen sie halt und tanzen eine Weile zum Gesang des Sängers und zum Schildkrötenpanzer-Geklapper des Musikanten. Die kesse Alte wackelt mit den Hüften und lockt und tut, als ziere sie sich; der alte Mann stellt ihr nach, holt sie ein, umfaßt sie von hinten und nimmt sie hoch. Sie zappelt und kichert in der Luft und schlägt zum Schein mit dem Stock nach ihm, drückt sich dabei aber voll Wonne an den Alten, der

zupackt und torkelt und lacht, während alles andere dabeisteht und mitlacht.
Als Jesus die beiden Alten bei der Liebe sah, hob er den Kopf und lachte zum ersten Mal. Seitdem lacht er jedesmal, wenn die Tepehuas diesen wenig ehrerbietigen Tanz für ihn aufführen.
Die Tepehuas, die Jesus von seiner Trauer erlöst haben, sind in grauer Vorzeit an den Ausläufern der Sierra de Veracruz aus Baumwollkapseln entsprungen. Wenn es Tag wird, sagen sie, *es wird Gott.*

(359)

1781, CHINCHEROS

Pumacahua

In der Mitte prangt die Madonna von Montserrat. Mateo García Pumacahua murmelt auf Knien Dankgebete. Seine Frau und allerlei Verwandte und Militärpersonen stehen in langer Reihe hinter ihm. Pumacahua trägt Spaniertracht – Wams, Weste und Schnallenschuhe. Ein Stück weiter tobt die Schlacht – spielzeugkleine Soldaten und Kanonen im Getümmel. Der Puma Pumacahua besiegt den Drachen Tupac Amarú. Darüber steht: *Vini, vidi, vinci.*
Nach mehrmonatiger Arbeit schließt der namenlose Künstler sein Werk ab. Über dem Portikus der Kirche von Chincheros prangt nun das Relief, das Häuptling Pumacahuas Ruhmestat und Zuversicht im Krieg gegen Tupac Amarú für alle Zeiten verewigen soll.
Auch Pumacahua ist ein Nachkomme der Inkas. Zum Lohn hat er vom spanischen König einen Orden und vom Cuzcoer Bischof einen vollständigen Sündenablaß bekommen.

(137 und 183)

1781, LA PAZ

Tupac Catari

Er äußerte sich nur auf Aymara, der Sprache seiner Leute. Er rief sich zum Vizekönig in den Ländereien aus, die damals noch nicht Bolivien hießen, und machte seine Frau zur Vizekönigin. Er quartierte seinen Hofstaat auf den Gipfeln über La Paz ein und belagerte dann die in einer Mulde versteckte Stadt.

Er hatte einen schiefen Gang und ein sonderbares Glitzern in den tiefliegenden Augen seines jungen, doch schon zerfurchten Gesichts. Er kleidete sich in schwarzem Samt, regierte mit dem Stab und focht mit dem Speer. Standen Pfarrer im Verdacht, im Gottesdienst gegen ihn zu hetzen, machte er sie einen Kopf kürzer; und Spionen und Verrätern hackte er die Arme ab.

Julián Azapa war Küster und Bäcker, bevor er zu Tupac Catari wurde. Zusammen mit seiner Frau Bartolina Sisa stellte er ein vierzigtausendköpfiges Indianerheer auf die Beine, das die vom Vizekönig aus Buenos Aires entsandten Truppen in Schach hielt.

Obwohl seine Leute oft unterlagen und arg dezimiert wurden, konnte man seiner nicht habhaft werden. Er schlüpfte nachts durch alle Absperrungen, bis die Spanier seinen besten Freund, Tomás Inca Lipe, genannt *der Gute,* mit dem Gouverneursposten in der Region Achacachi am Titicacasee locken konnten. (183)

1782, LA PAZ

Befreierinnen

Alle spanischen Städte in der Neuen Welt, ursprünglich zu Ehren Gottes und des Königs gegründet, haben in der Mitte eine große freie Fläche aus gestampftem Lehm. An diesem Hauptplatz, der Plaza Mayor, stehen die Hinrichtungsstätte, der örtliche Regierungssitz, die Kathedrale, das Gefängnis, das Gericht und die Markthalle. Die Menge flaniert um den Galgen und den Springbrunnen, und auf dem Platz, dem Waffen-

platz, begegnen sich Edelleute und Bettler, Reiter mit Silbersporen und barfüßige Sklaven, Betschwestern, die ihre Seele zur Kirche tragen, und Indianer, die in bauchigen Tonkrügen Chicha, das Getränk aus vergorenem Mais, schleppen.
Heute gibt es auf dem Hauptplatz von La Paz etwas zu sehen. Zwei Frauen wird der Garaus gemacht, noch dazu Anführerinnen des Indianeraufstands. Bartolina Sisa, die Frau Tupac Cataris, hat einen Strick um den Hals und ist an den Schweif eines Pferdes gebunden. Gregoria Azapa, Tupac Cataris Schwester, zuckelt auf einem winzigen Esel heran. Beiden wurde in die rechte Hand eine Haspel als Zepter und auf die Stirn eine Dornenkrone gedrückt. Häftlinge fegen mit Ästen vor ihnen den Weg. Bartolina und Gregoria machen mehrmals die Runde um den Platz und ertragen stumm, daß man Steine nach ihnen wirft und sie als Indianerköniginnen auslacht. Dann ist es Zeit für den Galgen. Ihr Kopf und ihre Hände werden danach – so will es das Urteil – durch die Dörfer der Region getragen.
Die Sonne, die alte Sonne, wohnt dem Zeremoniell ebenfalls bei.

(183 und 288)

1782, GUADUAS

Glasaugen

sitzen in José Antonio Galáns abgehauenem Kopf, der aus einem Holzkäfig nach Charalá späht. In Galáns Geburtsort Charalá wird sein rechter Fuß zur Schau gestellt. Eine Hand von ihm ist auf dem Marktplatz von Socorro aufgespießt.
Die Creme der Kolonialgesellschaft hat ihren sündhaften Übermut bereut. Die reichen Kreolen leisten lieber wieder dem spanischen Monarchen Gehorsam und zahlen Steuern, als daß sie zulassen, daß die *ansteckende Seuche* grassiert, die Galán – wie Tupac Amarú, wie Tupac Catari – in den Tagen des Zorns über Land getragen hat. Galán, der fähigste unter den Comunero-Hauptleuten, wurde von denen, die mit ihm einst den Aufstand leiteten, verraten, verfolgt und gefangengenommen.
Das Schwert, mit dem Galán enthauptet wurde, hat der salbungsvolle Erzbischof Antonio Caballero y Góngora geschlif-

fen. Hochwürden warf den so aussichtsreichen, so trickreichen Friedensvertrag ins Feuer und schickte diverse Schmähungen gegen den *rachsüchtigen Plebejer* hinterher. Galán wurde demnach nicht nur zerstückelt, weil er ein Aufrührer, sondern auch, weil er *ein Mann von obskurer Geburt und der Liebhaber seiner eigenen Tochter* war.

Jetzt sitzt der Erzbischof gleich auf zwei Stühlen. Neben dem Stuhl eines Klerikers hat er sich den Stuhl des Vizekönigs von Bogotá untergeschoben. (13 und 185)

1782, SICUANI

Dieser unselige Name

Tupac Amarús Vetter Diego Cristóbal, der Tupacs Krieg in Peru weitergeführt hat, schließt Frieden. Die Kolonialbehörden sagen ihm und allen Beteiligten Gnade und Vergebung zu.

Diego Cristóbal liegt auf dem Bauch und gelobt dem König Treue. Scharenweise kommen die Indianer von den Bergen und liefern ihre Waffen ab. Der Feldmarschall gibt ein Gala-Essen mit jubelnden Trinksprüchen, und der Bischof liest eine Dankesmesse. Der Vizekönig in Lima ordnet sogar an, alle Häuser drei Tage lang ununterbrochen zu beleuchten.

Anderthalb Jahre später reißt der Henker in Cuzco auf dem Platz der Freude mit rotglühenden Zangen Fleischfetzen aus Tupac Amarús Vetter, bevor er ihn am Galgen aufhängt. Auch Cristóbals Mutter wird gehängt und zerstückelt. Richter Francisco Díez de Medinas Urteil lautet, es sei *weder für die Krone noch für den Staat gut, wenn auch nur ein Saatkorn oder Sproß dieses oder eines sonstigen Tupac Amarú übrigbleibe, dieweil der unselige Name unter den Eingeborenen so viel Aufruhr und Eindruck gemacht.*

(183)

1783, PANAMA-STADT

Aus Liebe zum Tod

Sobald es hell wird, steigt Dampf aus der dürstenden Erde, und was lebt, flüchtet sich in den Schatten und fächelt sich Luft zu. Wenn schon die Lebenden in der Hitze dahinwelken, wie ergeht es dann erst den Toten, vor denen niemand mit dem Fächer wedelt?

Die vornehmen Toten ruhen in den Kirchen. So ist es im trokkenen Hochland Kastilien Brauch, so muß es darum auch hier im kochenden Panama gehalten werden. Die Kirchgänger stehen oder knien auf Grabplatten, und von unten her raunt ihnen der Tod zu: *Dich hole ich noch.* Trotzdem weinen sie mehr wegen des Verwesungsgestanks als vorm Tod oder aus Trauer über den Verlust des teuren Toten.

Der gelehrte Naturforscher Sebastián López Ruiz weist in einem Gutachten nach, daß die spanische Sitte hierzulande unhygienisch und der Volksgesundheit abträglich ist und daß es gesünder wäre, wenn man Panamas Adel auf irgendeinem abgelegenen Gottesacker begrübe. Im Antwortschreiben steht, die Toten lägen sehr gut in den Kirchen, und wie es gewesen sei, werde es immer bleiben. (323)

1783, MADRID

Aufwertung der Handarbeit

In alle vier Himmelsrichtungen wird hinaustrompetet, daß Spaniens König die Erlösung der menschlichen Hand beschlossen hat. Von nun an büßt ein Edelmann nichts mehr an Noblesse ein, wenn er mit den Händen arbeitet. Dem König zufolge entehrt ein Gewerbe weder denjenigen, der es betreibt, noch seine Familie und ist kein Handwerksberuf eines Spaniers unwürdig.

Karl III. möchte, daß sein Reich mit der Zeit Schritt hält. Minister Campomanes träumt von einem Aufschwung der Industrie, von Bildung fürs Volk und einer Bodenreform. Schließlich hat Spanien von der Großtat, sein Imperium um Amerika erweitert zu haben, bisher nur die Ehre – die Gewinne streichen andere europäische Könige ein. Wie lange sollen mit dem Silber aus den Kolonien noch Waren bezahlt werden, die Spanien nicht herstellt? Was bedeutet spanisches Handelsmonopol, wenn die Erzeugnisse, die in Cádiz eingeschifft werden, aus England, Frankreich, Holland oder Deutschland stammen? Die Edelleute, von denen es in Spanien ebenso viele wie Mönche gibt, können mit ihren Händen nichts anderes anfangen, als sich für ihr Vaterland abschlachten zu lassen oder Spanien abzuschlachten. Selbst wenn sie bettelarm sind, lassen sie sich nicht dazu herab, mit ihren Händen anderes als Ruhm zu ernten. Zu lange schon haben sie das Arbeiten verlernt, so wie die Hühner das Fliegen. (175)

1785, MEXIKO

Lizentiat Villarroel gegen die Pulque-Schenken

Jede Pulque-Schenke ist eine Brutstätte von Ehebruch, Konkubinat, Notzucht, Diebstahl, Raub, Mord und Streit, von Messerstechereien und sonstigen Verbrechen ... Pulquerien sind Schauplätze, auf welchen Männer und Frauen zu abscheulichsten Höllenfurien werden, welche dann die ausgeklügeltsten Obszönitäten, die ärgsten Zoten und die wüstesten, plumpesten, anzüglichsten und aufreizendsten Wortbildungen ausstoßen, wie sie auch die ausschweifendsten Männer nicht in den Mund nehmen würden, wäre ihr Sinn nicht von den Ausdünstungen des übelriechenden, ekligen Getränks umnebelt ... Solche Wirkungen zeitigt die Sorglosigkeit, das Versäumnis und die Nachsicht der Richter, welchen es nicht graust beim Anblick von Männern und Frauen, die wie Hunde auf den Straßen liegen und Gefahr laufen, daß ein Kutscher, ebenso berauscht wie sie, seinen Wagen über sie lenkt, wie es durchaus vorkommt, und sie in einem so unseligen Zustand geradewegs in die Ewigkeit befördert. (356)

Die Pulque-Schenken

Als der Vizekönig den Pulque aus Mexikos Stadtgebiet verbannte, fand der Vertriebene Zuflucht in den Vorstädten.
Schnaps aus grünen Gewächsen … In den Wirtshäusern am Stadtrand ergießt sich der Pulque pausenlos aus den bauchigen großen Krügen in die leeren Becher, *man kippt davon um, er bringt einen um, seinetwegen krabbelt man wie ein Kleinkind auf der Erde herum,* und in der Ecke brüllt sich unterdessen ein Baby die Seele aus dem Leib, und in einer anderen Ecke schläft ein alter Mann seinen Kater aus.
An Eisenringe gebunden, warten sich Pferde, Esel und Kampfhähne draußen alt. Drinnen animieren herausfordernde Sprüche auf den bunten Tonkrügen: »Laß mich nicht warm werden«, »Was für starke Männer«, »Nur Mut« … Drinnen gelten weder Gesetze noch die Zeit. Über den Lehmboden rollen Würfel, und auf einem Faß wird mit buntgemusterten Karten Albures gespielt. Zu lustiger Harfenmusik singt ein Luftikus, tanzende Paare wirbeln Staub auf. Ein Mönch streitet mit einem Soldaten, der Soldat droht einem Viehtreiber – *vor dir steht ein Mann, und was für einer!* – Prügel an, und der dralle Wirt lockt: *Wer kriegt den nächsten?* (153 und 266)

Pulque

Vielleicht gibt der Pulque den Indios ihre alten Götter zurück. Jedenfalls schütten sie Pulque als Opfergabe auf die Erde oder ins Feuer oder erheben den Pulque-Becher zum Himmel. Vielleicht dürstet es die Götter immer noch nach dem Pulque, den sie an Mutter Mayahuels vierhundert Brustwarzen gesogen haben.
Vielleicht trinken die Indios ja auch, um sich zu stärken und sich zu rächen. Und mit Sicherheit trinken sie, um zu vergessen und vergessen zu werden.
Den Bischöfen zufolge ist der Pulque schuld an ihrer Faulheit und Armut und führt zu Götzendiensten und Rebellion. *Das Barbarenlaster eines Barbarenvolkes,* urteilt ein Kronbeamter;

unter der Einwirkung des dickflüssigen Agavenlikörs *verleugnen Kinder ihren Vater und Knechte ihren Herrn.* (153 und 331)

Die Maguey-Agave

Mit grünen Schwertern bewaffnet, trotzt die Maguey-Agave Dürre und Hagel, Nachtfrost und Tageshitze in den mexikanischen Wüsten.
Der *nährende Baum* Maguey liefert Pulque und Viehfutter, Dachbelag und Gebälk, Zaunlatten und Brennmaterial fürs Feuer. Aus seinen fleischigen Blättern werden Stricke, Säcke, Seife und Papier – das Papier der alten Kodizes – gewonnen, und seine Stacheln dienen als Näh- und Stecknadeln.
Der Maguey blüht nur, kurz bevor er stirbt. Sein Aufgehen und Erblühen ist dann wie ein Abschiednehmen. Ein baumlanger Schaft – ein Mast? ein Genital? – schiebt sich aus der Knospe den Wolken entgegen, ein Feuerwerk gelber Blüten. Danach kippt der mächtige Schaft um und reißt im Sturz die ganze Agave samt den Wurzeln mit.
Nur selten begegnet man im dürren Mezquital-Tal einem blühenden Maguey. Kaum treibt er einen Schaft, schneidet ein Indianer ihn ab und rührt in der Wunde, und aus dem Maguey strömt der durststillende, nährreiche, trostspendende Saft.
(32 und 153)

Der Pulque-Becher

Die mexikanischen Töpfer blicken auf eine lange Geschichte zurück. Dreitausend Jahre vor Hernán Cortés kneteten sie schon Lehm zu Gefäßen oder menschlichen Figuren, die im Feuer hart gegen die Zeit gemacht wurden. Lange danach erklärten die Azteken: *Ein guter Töpfer haucht dem Ton eine Seele ein und erweckt tote Dinge zum Leben.*
Tagtäglich wird die weit zurückreichende Tradition in Gestalt von Krügen, Töpfen, Schüsseln und vor allem Bechern erneuert: elfenbeingelbe Becher aus Tonalá, schmucklose

Becher aus Metepec, schimmernde bauchige Becher aus Oaxaca, bescheidene Becherchen aus Chililico, rotbraune, schwarz übergossene Becher aus Toluca ... Der gebrannte Tonkrug dominiert auf Festen und in Küchen, er leistet Sträflingen und Bettlern Gesellschaft, in ihm schäumt der von gläsernen Kelchen verschmähte Pulque, und Liebende schenken ihn sich als Andenken:

Hab vom Leben ich einst genug,
form aus meinem Staub ein' Krug.
Trinke, Mädchen, mit Genuß.
Wenn dein Mund an mir haften muß,
ist's vom toten Kerl ein Kuß. (18, 153 und 294)

1785, MEXIKO

Phantastische Literatur in der Kolonialzeit

Vizekönig Matías de Gálvez unterzeichnet in Mexiko eine neue Verordnung zum Schutz der arbeitenden Indianer. Die Indios sollen angemessen entlohnt, ausreichend beköstigt und medizinisch versorgt werden. Mittags sollen sie zwei Stunden Pause haben, und wann immer sie wollen, sollen sie sich einen neuen Arbeitgeber suchen dürfen. (146)

1785, GUANAJUATO

Der Wind weht, woher er will und wohin er kann

Eine Schlucht aus Licht klafft in der klaren Luft, und zwischen den schwarzen Gebirgswänden flimmert die Wüste. Mitten in der Wüste stehen Mexikos Bergbauzentren, ein Geglitzer von Kuppeln und Türmen. Guanajuato hat ebenso viele Einwohner wie die Hauptstadt des Vizekönigreichs, ist aber die vornehmste aller Städte. Die in ihr herrschen, lassen sich, umschwirrt von Bettlern, durch ein Labyrinth von Straßen und Sträßchen mit Namen wie Kußgasse, Schiefe Bahn und Vierwindesteg in der Sänfte zur Kirche tragen, und zwischen den

von den Füßen der Zeit abgetretenen Pflastersteinen wuchert das Gras und der Spuk.
In Guanajuato wird das Leben von den Kirchenglocken eingeteilt und vom Zufall regiert. Irgendein geheimnisvoller höhnischer Spieler verteilt da die Karten. Es heißt, man trete, wo man gehe und stehe, auf Gold und Silber, aber die Erzadern geistern unter der Erde entlang, tauchen auf und verschwinden wieder, ganz nach ihrem Belieben. Gestern hat ein begüterter Junker einen solchen glücklichen Fund gefeiert und spendierte allen vom besten Wein, ließ Flöten und Lauten aufspielen, kaufte sich feinste Cambrai-Spitze, samtene Beinkleider, ein Wams aus Brokat und ein Hemd aus Leinen, aber schon heute ist der reine Silbergang, dank dessen er einen Tag lang der Fürst war, wieder spurlos verschwunden.
Im Leben der Indianer hingegen spielt der Zufall keine Rolle. Vom Einatmen der giftigen Dämpfe in den Quecksilberminen zittern sie für den Rest ihres Lebens und verlieren die Zähne, und vom Einatmen des mörderischen Staubs und der üblen Gase in den Stollen spucken sie ihre eigene Lunge aus. Bei einer Sprengung werden sie ab und an mit zerrissen, und beim Hinabschleppen von Steinen oder Hinaufschleppen der Steiger – auf dem Rücken, weshalb die Steiger sie *Pferdchen* nennen – stürzen sie auch mal in den Abgrund. (6, 261 und 349)

Silbergemälde

In den lauschigen Gärten betreiben die Damen mit Hilfe der beredten Fächer Konversation. Ein Mann pißt an die Kirchenwand, und am Rande des Platzes sitzen zwei Bettler in der Sonne und knacken sich gegenseitig die Läuse. Unter einem steinernen Torbogen doziert ein Jurist im wehenden Talar über die *Rechte des Menschen,* und auf seinem Weg durch die Gassen wünscht ein Mönch alle ihm entgegenkommenden Trunkenbolde, Huren und Strolche leise ins Höllenfeuer. Vor der Stadt jagen *Werber* mit Lassos Indianer.
Guanajuato hat Potosí längst ausgestochen. Das bedeutendste Silberzentrum der Welt giert nach Arbeitskräften.

Die *freien Lohnarbeiter,* die dort schuften, bekommen ihr Lebtag kein Stück Geld zu sehen; sie sind Schuldsklaven. Ihre Kinder erben zusammen mit den Schulden ihre Furcht vor Schmerzen, Haftstrafen und Hunger, vor den alten Göttern und vor dem neuen Gott. (261 und 349)

1785, LISSABON

Die Funktion der Kolonialherrschaft

Die portugiesische Krone läßt die Webereien in Brasilien schließen. Fortan sollen dort nur noch grobe Sklavenkleider hergestellt werden. In Namen der Königin versendet Minister Melo e Castro die entsprechenden Verordnungen. Dem Minister fällt auf, daß *sich in den meisten Statthaltereien Brasiliens diverse Manufakturen und Werkstätten zur Fertigung von Tuchen unterschiedlicher Güte und sogar von Gold- und Silbertressen niedergelassen haben und vermehren.* Es handelt sich dabei, schreibt er, um *verderbliche Regelverstöße;* sollten sie bestehenbleiben, werde *das noch zur Folge haben, daß sämtliche Einkünfte und Reichtümer aus diesen hochwichtigen Kolonien am Ende im Besitze ihrer Bewohner landen.* Da Brasilien ein so fruchtbares und ertragreiches Land sei, *würden seine Bewohner damit vom übergeordneten Mutterlande ja gänzlich unabhängig; darum ist es unbedingt nötig, daß besagte Manufakturen und Werkstätten aufgelöst werden.* (205)

1785, VERSAILLES

Die Kartoffel wird hoffähig

Vor zweihundert Jahren hatten Konquistadoren sie aus Peru mitgebracht. Da die Indianer sie wärmstens empfohlen hatten, warf man sie Schweinen, Sträflingen und Siechen zum Fraß vor. Für jeden Versuch, Ställe, Zuchthäuser und Spitäler hinter sich zu lassen, erntete die Kartoffel nur Spott und Strafe. In mehreren Gebieten verbot man sie sogar, und in Besançon warf man ihr vor, Lepra hervorzurufen.

Antoine Parmentier lernte die Kartoffel im Gefängnis kennen. Er saß in Preußen in Haft und bekam nur Kartoffeln zu essen. Anfangs fand er sie schal, aber allmählich faßte er Zuneigung zu ihr und kam hinter ihre Reize und ihre Würze.
Als er wieder frei und in Paris war, gab Parmentier ein großes Essen. Gäste waren d'Alembert, de Lavoisier, Benjamin Franklin als amerikanischer Botschafter und andere Berühmtheiten. Parmentiers Speisenfolge bestand einzig und allein aus Kartoffelgerichten. Es gab Kartoffelbrot, Kartoffelsuppe, Kartoffelpüree, Kartoffelsalate, gewürzt mit persönlich abgeschmeckten Soßen, fritierte Kartoffeln und gebackene Ringe und Stangen aus Kartoffeln. Zum Nachtisch Kartoffelpudding. Zum Trinken Kartoffelschnaps. Parmentier hielt ein Plädoyer für die Kartoffel. Er lobte ihren Nährwert, pries sie als unentbehrlich für das Blut und für den Gaumen und verkündete, die Kartoffel werde, da sie den Hagel überstehe und leicht anzubauen sei, den Hunger in Europa besiegen. Die kartoffelgesättigten Gäste klatschten erleichtert und begeistert Beifall.
Danach überzeugte Parmentier auch den König. Ludwig XVI. ließ in seiner parisnahen Domäne, der Ebene von Sablons, Kartoffeln anbauen und ständig von Soldaten umstellen. So stachelte er die Neugier und die Lust auf das Verbotene an.
Endgültig abgesegnet wird die Knolle in Versailles. Mit Kartoffelblüten besteckt, drückt Königin Marie-Antoinette Parmentier einen fürstlichen Kuß auf die Wange. König Louis hat den Verstand noch nicht verloren und schließt Parmentier nur in die Arme. Der gesamte französische Adel ist bei der Huldigung der Kartoffel zugegen, in diesem Reich, in dem die Kunst des guten Essens die einzige Religion ist, der keiner abschwört.

(156 und 250)

Die Kartoffel ist das Kind einer Liebe und einer Bestrafung, erzählt man sich in den Anden

Der Inka, so wird erzählt, verurteilte die Liebenden, weil sie gegen die heiligen Gesetze verstießen. Man begrabe sie zusammen und lebendig, beschied er.

Sie war eine der Jungfrauen, die dem Sonnengott geweiht sind. Sie brach aus dem Tempel aus, um sich einem Ackerknecht hinzugeben.
Zusammen und lebendig, beschied der Inka. So wurden sie, aneinandergefesselt, das Gesicht nach oben, in eine Grube geworfen, und keine Klage entschlüpfte ihnen, als die Erde auf sie geschüttet wurde.
Die Nacht brach herein, und die Sterne zogen sonderbare Bahnen. Kurz danach verschwand das Gold aus den Flußbetten, und im Reich wurden die Felder unfruchtbar – nur noch Karst und Staub. Einzig die Erde über dem Liebespaar blieb verschont von der Dürre.
Da rieten die Hohenpriester dem Inka, das Paar wieder auszugraben, es einzuäschern und die Asche in den Wind zu streuen. So geschehe es, beschied der Inka.
Aber man konnte die beiden nicht finden. Soviel man auch grub, man fand nur eine dicke Wurzel. Die Wurzel teilte und vermehrte sich, und seitdem ist die Kartoffel das wichtigste Nahrungsmittel der Menschen in den Anden. (248)

1790, PARIS

Humboldt

Mit zwanzig entdeckt Alexander von Humboldt das Meer und die Revolution.
In Dunkerque verschlägt ihm das Meer die Sprache, und in Calais schreit er auf angesichts des aus den Wellen aufsteigenden Monds. Wunder der See, Offenbarung der Revolution. In Paris, ein Jahr nach dem vierzehnten Juli, überläßt sich Humboldt willig dem Sog der feiernden Straße, badet er in dem tanzenden, seine junge Freiheit besingenden Volk.
Seit er lebt, sucht er nach Antworten und stößt auf Fragen. Pausenlos forscht er in Büchern, am Himmel und auf der Erde, spürt den Rätseln der Seele, den Geheimnissen des Kosmos und den Wundern der Käfer und Steine nach; stets ist er vernarrt in die Welt und in Männer und Frauen, die ihm den Kopf verdre-

hen und ihm Furcht einflößen. *Alexander wird nie glücklich,* prophezeit sein Bruder Wilhelm, den die Mutter vorzieht.
Mit zwanzig schwört Humboldt, fiebernd nach dem Leben, fiebernd nach Bewegung, der Fahne der französischen Revolution ewige Treue! Mit zwanzig schwört er auch, wie Balboa und Robinson Crusoe übers Meer zu den Erdteilen zu segeln, auf denen es immer Mittag ist. (30 und 46)

1790, PETIT GOÂVE

Selbst wenn sie Land und Sklaven besitzen

Ein praller Beutel richtet mitunter mehr aus als die Hautfarbe. Auf Haiti sind mittellose Mulatten Neger, und freie Neger Mulatten, sobald sie genug Geld zusammengespart haben. Reiche Mulatten zahlen ein Vermögen, um zu Weißen umgestuft zu werden, obwohl nur wenige Kinder von Sklavenhaltern und Sklavinnen die magische Urkunde erlangen, dank derer sie Doktoren werden, sich Señor nennen, einen Degen tragen und eine weiße Frau anrühren dürfen, ohne dafür einen Arm einzubüßen.
Am Galgen baumelt ein Mulatte, der die Menschenrechte für sich einforderte, die jüngst in Paris proklamiert wurden, und der Kopf eines zweiten Mulatten, der Abgeordneter werden wollte, wird, auf einen Speer gespießt, durch die Stadt Petit Goâve getragen. (115)

1791, BOIS CAIMAN

Die Verschwörer von Haiti

Die alte Sklavin und Göttervertraute stößt dem schwarzen Wildeber die Machete in den Hals. Haitis Erde säuft sein Blut. In der Obhut des Kriegs- und des Feuergotts singen und tanzen zweihundert Neger ihren Eid auf die Freiheit. Blitze zucken über der verbotenen Wodu-Zeremonie, mit der zweihundert Sklaven die Umwandlung der Strafkolonie in ihre Heimat beschließen.

Bei der Gründung Haitis wird Kreolisch gesprochen. Wie das Tamtam, so haben die aus Afrika Verschleppten auch das Kreolisch auf mehreren Antilleninseln gemeinsam. Es entstand auf den Plantagen, weil die Rechtlosen einander erkennen und widerstehen mußten. Seine Ursprünge liegen in Afrika, afrikanisch ist auch seine Melodie; hinzu kamen Redensarten von Normannen und Bretonen. Auch von den Kariben-Indianern, den englischen Piraten und den spanischen Kolonisten im Ostteil der Insel nahm es Vokabeln auf. Dank dem Kreolischen haben die Haitianer das Gefühl, einander beim Sprechen zu berühren.
Im Kreolischen finden sich Wörter zusammen und im Wodu Götter. Götter, die nicht herrschen, sondern lieben. Die gern tanzen und jeden Körper, in den sie fahren, in Musik und Licht verwandeln. In reines, bewegliches, wogendes, heiliges Licht.

(115 und 265)

Haitisches Liebeslied

Ich brenne wie Holz.
Meine Beine knicken ein wie Halme.
Keine Speise lockt mich.
Das schärfste Getränk ist mir Wasser.
Denke ich an dich, gehen
mir die Augen über,
und mein Verstand erliegt
dem Kummer.

Nicht wahr, meine Schöne, bald
kommst du doch wieder?
Ach, komm zu mir, meine immer Treue!
Süßer als glauben ist ja spüren!
Säume nicht,
es tut so weh.
Komm und befreie den hungrigen
Vogel aus seinem Käfig!

(265)

1792, RIO DE JANEIRO

Die Verschwörer in Brasilien

Vor knapp einem Jahrhundert glaubte man noch, die brasilianischen Erzgruben würden so lange vorhalten wie die Welt. Aber schon verknappen sich das Gold und die Diamanten, und die Steuern, die der portugiesischen Königin und ihrem Schnorrer-Hofstaat zu entrichten sind, werden immer drückender.
Portugal schickt massenhaft raffgierige Kanzleibeamte, aber keinen einzigen Bergbautechniker. Portugal verhindert, daß die hiesigen Baumwollwebereien anderes herstellen als Sklavenbekleidung. Und Portugal verbietet den Abbau von Eisenerz, obwohl es nur unter einer dünnen Erdschicht liegt, und es verbietet die Herstellung von Sprengpulver.
Auf den Bruch mit Europa, *das uns ausdrückt wie einen Schwamm,* zielte die Konspiration einer Handvoll hochgestellter Herren. Grubeneigner, Gutsbesitzer, Geistliche, Dichter, Anwälte und Schmuggler mit langer Berufserfahrung begannen vor drei Jahren mit der Vorbereitung eines Aufstands, dessen Ziel es war, die Kolonie zu einer selbständigen Republik zu machen, in der alle im Lande geborenen Neger und Mulatten frei wären und jeder brasilianische Kleider trüge.
Bevor noch der erste Musketenschuß pfiff, wurden die Verschwörer verpfiffen. Der Gouverneur von Ouro Preto nahm sie fest, und unter der Folter gestanden sie auch. Sie bezichtigten sich gegenseitig, mit Namen und Adresse. Basilio Britto Britto Malheiro führte zu seiner Entlastung an, wenn man das Unglück habe, in Brasilien geboren zu sein, lerne man eben üble Sitten von Negern, Indianern, Mulatten und sonstigen lächerlichen Gestalten. Cláudio Manuel da Costa, der namhafteste Gefangene, erhängte sich in seiner Zelle oder wurde erhängt, weil er nicht gestand oder weil er zuviel gestanden hatte.
Ein Mann jedoch blieb stumm. Fähnrich Joaquim José da Silva Xavier, genannt *Tiradentes,* der *Zahnzieher,* machte den Mund nur zu einem Satz auf:
– *Ich bin allein für alles verantwortlich.*

(205 und 209)

1792, RIO DE JANEIRO

Tiradentes

Sie wirken wie Leichen im Licht der Öllampen. Mit schweren Ketten an die Fenstergitter gefesselt, lauschen die Angeklagten dem Richter seit achtzehn Stunden, ohne ein Wort zu verlieren.

Ein halbes Jahr hat der Richter zur Formulierung seines Urteilsspruchs gebraucht. Kurz vor Ende der Nacht erfährt man: Sechs sind zum Tode verurteilt. Alle sechs werden erhängt und danach geköpft und zerstückelt.

Endlich schweigt der Richter, dafür machen sich die Männer, die Brasiliens Unabhängigkeit herbeisehnten, gegenseitig Vorwürfe oder vergeben sich, beschimpfen einander oder weinen, beteuern dumpf ihre Reue oder ihren Widerspruch.

Aber als der Tag anbricht, trifft der Gnadenerlaß der Königin ein. Fünf der sechs Verurteilten dürfen statt in den Tod in die Verbannung gehen. Nur einer, der einzige, der niemanden preisgegeben hat und von allen preisgegeben wurde, soll im Morgengrauen hängen. Für ihn werden die Trommeln gerührt, seinetwegen soll die schauerliche Stimme des Ausrufers durch die Straßen hallen und für das Schlachten werben.

Tiradentes ist nicht völlig weiß. Er trat als Fähnrich in die Armee ein, und Fähnrich ist er auch geblieben. Zur Aufbesserung seines Soldes zog er Zähne. Er wollte nur, daß Brasilianer zu Brasilianern werden. Das wissen die Vögel, die morgens bei Sonnenaufgang hinter den Bergen verschwinden. (205)

1794, PARIS

»Das Heilmittel für den Menschen ist der Mensch«,

heißt es bei den weisen Negern, und die Götter wissen es auch. Die Sklaven auf Haiti sind keine Sklaven mehr.

Fünf Jahre lang stellte die französische Revolution sich taub. Umsonst legten Marat und Robespierre Beschwerde ein. In den Kolonien blieb die Sklaverei erhalten. Auf den Plantagen

der fernen Antilleninseln waren die Menschen, die anderen Menschen gehörten, trotz der Deklaration der Menschenrechte von Geburt an weder frei noch gleich. Schließlich war der Handel mit *Guinea-Negern* das Hauptgeschäft der revolutionsbegeisterten Kaufleute aus Nantes, Bordeaux und Marseille, und vom Zucker von den Antillen lebten die französischen Raffinerien.
Unter dem Druck des Negeraufstands, den Toussaint Louverture anführt, verfügt die Regierung in Paris endlich die Abschaffung der Sklaverei. (71)

1794, BERGE AUF HAITI

Toussaint

Sein erster Auftritt ist jetzt ein paar Jahre her. In Paris heißt er der *schwarze Spartakus.*
Körperlich ist Toussaint Louverture ein Wicht, und seine Lippen reichen von einem Ohr zum anderen. Er war Kutscher auf einer Plantage. Bei einem alten Neger lernte er lesen und schreiben. Aber nicht nur mit den Augen zu sehen, hat er sich selber beigebracht, und in jedem schlafenden Vogel sieht er zugleich den Vogel im Fluge. (71)

1795, SANTO DOMINGO

Die verbrannte Insel

Erschrocken über die Befreiung der Sklaven in Haiti, tritt Spaniens König die andere Inselhälfte, das spanische Santo Domingo, an Frankreich ab. Mit einem Federstrich hört die Grenze, die die Insel in die ärmste aller spanischen und die reichste aller französischen Kolonien unterteilte, auf zu existieren. Don Manuel de Godoy, der mächtigste Mann bei Hof, verbreitet in Madrid, durch den Aufstand von Haiti sei die ganze Insel zu *einem Unsegen für die Weißen* geworden.
Einst war sie auch die erste Kolonie Spaniens in Amerika. Hier stand das erste Gericht, die erste Kathedrale und die erste Uni-

versität des Weltreichs, von hier liefen die Konquistadorenscharen nach Kuba und Puerto Rico aus. Ein solcher Anfang war vielversprechend, doch dann wurde Santo Domingo vor zwei Jahrhunderten restlos verwüstet. Unter Gouverneur Antonio de Osorio ging die Kolonie in Rauch auf.
Tag und Nacht mühte sich Osorio mit dem Niederbrennen des *Sünderlandes* ab. Stück für Stück brannte er Häuser und Forts, Schiffe und Mühlen, Ställe, Gehege und Felder nieder, streute auf alles Salz und erhängte eigenhändig jeden, der sich zu wehren wagte. Zum Prasseln der Flammen schmetterten die Trompeten des Jüngsten Gerichts. Nach anderthalb Jahren rastlosen *Feuereifers* warf sich der Brandstifter zum Gouverneur der verbrannten Insel auf und erhielt vom König aus Spanien zweitausend Dukaten zum Lohn für sein flammendes Erlösungswerk. Der ehemalige Flandernsoldat Osorio hatte diesen Boden *geläutert.* Begonnen hatte er mit der Einäscherung der Städte im Norden, weil an dieser Küste die englischen und holländischen Piraten landeten und Bibeln von der *Luthersekte* und die Ketzersitte, am Karfreitag Fleisch zu essen, einführten. Begonnen hatte er im Norden; danach konnte er nicht mehr aufhören.

(216)

1795, QUITO

Espejo

Sein Gang durch die Geschichte war ein Wegschneiden und Neuerschaffen.
Er schrieb die schärfsten Reden gegen das Kolonialregime und seine Erziehungsmethoden – diese *Sklavenaufzucht* – und zerpflückte den schwülstigen Quitoer Rednerstil. Er schlug seine Streitschriften an Kirchentore und belebte Straßenecken, damit sie von Mund zu Mund weiterpropagiert würden. *Durch anonymes Schreiben vermochte ich den falschen Gelehrten nämlich die Maske abzureißen und sie in der Tracht ihrer wahren, recht eigentlichen Unbildung dastehen lassen.*
Er predigte, in Amerika sollten die dort Geborenen regieren. Er riet, der Ruf nach Unabhängigkeit solle in allen Vizekönig-

reichen und Gerichtsbezirken gleichzeitig erschallen, und die Kolonien sollten sich, um Staaten zu werden, unter demokratischen und republikanischen Regierungen zusammenschließen.

Er war ein Indianerkind. Bei seiner Geburt bekam er den Namen Chusig, *Eule.* Um aber den Arzttitel zu erlangen, gab er sich kurzerhand den Namen Francisco Javier Eugenio de Santa Cruz y Espejo, der sich altadelig anhört, und konnte so praktizieren und seine Entdeckungen zur Bekämpfung der Pocken und anderer Seuchen verbreiten.

Er war Gründer und Chefredakteur von *Primicias de la Cultura,* Quitos erster Zeitung, die er von vorn bis hinten alleine schrieb. Er leitete die Gemeindebibliothek. Sein Gehalt bekam er nie ausbezahlt.

Unter der Anklage mehrfachen Frevels gegen König und Gott warf man ihn in eine menschenunwürdige Zelle. Dort starb er an der Haft. Und im letzten Atemzug bat er seine Gläubiger um Verzeihung.

Quito hat das Ende des Vorkämpfers der spanisch-amerikanischen Unabhängigkeitsbewegung nicht in sein Buch hervorragender Bürger aufgenommen. Dabei ist er doch von Quitos Söhnen der brillanteste. (17 und 249)

Wie Espejo die Rhetorik seiner Zeit verspottete

Dringen diese schillernd unergründlichen rhetorischen Begriffe an mein Ohr, so möcht' ich meines Odems flüchtigen Zephir aushauchen, ja, meine pulsierenden Lebensregungen kommen schier zum Erliegen! Welch köstliche Wonnen verschafft es doch, diesen tönenden Schwänen bei ihren sangesgleichen und wortreichen Reden zu lauschen; wie sie kehligen Wohlklang tremolieren, wie sie aus süßen Silben gedrechselte Elegien tirilieren! Welch wohlbekömmliche Einkehr, welch himmlische Seligkeit ist der Seele doch vergönnt, sobald ihre fatalen Auslassungen verklingen! (17)

1795, MONTEGO BAY

Kriegsgerät

Kubanische Hunde stehen zu Recht in hohem Ansehen. Die Franzosen haben mit ihnen in Haitis Bergen viele entlaufene Neger eingefangen, und an Nicaraguas Küste genügten wenige kubanische Hunde, um die Miskitos zu schlagen, die zuvor drei Spanierregimenter aufgerieben hatten.
Die englischen Gutsbesitzer von Jamaika schicken Oberst William Dawes Quarrell nach Kuba zum Hundeholen. Die Sicherheit der Insel und die Unversehrtheit ihrer Bewohner verlangt es, befindet der versammelte Bürgerrat. Setzen die Asiaten nicht Elefanten in ihren Schlachten ein? Verfolgen nicht selbst Europas zivilisierteste und gesittetste Völker – so argumentieren die englischen Pflanzer – die feindliche Infanterie zu Pferde? Warum sollten sie also ihre ausgebrochenen Sklaven nicht mit Hunden in ihren Höhlen aufspüren, wo Neger doch wildere Tiere als Hunde sind?
Oberst Quarrell besorgt das Verlangte auf Kuba dank der freundlichen Vermittlung von Doña Maria Ignacia de Contreras y Jústiz, Gräfin von San Felipe und Herzogin von Castillo, die außerdem über Bejucal gebietet. Hundeführer und Hunde werden an Bord des Schoners *Mercury* gebracht.
Abenddunst in der Montego Bay. Die reißenden Tiere betreten jamaikanischen Boden. Im Handumdrehen sind die Straßen leergefegt und die Türen vernagelt. Vierzig kubanische Sklavenjäger nehmen bei Fackellicht Aufstellung. Jeder führt an straff gespannten Ketten, die am Gürtel festgemacht sind, drei riesige Hunde. (86 und 240)

1795, HAVANNA

Hätte sich der Aufrührer von Galiläa je gedacht, daß er einmal Sklavenaufseher würde?

Auf den kubanischen Zuckerrohrplantagen sind die Sklaven nicht verlassen. Ihr Besitzer erlöst sie kraft der Arbeit und verkürzt ihren Aufenthalt in diesem Jammertal, und die Pfarrer bewahren sie vor der Hölle. Die Kirche erhält fünf Prozent der Zuckerproduktion dafür, daß sie den Sklaven beibringt, daß Gott sie als Sklaven erschaffen hat, daß ihr Leib zwar versklavt, ihre Seele aber frei ist und daß sie rein ist, sozusagen wie weißer Zucker, der im Fegefeuer von allen Verunreinigungen befreit wurde, und daß Christus der Oberaufseher ist, der aufpaßt und Punkte notiert und Lohn und Strafe austeilt.
Mitunter ist Christus nicht nur der Aufseher, sondern sogar der Besitzer selber. Graf von Casa Bayona wusch an einem Karfreitagabend einmal zwölf Negern die Füße, setzte sie zu sich an den Tisch und aß mit ihnen zu Abend. Die Sklaven dankten es ihm, indem sie seine Zuckermühle in Brand steckten; dafür steckten danach aber auch zwölf Köpfe in einer Reihe vor den Zuckerrohrfeldern auf Lanzen. (222)

1796, OURO PRETO

Aleijadinho

Der kleine, bucklige Aleijadinho, der so Vollkommenes erschafft, benutzt zum Bildhauern einen Armstumpf. Der da in Brasiliens Bergbauregion die größte Schönheit aus dem Material holt, ist grauenerregend häßlich. Um keinem solch monströsen Herrn dienen zu müssen, wollte einer der von ihm gekauften Sklaven sich schon umbringen. Die Krankheit – Lepra, Syphilis oder sonst ein rätselhaftes Greuel – frißt ihm das Fleisch wie mit Zähnen von den Knochen. Für jedes Stück von sich, das die Krankheit ihm nimmt, schenkt er der Welt neue Wunderwerke aus Holz oder Stein.
In Congonhas do Campo wartet man auf ihn. Wird er dahin gelangen? Wird er noch die Kraft haben, die zwölf Propheten

zu meißeln und vor den azurblauen Himmel zu stellen? Werden sie noch qualvoll wie verwundete Tiere tanzen, die Weissager von Gottes Liebe und Zorn?
Niemand glaubt, daß er noch so lange lebt. Die Sklaven schleppen den immer unter der Kapuze Versteckten durch Ouro Pretos Straßen und binden ihm den Meißel an die verstümmelte Hand. Nur sie bekommen sein verwestes Gesicht und seinen zerfressenen Körper zu sehen. Nur sie kommen dieser Schreckgestalt nahe. Antônio Francisco Lisboa, genannt Aleijadinho, der Bucklige, zerfällt bei lebendigem Leib, und kein Kind klebt ihn im Traum mit Spucke wieder zusammen. (29 und 118)

1796, MARIANA

Ataíde

Manuel da Costa Ataíde legt auf die von Aleijadinho geschnitzten Figuren Gold und Farbe, ist aber selber auch ein angesehener Maler. Er erschafft in Kirchen sehr irdische Himmel. Seine Farben rührt er aus Blumen und Kräutern an und malt damit eine Madonna mit dem Gesicht der sehr hiesigen Maria do Carmo, und rings um die braunhäutige Madonna, aus der Sonne und Sterne kommen, malt er singende und musizierende Engel mit schweren Lidern und vollen Lippen, mit Kraushaar und verwunderten oder schalkhaften Augen. Die Engel sind seine Kinder, und die Madonna die Mutter seiner Kinder.
In Marianas Franziskuskirche trägt der heilige Mann aus Assisi, der aus Wölfen Lämmer machte, afrikanische Züge. Neben ihm leben weiße Heilige mit echtem Haar und törichten Gesichtern. (123)

1796, SÃO SALVADOR DE BAHIA

Nachtschwarz und schneeweiß

Fürstlichen Sex verschafft eine braune Geliebte, eine weiße Ehefrau soziales Prestige. Will ein Mulatte eine hellhäutige Frau, muß er sich selber aufhellen. Hat er viel Geld, kauft er sich eine Urkunde, die das Stigma der Großmutter, die noch Sklavin war, auslöscht, und darf dann Degen und Hut, Lederstiefel und Seidenschirme tragen. Außerdem gibt er ein Bild von sich in Auftrag, das seine Enkel, ohne sich schämen zu müssen, in den Salon hängen können. In Brasilien gibt es neuerdings Maler, die jedem tropischen Modell europäische Züge verpassen. Das Porträt vom Stammvater, vom rosigen Patriarchen mit glatten Haaren und wachsam ernstem Blick wird dann oval in Gold gerahmt. (65 und 119)

1796, CARACAS

Weiße Haut zu kaufen gesucht

Indianische Abkunft gilt bei der spanischen Krone nicht mehr als abwertend. Negerblut allerdings *verdunkelt die Geburten* über etliche Generationen. Reiche Mulatten können für fünfhundert Silbermünzen Weißheitsbescheinigungen erstehen.

Zwecks Entfernung des Makels, welcher ihn so über die Maßen bekümmert, erklärt der König den Mulatten Diego Mejías Bejarano aus Caracas zum Weißen. *Auf daß ihm aus seinem traurigen und minderen Stande in der Kleidung und der Gesellschaft und im Umgang und Verkehr mit den übrigen Personen kein Hindernis erwachse.*

In Caracas sind nur Weiße zum Gottesdienst in der Kathedrale zugelassen und dürfen in jeder Kirche auf dem Teppich knien. *Mantuaner* heißen diejenigen, die den Ton angeben, weil nur weiße Damen das Privileg genießen, eine Mantilla tragen zu dürfen. Ein Mulatte darf weder Jurist noch Priester werden.

Mejías Bejarano hat seine fünfhundert Geldstücke bezahlt, aber die ortsansässigen Behörden weigern sich trotzdem, ihn anzuerkennen. Ein Onkel Simón Bolívars und die anderen *Mantuaner* im Rathaus erklären, die königliche Anordnung sei *den Anwohnern und in Amerika Gebürtigen ein Graus.* Die Ratsherren fragen den König: *Wie können die weißen Anwohner und Einheimischen dieser Provinz einen Mulatten an ihrer Seite zulassen, welcher von ihren eigenen Sklaven oder den Sklaven ihrer Väter abstammt?*

(174 und 225)

1796, SAN MATEO

Simón Rodríguez

Er hat Mausohren, eine Bourbonennase und ein Nußknackermaul. Eine ausgefranste rote Troddel baumelt von der Mütze auf seiner früh aufgetretenen Glatze. Die über die Brauen geschobene Brille ist den gierigen, flinken blauen Augen nur selten eine Hilfe. Simón Carreño, Rodríguez mit selbstgewähltem Namen, predigt wandernd Sonderbares.

Dieser Rousseau-Leser behauptet, die Schulen müßten dem gemeinen Volk, den Gemischtrassigen, offenstehen, Mädchen und Jungen müßten dieselbe Schulbank drücken, und dem Lande sei mit der Ausbildung von Maurern, Schmieden und Zimmerleuten mehr gedient als mit Edelleuten und Pfarrern.

Simón, der Lehrer – Simón, der Schüler. Simón Rodríguez ist fünfundzwanzig Jahre alt und Simón Bolívar dreizehn. Bolívar junior ist das reichste Waisenkind in Venezuela. Er hat Paläste und Plantagen geerbt und besitzt tausend Negersklaven.

Fernab von Caracas weiht der Hofmeister den Jungen in die Geheimnisse des Alls ein, spricht ihm von Freiheit, Gleichheit und Brüderlichkeit, zeigt ihm, welch hartes Leben die für ihn arbeitenden Sklaven führen, und erzählt ihm, daß das Vergißmeinnicht auch Myosotis palustris heißt. Er läßt ihn zusehen, wie das Fohlen aus dem Bauch der Stute kommt und welchen Zyklus Kakao und Kaffee bis zur Reife durchlaufen. Bolívar lernt schwimmen, wandern und reiten, aber auch säen und pflanzen, einen Stuhl bauen und die Sterne am Himmel über Aragua beim Namen nennen. Lehrer und Schüler durchqueren zu Fuß ganz Venezuela, übernachten, wo es sich gerade trifft, und lernen gemeinsam das Land kennen, aus dem sie stammen.

Beim Licht der Öllampe lesen und besprechen sie *Robinson Crusoe* und Plutarchs *Parallelbiographien.*

(64, 116 und 298)

1797, LA GUAIRA

Zirkel und Winkelmaß

Die Flucht seines Lehrers bricht Bolívars Ausbildung ab. Simón Rodríguez, der Konspiration gegen den König verdächtig, nennt sich in Simón Robinson um. Im Hafen La Guaira schifft er sich ins Exil nach Jamaika ein.

Die Verschwörer wollten ein unabhängiges, republikanisches Amerika, ohne indianische Kopfsteuer, ohne Negersklaven, frei von Papst und König, wo die Menschen aller Rassen als Brüder im Geist der Vernunft und im christlichen Glauben zusammenleben.

Lateinamerikanische Freimaurer aus der von Francisco de Miranda in London gegründeten Loge stehen an der Spitze der Bewegung. Auch drei nach Caracas verbannte spanische Freimaurer sind angeklagt. Und angeblich haben auch revolutions- und guillotineerfahrene Franzosen mitkonspiriert. In den durchsuchten Häusern fand man jedoch mehr verbotene Bücher als gefährliche Waffen.

Auf dem größten Platz in Caracas wird España gevierteilt. José María de España, das Haupt der Verschwörung.

(191 und 298)

1799, LONDON

Miranda

Francisco de Miranda ist schon seit fast dreißig Jahren nicht mehr in Venezuela. In Spanien beteiligte er sich erfolgreich an mehreren Kriegen. In Cádiz wurde er Freimaurer und reiste fortan durch Europa, um Waffen und Geld für Amerikas Unabhängigkeit aufzutreiben. Wie auf einem fliegenden Teppich reiste er von Hof zu Hof. Sein einziges Gepäck waren ein

Flöte, ein falscher Grafentitel und viele Empfehlungsbriefe. Er aß mit Königen und schlief mit Königinnen. In Frankreich beförderte die Revolution ihn zum General. Das Volk von Paris feierte ihn als Helden, Robespierre hingegen verurteilte ihn als Verräter. Um seinen Kopf zu retten, fuhr Miranda eilends wieder nach London, segelte mit falschem Paß, Perücke und Sonnenbrille über den Ärmelkanal.
Der englische Regierungschef William Pitt empfängt ihn in seinem Amtszimmer. Er zieht General Abercromby hinzu, und zu dritt kriechen sie während des Gesprächs über riesige, auf dem Boden ausgebreitete Landkarten.

MIRANDA (*auf Englisch*): – Daß das klar ist – dies alles tun wir für die Unabhängigkeit und Freiheit der dortigen Provinzen, andernfalls... (*er beendet den Satz mit einem Blick zur Decke auf spanisch*) ... wäre es niederträchtig.
ABERCROMBY (*nickt*): – Unabhängigkeit und Freiheit.
MIRANDA: – Ich brauche viertausend Mann und sechs Kriegsschiffe. (*Er zeigt mit dem Finger auf die Karte.*) Als erstes würden wir Caracas angreifen und ...
PITT: Nichts für ungut, aber ich will aufrichtig zu Euch sprechen. Mir ist Spaniens Unterdrückerregime lieber als das abscheuliche System Frankreichs.
MIRANDA (*schließt die Augen und flüstert auf Spanisch*): Meines Feindes Feind ist mein Freund. Meines Feindes Feind ist mein Freund. Meines Feindes ...
PITT: – Ich möchte die Amerikaner nicht gern in die Katastrophe einer solchen Revolution stürzen.
MIRANDA: – Ich begreife und teile Eure Besorgnis, Exzellenz. Eben zu diesem Zwecke ersuche ich ja um Euer Bündnis, auf daß wir gemeinsam wider die ungeheuerlichen französischen Freiheitsprinzipien kämpfen. (*Er wendet sich wieder der Landkarte zu.*) Caracas fällt leicht ...
ABERCROMBY: – Und wenn nun die Farbigen zu den Waffen greifen? Wenn sie das Kommando an sich reißen wie in Haiti?
MIRANDA: – In meinem Lande befindet sich die Freiheitsfahne fest in den Händen vornehmer Bürger mit so verfeinerten Sitten, wie Plato sie sich für seine Republik nur hätte wünschen

können. (*Er streckt eine Hand nach der Provinz Santa Fe aus. Alle drei starren auf die Hafenstadt Cartagena.*)
ABERCROMBY: – Sieht knifflig aus.
MIRANDA: – Nicht nur knifflig – uneinnehmbar! Doch ich kenne den schwachen Punkt der ganzen Festung. An der linken Flanke der Stadtmauer ... (150 und 191)

Miranda träumt von Katharina in Rußland

Manchmal, tief in der Nacht, ist Miranda wieder in Petersburg, und Katharina die Große steht in ihren Privatgemächern im Winterpalast ganz lebendig vor ihm. Ihr kaiserlicher Mantel hat eine endlose, von tausend Pagen gehaltene Schleppe, die einen Brokat-Tunnel bildet, unter dem Miranda entlanghetzt, bis er in einem Meer aus Spitze versinkt. Miranda arbeitet sich vor zu dem vor Sehnsucht brennenden Leib, er sprengt Goldbroschen und Perlengebinde, er bahnt sich seinen Weg durch knisternde Stoffe. Aber hinter dem weiten Noppenrock kratzen die Drähte der Krinoline. Er knackt auch diesen Panzer und gelangt zum ersten Unterrock und schlitzt ihn auf. Aber darunter ist ein zweiter und ein dritter und ein vierter, sind so viele perlmuttschimmernde Atlasunterröcke, so viele Hüllen, daß seine Hände beim Schälen allmählich immer matter werden. Und als er mit Mühe und knapper Not den letzten Unterrock zerfetzt, erscheint darunter ihr Korsett, ihre mit unzähligen Bändchen, Ösen, Schleifchen und Knöpfchen bewehrte uneinnehmbare Festung ... Und unterdessen wimmert und fleht das nimmermüde Fleisch der ehrwürdigen Zarin.

1799, CUMANÁ

Ein Gelehrtenpaar auf Maultierrücken

Die beiden eben in Cumaná an Land gegangenen Europäer reißen die Augen auf und können die Neue Welt doch nicht fassen. Der Hafen glitzert über dem in der Sonne gleißenden Fluß, weiße Holz- oder Bambushäuser stehen um das steinerne Fort, und dahinter leuchtet – seegrün, landgrün – die Bucht. Alles ist neu hier, nie berührt, nie gesehen: das Federkleid der Flamingos, der Schnabel der Pelikane, die zwanzig Meter hohen Kokospalmen, die riesengroßen Sammetblumen, die auf Lianen und Blattwerk gebetteten Stämme, die immerwährende Siesta der Krokodile, die hellblauen, gelben und roten Krebse ... Indianer schlafen nackt im warmen Sand, Mulattinnen in besticktem Musselin streicheln beim Gehen den Boden mit den Füßen. Jeder Baum steht hier in einem versunkenen Garten Eden und lockt mit der verbotenen Frucht.

Alexander von Humboldt und Aimé Bonpland mieten am Marktplatz ein Haus mit einer geräumigen Dachterrasse. Wenn sie vom Dach nach oben schauen, erleben sie, wie sich die Sonne verfinstert, wie es Sternschnuppen regnet und wie der Himmel eine Nacht lang wütend Feuer speit, und wenn sie nach unten blicken, erleben sie, wie die Sklavenkäufer den frisch eingetroffenen Negern auf dem Markt von Cumaná den Mund aufreißen. In diesem Haus zittern sie beim ersten Erdbeben ihres Lebens, und von hier aus erkunden sie die Umgegend. Sie bestimmen Farne und seltene Vögel und suchen nach dem Mann Francisco Loyano, der sein Kind fünf Monate lang, während seine Frau krank war, mit Frauenbrüsten und süßer Milch gestillt hat.

Danach rüsten sich Humboldt und Bonpland zu ihrer Reise in die höhergelegenen südlichen Landesteile. Sie laden ihre Instrumente auf: ihren Sextanten, ihren Kompaß, ihr Thermometer, ihr Hygrometer und ihr Magnetometer. Außerdem nehmen sie Papier zum Blumentrocknen, Skalpelle zum Vögel-, Fische- und Hummersezieren und Tusche und Federn zum bildlichen Festhalten all des Staunenswerten mit. Auf schwer bepackten Maultieren schaukeln der blauäugige Deutsche mit dem schwarzen Zylinder und der Franzose mit der unersättlichen Lupe davon.

Amerikas Wälder und Berge öffnen sich verblüfft den beiden Irren. (30 und 46)

1799, MONTEVIDEO

Der Vater der Armen

Francisco Antonio Maciel hat am diesseitigen La-Plata-Ufer als erster einen Pökelfleischbetrieb eröffnet. Auch die Seifen- und Talgkerzenfabrik gehört ihm. Der Laternenanzünder zündet Kerzen von Maciel an, wenn er bei Einbruch der Nacht, eine Fackel in der Hand und eine Leiter auf dem Rücken, durch Montevideos Straßen trottet.

Wenn Maciel nicht seine Güter inspiziert, kontrolliert er im Pökelhaus die Fleischhälften, die er nach Kuba oder Brasilien ausführt, oder wirft auf den Kais einen Blick auf die Verladung seines Leders. Seine Briggs, die Heiligennamen tragen, geleitet er oft bis vor die Bucht hinaus. Die Montevideaner nennen ihn den *Vater der Armen,* weil er – o Wunder – immer noch Zeit findet, den gottverlassenen Kranken beizustehen und bei den Passanten eigenhändig – so barmherzig ist Maciel – mit dem Almosenteller für das von ihm gestiftete Armenhospiz zu betteln. Er vergißt auch nicht, die Neger an der Miguelete-Mündung zu besuchen, die in Baracken ihre Quarantäne absitzen. Er setzt persönlich den Mindestpreis für jeden Sklaven fest, den seine Schiffe aus Rio de Janeiro oder Havanna anbringen. Zweihundert Silberpesos kosten sie bei vollständigem Gebiß, vierhundert, wenn sie sich auf die Kunst des Mauerns oder Schreinerns verstehen.

Maciel ist der bedeutendste unter den Montevideaner Kaufleuten, die sich auf den Tauschhandel Rindfleisch gegen Menschenfleisch spezialisiert haben. (195 und 251)

1799, GUANAJUATO

Leben, Leiden und Geschäft der herrschenden Klasse

Im Laufe des ausgehenden Jahrhunderts haben sich die Besitzer von Gruben in Guanajuato und Zacatecas sechzehn höhere Adelstitel geleistet. Zehn wurden Grafen und sechs Marquis. Während sie ihre neuen Stammbäume und Perücken auspro-

bierten, machte ein neues Arbeitsgesetzbuch ihre Lohnarbeiter zu Schuldsklaven. Im achtzehnten Jahrhundert ist die Ausbeute an Silber und Gold in Guanajuato um ein Achtfaches gestiegen.
In derselben Zeit hat der Zauberstab Geld auch sieben ehemalige Bauern aus Nordspaniens Bergen, inzwischen Kaufleute in der Stadt Mexiko, angetippt und sie in Marquis und Grafen verwandelt.
Manche auf aristokratisches Flair erpichten Bergwerksbesitzer und Kaufleute erwerben zu ihren Adelspatenten auch noch Land. In ganz Mexiko schlucken riesige Hazienden allmählich das traditionell indianische Gemeindeland.
Andere investieren lieber im Kreditgeschäft. Der Geldverleiher José Antonio del Mazo zum Beispiel riskiert wenig und gewinnt viel. *Freund Mazo,* schreibt Alonso Terán, *ist einer derjenigen, welche in Guanajuato die meisten Geschäfte machen. Sollte Gott ihm ein langes Leben schenken, so schlingt er noch die ganze Stadt in seinen Bauch.* (49 und 223)

1799, CIUDAD REAL DE CHIAPAS

Die Tamemen

Herr Agustín de las Quentas Zayas, der Gouverneur von Chiapas, plant eine neue Straße in Richtung Guatemala, vom Rio Tulijá nach Comitán. Das nötige Baumaterial sollen eintausendzweihundert Tamemen-Indianer schleppen.
Die Tamemen sind zweibeinige Maultiere und schleppen bis zu sieben Arroben, hundertfünfundsiebzig Pfund. An um die Stirn gelegten Stricken tragen sie gewaltige Lasten, auf dem Rücken auch Menschen auf Stühlen. So wanken sie über hohe Berge, vorbei an Abgründen, mit einem Bein noch im Leben, mit dem anderen schon im Tod. (146 und 321)

1799, MADRID

Fernando Tupac Amarú

Auf der Straße entlockt jemand einer Gitarre Seufzer.
Drinnen zittert Fernando Tupac Amarú vor Fieber und träumt beim Sterben, er wische sich Schnee vom Mund.
Der Sohn des großen Heerführers aus Peru ist noch keine dreißig Jahre alt. Arm wie eine Kirchenmaus beendet er in Madrid sein kurzes Verbannten- und Sträflingsleben.
Vor zwanzig Jahren prasselte Regen auf den Hauptplatz von Cuzco, und seitdem hat es auf der Welt nicht aufgehört zu regnen.
Der Arzt diagnostiziert Melancholie als Todesursache.

(344)

1800, RÍO APURE

Zum Orinoko

Amerika glüht und taumelt, brennt und flimmert unter seiner Sonne, aber über den Flüssen halten die Baumriesen einander umschlungen, und darunter gleitet im Schatten das Kanu der Forscher.
Hinter dem Kanu fliegen Vögel und Schwärme ausgehungerter Mücken und Schnaken. Humboldt und Bonpland schlagen wild um sich, um die pausenlosen Angriffe der Blutsauger abzuwehren, die durch Kleider und Haut hindurch bis auf die Knochen stechen, aber der Deutsche studiert dabei noch den Körperbau des dicken Fischs Lamantin oder die Elektrizität des Flußaals oder das Gebiß des Piranha, und der Franzose sammelt und bestimmt Pflanzen oder vermißt einen Alligator und berechnet sein Alter. Zusammen zeichnen sie Karten und notieren Wassertemperatur und Luftdruck, analysieren den Glimmerschiefer am Strand und die Gehäuse der Schnecken und die Bahn von Orions Gürtelsternen am Himmel. Amerika soll ihnen sein ganzes Wissen hergeben, und für sie ist in diesem Reich kein Blatt und kein Kiesel stumm.

An einer kleinen Flußbiegung schlagen sie ihr Lager auf und tragen die sperrigen Instrumente an Land. Sie zünden ein Feuer an, um die Moskitos zu verscheuchen und um zu kochen. Da bellt der Hund, wie wenn ein Jaguar kommt, und verkriecht sich eilends zwischen Bonplands Beinen. Auf Humboldts Schulter pickt der Tukan aufgeregt am Zylinder. Im Gebüsch knackt es, und ein nackter Mann taucht zwischen den Bäumen auf, mit kupferroter Haut, Indianergesicht und Afrikanerwollhaar.

– Willkommen auf meinem Boden, die Herren.

Er verneigt sich vor ihnen.

– Don Ignacio, wenn es recht ist.

Vor der improvisierten Kochgelegenheit schneidet Don Ignacio eine Grimasse. Die Forscher braten ein Wasserschwein.

– Das ist doch Indianerfraß, sagt er geringschätzig und lädt sie zu einem eben mit Pfeil und Bogen erlegten, stattlichen Hirsch zu sich nach Hause ein.

Don Ignacios Zuhause besteht aus drei unweit des Flusses zwischen Bäumen gespannten Netzen. Er macht sie mit seiner Frau Doña Isabela und seiner Tochter Doña Manuela bekannt, die nicht ganz so nackt sind wie er. Er bietet den Reisenden Zigarren an. Während der Hirsch gebraten wird, fragt er ihnen Löcher in den Bauch. Don Ignacio brennt auf Neuigkeiten vom Madrider Hof und auf letzte Nachrichten von den endlosen Kriegen, unter denen Europa so sehr leidet. (388)

1800, ESMERALDA AM ORINOKO

Der Giftmischer

Sie fahren stromab.

Am Fuß eines Felsenberges in der abgelegenen Christenmission Esmeralda treffen sie auf den Mann, der das Gift beherrscht. Sein Labor ist die sauberste und aufgeräumteste Hütte im Dorf. Von dampfenden Kesseln und Tontöpfen umgeben, gießt der alte Indianer eine gelbliche Flüssigkeit durch Palmblatttrichter in zu Tüten gedrehte Bananenblätter. Das grauenerregende Curare tropft und tropft und wirft Bla-

sen. Ein in dieses Curare getauchter Pfeil tötet wirkungsvoller als ein Schlangenbiß.
– Allem anderen überlegen, brummt der Alte und stößt Lianen und Rindenstücke zu Brei. – Besser als alles, was ihr herstellt.
Und Humboldt denkt: *Derselbe schulmeisterliche Tonfall, dasselbe penetrante Geprotze wie bei unseren Apothekern.*
– Ihr habt das Schwarzpulver erfunden, sagt der Alte und gießt dabei vorsichtig, ganz langsam Wasser auf die Paste.
– Ich kenne es, setzt er nach einer Weile wieder ein. – Das Pulver taugt überhaupt nichts. Es macht Krach. Es verrät einen. Es kann nicht lautlos töten; und es tötet auch, wenn man danebenzielt.
Er schürt das Feuer unter seinen Töpfen und Tiegeln. Dampfumwölkt fragt er:
– Wißt ihr, wie man Seife herstellt?
– Der da kann es, sagt Bonpland.
Der alte Mann blickt Humboldt ehrfürchtig an.
– Nach dem Curare, doziert er, – ist die Seife das Wichtigste.

(338)

Curare

Guam, der Kindgott der Tukano-Indianer, fand den Weg ins Reich des Gifts. Er nahm sich Curares Tochter und schlief mit ihr. Sie hatte aber Spinnen, Skorpione und Schlangen zwischen den Beinen. Jedesmal, wenn Guam in sie eindrang, mußte er sterben; und jedesmal, wenn er auferstand, sah er Farben, die nicht von dieser Welt waren.
Sie brachte ihn zu ihrem Vater nach Haus. Der alte Curare, der Menschen fraß, leckte sich die Lippen. Aber Guam verwandelte sich in einen Floh, kroch in des Alten Mund, wanderte zur Leber und biß zu. Curare stopfte sich, damit der Floh nicht entwischen konnte, Mund, Nase, Ohren, Augen, Bauchnabel, After und Penis zu. Aber Guam kitzelte ihn von innen, so daß er niesen mußte, und schon war er draußen.
Er flog als Vogel mit einem Stück von Curares Leber im Schnabel nach Hause.

So kamen die Tukanos zu dem Gift, erzählen die Männer, die schon lange leben und die Erinnerung bewahren. (164)

1800, URUANA

Erde auf immer

Gegenüber der Insel Uruana lernt Humboldt Indianer kennen, die Erde essen.
Jedes Jahr steigt der Orinoko, der *Vater der Flüsse,* und tritt drei Monate lang über die Ufer. Solange das Hochwasser anhält, ernähren sich die Otomaken von weichem Lehm, den sie im Feuer leicht härten, und überleben so. Es ist reine Erde, muß Humboldt feststellen, ohne Beimengungen von Maismehl, Schildkrötenöl oder Krokodilfett.
So gehen diese *wandernden Indios* vom Leben zum Tod, sind Erde, die zu Erde wird, sind aufrecht gehender Lehm, ernähren sich von der Erde, die sich einst von ihnen ernähren wird. (338)

1801, LAGUNA GUATAVITA

Die Göttin auf dem Grund des Sees

Auf den Amerikakarten nimmt El Dorado nach wie vor einen großen Teil von Guyana ein. Die Goldlagune verflüchtigt sich, sobald ihre Verfolger ihr nahen, sie verflucht sie und bringt sie um, aber auf den Karten ist sie nur ein harmloser blauer Fleck, der in den oberen Orinoko übergeht.
Humboldt und Bonpland lüften das Geheimnis des trügerischen Sees. Die Halluzination beruht zum Teil auf dem Glitzern eines glimmerhaltigen Bergs, den die Indianer Goldberg nennen, und zum Teil auf einem kleinen See, der in der Regenzeit das ganze tiefliegende Quellgebiet des Orinoko ausfüllt, aber spurlos verschwindet, wenn der Regen vorbei ist.
In Guyana liegt also der Geistersee, die verlockendste Wahnidee Amerikas. Das echte Eldorado hingegen liegt weit ab auf dem Hochland von Bogotá. Humboldt und Bonpland ent-

decken es nach vielen Meilen Kanufahrens und Maultierreitens in der heiligen Lagune Guatavita. Deren Wasser spiegelt jedes Blättchen, selbst das winzigste, des sie einschließenden Waldes, und auf ihrem Grund liegen die Schätze der Muyska-Indianer.

Zu diesem Heiligtum kamen die nackten Indianerfürsten mit vor Goldstaub schimmerndem Körper und versenkten in der Mitte des Sees die schönsten Goldschmiedearbeiten. Danach schwammen und tauchten sie. Kamen sie sauber gewaschen ohne ein Goldstäubchen auf der Haut wieder heraus, so hatte die Göttin Furatena ihre Gaben angenommen. Damals herrschte die Schlangengöttin Furatena aus der Tiefe über die Welt. (326 und 338)

1801, BOGOTÁ

Mutis

Der alte Mönch schält während des Gesprächs Apfelsinen, und eine endlose Goldspirale ringelt sich in den Eimer zwischen seinen Füßen.

Um ihn zu sehen und anzuhören, haben Humboldt und Bonpland einen Umweg nach Süden gemacht und sind vierzig Tagreise stromaufwärts gerudert. José Celestino Mutis, der Stammvater der amerikanischen Botaniker, schläft bei Vorträgen ein, doch er genießt das Fachsimpeln mit Gleichgesinnten wie kein zweiter.

Die drei gelehrten Männer, die nicht aufhören, über die Schönheit und die Geheimnisse der Welt zu staunen, tauschen Pflanzen, Ideen, Fragen und Entdeckungen aus. Mutis hört begeistert von der Laguna Guatavita, den Salinen bei Zipaquirá und dem Wasserfall Tequendama. Er lobt die Flußkarte vom Río Magdalena, die Humboldt soeben fertiggezeichnet hat, und schlägt taktvoll ein paar Änderungen vor, behutsam wie einer, der viel gesehen hat und der im Grunde weiß, daß er tatsächlich echte Nachfolger auf der Welt hat.

Darum zeigt er alles vor und erzählt alles weiter. Während er Apfelsinen ißt und anbietet, erzählt Mutis, was Linné ihm geschrieben und wieviel er aus dessen Briefen gelernt hat und welche Schwierigkeiten er mit der Inquisition hatte. Seine Entdeckungen, die Heilkräfte der Chinarinde betreffend, fallen ihm ein, auch die Wirkung des Monds auf das Barometer und der Tag-und-Nacht-Zyklus der Blumen, die nämlich wie unsereins schlafen und sich bei ihrem allmählichen Erwachen rekeln und ihre Blätter entfalten. (148)

1802, KARIBIK

Napoleon setzt die Sklaverei wieder in Kraft

Wildentengeschwader fliegen neben der französischen Armee her. Fische stieben auseinander. Die Schiffe steuern übers türkisgrüne Korallenmeer auf Haitis blaue Berge zu. Bald muß das Land mit den siegreichen Sklaven am Horizont auftauchen. General Leclerc setzt sich an die Spitze der Flotte. Seine Silhouette ragt wie eine Galionsfigur über das Schiff, das als erstes die Wellen durchschneidet. Hinter ihnen verschwimmen Inseln im Dunst, grellgrünes Geglitzer, aufgetürmte Klippen, Vorposten der Neuen Welt, die vor dreihundert Jahren Männer gefunden haben, die gar nicht nach ihr suchten.
– *Welche Regierungsform war für die Kolonien die günstigste?*
– *Die vorige.*
– *Dann soll sie auch wiederhergestellt werden,* beschied Napoleon.
Kein Mensch, ob von Geburt rot, schwarz oder weiß, darf Eigentum seines Nächsten sein, sagte Toussaint Louverture. Jetzt bringt der französische Flottenverband die Sklaverei wieder auf die Antillen. Über fünfzig Schiffe mit mehr als zwanzigtausend Soldaten segeln aus Frankreich heran, um der Vergangenheit den Weg freizuschießen.
Auf dem Flaggschiff fächelt eine Sklavin in der Kajüte Pauline Bonaparte Luft zu. Eine zweite krault ihr behutsam den Kopf. (71)

1802, POINTE-À-PITRE

Die Unwilligen

Auch auf der Insel Guadeloupe werden wie in allen französischen Kolonien freie Neger wieder zu Sklaven. Schwarze Citoyens werden – als pfändbares bewegliches Gut – wieder Teil des Inventars und des Testaments weißer Herren. Sie sind auf den Plantagen wieder den Gerätschaften, auf den Schiffen wieder dem Takelwerk und in der Armee wieder der Munition gleichgestellt. Die Kolonialregierung ruft die Weißen zurück, die die Insel verlassen haben, und sichert ihnen die Rückerstattung ihres Besitzes zu. Neger, auf die niemand Anspruch erhebt, werden zugunsten des Fiskus versteigert.
Aus der Hetzjagd wird ein Blutbad. Vierundvierzig Francs setzen die Behörden von Guadeloupe auf jeden Rebellenkopf aus. Auf dem Hügel Constantin verwesen die Gehenkten; keiner nimmt sie ab. Auf der Place-de-la-Victoire in Pointe-à-Pitre geht der Scheiterhaufen nicht aus; die Flammen, die über den Negern zusammenschlagen, sind höher als die Häuser.
Drei Weiße protestieren dagegen. Wegen ihres guten Willens, wegen ihres Unwillens, werden sie verurteilt. Millet de la Girardière, ein mehrfach ausgezeichneter, alter französischer Armeeoffizier, soll in einem Käfig vor Publikum nackt auf einer scharfen Klinge sitzen und so zu Tode kommen. Den anderen beiden, Barse und Barbet, sollen die Knochen gebrochen werden, bevor man sie lebendig verbrennt. (180)

1802, VULKAN CHIMBORAZO

Auf dem Gipfel der Welt

Sie klettern über Wolken, über Schneeschluchten, klammern sich an den zerklüfteten Leib des Chimborazo und zerschrammen sich an den nackten Felsen die Hände.
Die Maultiere mußten sie auf halber Höhe stehenlassen. Humboldt schleppt einen Rucksack voll Steine, die vom Ursprung der Anden erzählen, als die Erde die Kordilleren einst unter entsetzlichem Würgen aus ihrem glühenden Bauch spie. In

fünftausend Meter Höhe fängt Bonpland einen Schmetterling und noch weiter oben unglaublicherweise eine Fliege, und trotz der Eiseskälte, der Bergkrankheit, des ständigen Ausrutschens und des aus Augen, Zahnfleisch und gesprungenen Lippen rinnenden Blutes geben sie nicht auf. Nebel verdichtet sich um sie, und sie tappen blind den Vulkan hinauf, bis das Licht den Nebel wie eine Axt zerhackt und den verblüfften Bergsteigern den Gipfel, den hohen weißen Turm, enthüllt. Ist er's auch? Ist es auch wahr? Bisher ist noch nie ein Mensch so nah an den Himmel herangekommen, und es heißt ja, auf den Dächern der Welt sprengen am hellen Mittag Pferde auf die Wolken und die bunten Sterne zu. Ist dieser Eisturm zwischen dem nördlichen und dem südlichen Himmel nicht nur eine Fata Morgana? Gaukeln ihnen ihre wunden Augen auch nichts vor?
Humboldt ist in einem Lichtrausch, intensiver als jedes Delirium. Wir bestehen aus Licht, empfindet er; wir, die Erde und die Zeit bestehen aus Licht; und er möchte es unbedingt sofort seinem Freund Goethe in dessen Haus in Weimar erzählen.

(338)

1803, FORT DAUPHIN

Die zum zweiten Mal verbrannte Insel

Toussaint Louverture, einst Oberhaupt der freien Neger, ist als Gefangener auf einer Burg in Frankreich gestorben. Als sein Wärter das Schloß abnahm und den Riegel zurückschob, fand er Toussaint erfroren auf seinem Stuhl.
Aber auf Haiti ist das Leben in andere Gestalten geschlüpft, und das Negerheer hat auch ohne Toussaint Napoléon Bonaparte geschlagen. Zwanzigtausend französische Soldaten sind dem mörderischen Gegner oder dem Fieber erlegen. General Leclerc spuckte, als er zusammenbrach, schwarzes Blut, totes Blut, und das Land, das er unterwerfen wollte, bedeckt nun seinen Leichnam.
Haiti hat dabei die Hälfte seiner Bewohner verloren. Vereinzelt wird noch geschossen, Särge werden gezimmert und

Totentrommeln werden auf dem riesigen Aschenhaufen gerührt, der so mit Leichen übersät ist, daß selbst die Geier sie verschmähen. Schon einmal, vor zweihundert Jahren, wurde die Insel von einem Würgeengel abgebrannt, und nun wurde sie zum zweiten Mal ein Raub der von den Soldaten geschürten Flammen.
Auf dem noch schwelenden Boden rufen die bisherigen Sklaven ihre Unabhängigkeit aus. Frankreich wird ihnen diese Kränkung nie verzeihen.
An der Küste biegen sich die Palmen und stehen wie aufgepflanzte Lanzen im Wind. (71)

1804, MEXIKO-STADT

In der reichsten Kolonie Spaniens

Theologieprofessoren verdienen zwar noch fünfmal soviel wie ihre Kollegen von der Chirurgie oder Astronomie, aber Humboldt trifft in Mexiko trotzdem eine erstaunliche Anzahl reger junger Wissenschaftler an. Das ist die Hinterlassenschaft einiger Jesuitenpater, die der experimentellen Physik, der modernen Chemie und gewissen kartesianischen Theorien zugetan waren und sie hier der Inquisition zum Trotz gelehrt und weiterverbreitet haben. Es ist auch das Werk Revillagigedos, der die Nase in den Wind der Zeit hielt, Dogmen anfocht und hier vor nicht langer Zeit, bis zur Beklommenheit besorgt über den Mangel an Maschinen, Laboratorien und zeitgemäßem Lesestoff, als Vizekönig regiert hat.
Humboldt entdeckt die Bergbau-Akademie und lobt sie und ihre gelehrten Professoren, denn Mexiko fördert ja mehr Silber als die ganze übrige Welt, einen regelrechten Silberstrom, der stetig anschwillt und über den Hafen Veracruz nach Europa fließt. Humboldt fällt aber auch auf, wie wenig und schlecht Ackerbau betrieben wird und wie das Handelsmonopol der Kolonialmacht und das Elend der Bevölkerung den Aufschwung des Manufakturwesens bremsen. *Mexiko ist das eigentliche Land der Ungleichheit,* schreibt er. Sie sticht ins Auge, *diese ungeheure Ungleichheit der Rechte und Vermögenszustände.* Grafen

und Marquis malen ihr neu erworbenes Wappen auf ihre Kutschen, und das Volk vegetiert in einer jedem *Gewerbefleiß* feindlichen Armut dahin. Die Indianer leiden entsetzliche Not. Wie überall in Amerika *entscheidet* auch hier *der größere oder geringere Grad von Weiß in der Farbe über den Rang, den man in der Gesellschaft behauptet.* (163 und 217)

1804, MADRID

Der Fiskal des Indienrats empfiehlt, nicht zu viele Weißheitsbescheinigungen zu verkaufen,

auf daß nämlich die Farbigen diesen Gnadenbeweis nicht zu verallgemeinern trachten und sich in seinem Schutz und im Glauben, sie seien durch ihn den Weißen ebenbürtig und es bestünde zu diesen kein anderer Unterschied mehr als ihre Hautfarbe, befähigt und berechtigt fühlen, alle Berufe zu ergreifen, jedwede Stellung zu erwerben und sich mit jeglicher rassisch unvermischten Familie von Stand zu verbinden ... Folgen, welche in einer Monarchie, worin die Einstufung nach Klassen zu größerer Ordnung, Sicherheit und Regierbarkeit beiträgt, tunlichst zu vermeiden sind ...
Die Farbigen und Braunen, welche aus verderblichen Mischungen stammen, bilden eine zutiefst minderwertige Menschengattung und waren und sind unserer Verfassung und unserem Volke ihrer verkommenen Gemütsart, ihrer Hoffart und ihres Hangs zur Freiheit halber nicht allzusehr gewogen ... (174)

1804, CATAMARCA

Ambrosios Sünde

Auf der Plaza Mayor von Catamarca erhält Ambrosio Millicay, an den Pfosten gekettet, fünfundzwanzig Peitschenhiebe.
Der Mulatte Ambrosio gehört Feldhauptmann Nieva y Castillo und wurde den Behörden wegen des Verbrechens angezeigt, lesen und schreiben gelernt zu haben. *Als warnendes Beispiel für alle neunmalklugen Indianer und Mulatten, die gern Spanier sein möchten,* peitscht man ihm die Haut vom Rücken.

Stöhnend liegt Ambrosio bäuchlings auf dem gepflasterten Hof, redet irre und sinnt auf Rache:
– *Gestatten Sie, mein Herr?* fragt er höflich im Traum und sticht zu. (272)

1804, PARIS

Napoleon

Mit tiefen Orgelklängen werden alle sechzig bisherigen französischen Könige und vielleicht auch die Engel zu Napoleons Krönung durch den römischen Papst gerufen.
Napoleon plaziert den Cäsarenlorbeer eigenhändig auf seinem Haupt. Dann steigt er im majestätischen Hermelin und Purpur gemessen zu Joséphine herab und setzt ihr das Diadem auf, das sie zur ersten Kaiserin in Frankreichs Geschichte macht. Der kleine Ausländer und große Kriegsherr aus Korsikas rauhen Bergen und seine auf der Antilleninsel Martinique geborene Gattin Joséphine, von deren Umarmungen es heißt, daß sie verbrennen, sind zu ihrer Thronbesteigung in einer Staatskarosse mit viel Gold und Glas vorgefahren. Aus dem franzosenhassenden Artillerieleutnant Napolione wird Napoleon I.
Der da heute eine neue Dynastie begründet, hat das Krönungszeremoniell hundertmal geprobt. Jeder Mitspieler im Gefolge, jeder Darsteller, ist so angezogen, wie er es entschieden hat, steht da, wo er es wollte, und bewegte sich nach seinen Anweisungen.
– *Ach, Joseph! Wenn unser Vater uns sähe ...!*
Die gefräßige Verwandtschaft, frisch geadelte französische Fürsten und Fürstinnen, hat ihr Soll erfüllt. Mutter Letizia ist zwar nicht zur Krönung erschienen, sondern sitzt im Schloß und kaut an ihrem Groll, aber Napoleon weist den Hofmaler David trotzdem an, der Dame Letizia auf dem Bild, das die Feierlichkeiten der Nachwelt überliefern soll, einen Vorzugsplatz einzuräumen.
Notre Dame ist brechend voll mit Gästen. Auch ein junger Venezolaner reckt den Hals, um sich nur ja nichts entgehen zu lassen. Zwanzig Jahre ist Simón Bolívar alt und erlebt hingeris-

sen die Geburtsstunde der Napoleonischen Monarchie: *Ich bin ja nur ein Brillant am Degenknauf Bonapartes …*
Dieser Tage wurde Bolívar in einem der eleganten Pariser Salons auch mit Alexander von Humboldt bekannt gemacht. Der gelehrte Abenteurer ist eben aus Amerika zurück und sagte zu ihm:
– *Ich glaube, Euer Land ist reif für die Freiheit, es fehlt ihm nur noch der Mann, der …* (20 und 116)

1804, SEVILLA

Pater Servando

Weil er für Mexiko Unabhängigkeit wollte und den Heidengott Quetzalcoatl für den Apostel Thomas persönlich hielt, wurde Pater Servando zur Verbannung nach Spanien verdammt.
Immer wieder brach der mexikanische Ketzer aus, und immer wieder wurde er verhaftet und lernte so die Gastfreundschaft der unterschiedlichsten spanischen Gefängnisse kennen. Da er sich aber aufs Feilen, Tunnelgraben und Springen aus großer Höhe verstand, ist er auf dem alten Kontinent weit herumgekommen.
Er wandert durch Welten und sprengt Welten. Pater Servando ist ein flatternder flinker Vogel mit spitzem Schnabel, der sich gegen die Faszination Europas wehrt, indem er in jeder Suppe ein Haar findet. *Ich bin Mexikaner,* hält er, wo er geht und steht, sich und anderen entgegen, und darum findet er: In Frankreich haben die Frauen platte Froschgesichter mit großen Mäulern, gleichen die Männer Weibern und die Weiber Kindern; das Italienische taugt nur zum Lügen, und Italien ist überhaupt das Land der Übertreibung und Hochstapelei, in dem es nur eine Stadt gibt, Florenz, die die Mühe lohnt, aber auch das nur, weil sie den Städten in Mexiko ähnelt. Auf Spanien läßt der dreiste Mönch gleich eine ganze Schimpfkanonade los: Die Spanier äffen nur die Franzosen nach, der spanische Hof ist ein Freudenhaus, der Escorial nichts als ein Steinhaufen, die Basken können mit ihrem harten Schädel Nägel in die Wand schlagen,

die Aragonier auch, bloß kriegen die den Nagel sogar mit der Spitze nach draußen in die Wand. Die Katalanen heben ihren Hintern nur vom Stuhl, wenn darunter was zu holen ist, und empfangen keinen Besuch, der nicht seine Verpflegung mitbringt, und die Madrider sind zwergwüchsige Seelenlieferanten und Zuchthausanwärter und müssen acht Monate im Jahr vor Frost schnattern und leiden die restlichen vier an Hitzeblattern.
Im Moment klaubt sich Pater Servando in einem Verlies in Sevilla fäusteweise die Läuse von der Brust, seine Decke hebt und senkt sich vor Wanzen, und er schlägt mit den Händen nach Flöhen und mit dem Stock nach Ratten, die aber darüber nur lachen und weiter an ihm saugen und zwacken. Dabei wünscht er sich doch nur einen Waffenstillstand, eine kurze kleine Ruhepause, um seinen nächsten Ausbruch vorzubereiten, um letzte Hand an den Plan zu legen, der doch schon fast fertig ist. (318 und 346)

1806, TRINIDAD

Wie das Leben so spielt

Nach langen Jahren vergeblichen Wartens kehrt Francisco de Miranda London den Rücken. Die Engländer zahlten ihm zwar ein passables Gehalt, versprachen allerhand und lächelten wohlwollend, für seinen Befreiungsfeldzug aber rückten sie keine Kugel heraus. Miranda tritt ab von der diplomatischen Bühne Britanniens und versucht sein Glück in den Vereinigten Staaten.
In New York treibt er ein Schiff auf. Zweihundert Freiwillige segeln mit ihm. Im Golf von Coro geht er nach sechsunddreißig Jahren Exil in Venezuela an Land.
Seinen Soldaten hat er einen ehrenvollen Empfang mit Blumen und Musik, mit Orden und Reichtum versprochen, aber bei seiner Ankunft ist es still. Niemand meldet sich auf seine Freiheit verkündenden Proklamationen. Miranda nimmt ein paar Dörfer ein, pflanzt sie voll Fahnen, hält zündende Reden und

verläßt Venezuela wieder, bevor die fünftausend aus Caracas anrückenden Soldaten ihm den Hals umdrehen.
Auf Trinidad hört er empörende Neuigkeiten. Die Engländer haben die Hafenstadt Buenos Aires besetzt und planen die Eroberung von Montevideo, Valparaíso und Veracruz. Die Anweisungen des Kriegsministers in London sind eindeutig: *Das Neue soll allein in der Ablösung der Herrschaft des spanischen Königs durch diejenige Seiner Britischen Majestät bestehen.*
Miranda fährt nach London in sein Haus in der Grafton Street zurück und erhebt lauthals Einspruch. Seine jährlichen Bezüge werden von dreihundert auf sechshundert Pfund Sterling erhöht. (150)

1808, RIO DE JANEIRO

Judasverbrennen verboten

Laut Beschluß des eben in Brasilien eingetroffenen Prinzregenten von Portugal ist das zu Ostern übliche Judasverbrennen in der Kolonie fortan verboten. Bisher rächte man einmal im Jahr Christus – und damit sich selber –, indem man den Marschall, den Erzbischof, den reichen Kaufmann, den Großgrundbesitzer und den Polizeipräfekten ins Feuer warf. Die nichts anzuziehen hatten, genossen es, zuzusehen, wie sich die mit Knallfröschen vollgestopften, prunkvoll gewandeten Stoffpuppen qualvoll in den Flammen krümmten, um hernach zu explodieren.
Ab jetzt sollen die Mächtigen in der Karwoche nicht mehr zu leiden haben. Die aus Lissabon übergesiedelte Königsfamilie besteht auf Stille und Andacht. Ein englisches Schiff hat den portugiesischen Prinzregenten samt seinem Hofstaat und seinen Juwelen gerettet und in diese fernen Lande evakuiert.
Die erfolgreiche Operation schützt die portugiesische Dynastie vor dem Zugriff des heranstürmenden Napoléon Bonaparte, der in Spanien und Portugal eingefallen ist, und sie eröffnet England zugleich ein vielversprechendes Betätigungsfeld in Amerika. Am Rio de la Plata mußten die Engländer nämlich eine gewaltige Niederlage einstecken; aus Montevideo und Buenos Aires warf man sie heraus. Dafür schleichen sie sich mit

Hilfe ihres verläßlichsten Verbündeten jetzt über Rio de Janeiro wieder ein. (65 und 171)

1809, CHUQUISACA

Der Aufbruch

Amerikas findet in Chuquisaca statt. Als es in Spanien brodelt, weil man sich dort gegen die französischen Invasoren erhebt, steht auch Amerika auf. Die Kreolen erkennen Joseph Bonaparte, Napoleons Bruder, auf seinem Madrider Thron nicht an. Chuquisaca, das amerikanische Salamanca, macht den Anfang. In dem Aufstand deutet sich an, daß Spanien das »westliche Indien« bald verliert.

Chuquisaca hieß früher La Plata und Charcas und wird einmal Sucre heißen. Es liegt am Fuß zweier sich liebender Berge, aus seinen Höfen und Gärten steigt der Duft von Orangenblüten, und auf seinen Straßen bewegen sich mehr Adlige als gemeine Bürger. Am zahlreichsten sind die Talare und Tonsuren vertreten. Juristen, steif wie ihre Stöcke mit den goldenen Knäufen, und Geistliche, die Häuser mit Weihwasser besprengen, prägen das Stadtbild.

Eigentlich schien die Welt hier unveränderlich und abgesichert. Seltsam, daß ausgerechnet hier, wo man eher lateinische Psalmengesänge im Falsett anzustimmen pflegte, zum ersten Mal der heisere Ruf nach Freiheit erschallt. Aber aus La Paz und Quito und Buenos Aires kommt schon das Echo. Und aus dem Norden, aus Mexiko … (5)

1810, ATOTONILCO

Mit der Madonna von Guadalupe gegen die Madonna von der Immerwährenden Hilfe

Inmitten von Staubwolken ist die Menge im Dorf Atotonilco auf dem Vormarsch.
– Es lebe Amerika! Tod der schlechten Regierung!
Pater Miguel Hidalgo holt das Bild der Madonna von Guadalupe aus der Kirche und heftet die Leinwand an seine Lanze. Die Fahne flattert über den Massen.
– Es lebe unsere Jungfrau von Guadalupe! Tod den Spanierhunden!
Revolutionäres Feuer, religiöser Eifer; in der Kirche von Dolores läutet die Glocke, Pater Hidalgo ruft zum Kampf, und die Mexikanerin Maria von Guadalupe erklärt der Spanierin Maria von der Immerwährenden Hilfe den Krieg. Die indianische Madonna fordert die weiße Madonna heraus; die eine hat auf dem Hügel Tepeyac einen armen Indianer auserwählt, und die andere rettete Hernán Cortés bei seiner Flucht aus Tenochtitlán; jetzt rücken sie gegeneinander vor.
Bald wird die Madonna von der Immerwährenden Hilfe zur Generalin ausstaffiert, und die Fahne mit der Madonna von Guadalupe wird auf Geheiß des Vizekönigs von einem Erschießungskommando durchlöchert.
Als sie noch Mutter, Königin und Göttin der Mexikaner war, bei den Azteken, bevor der Erzengel Gabriel ihr Bild auf den Altar im Wallfahrtsort Tepeyac malte, hieß die Madonna von Guadalupe Tonantzin. Jahr für Jahr pilgert die Bevölkerung nach Tepeyac, *Ave, schwangere Jungfrau, Ave, unberührte Gebärerin,* auf Knien hinauf zu dem Felsen, an dem sie erschienen ist, auf Knien zu dem Spalt, aus dem die Rosen wuchsen, *Ave, von Gott Besessene, Ave, von Gott Geliebte,* trinkt Wasser aus ihrem Brunnen, *Ave, Gott in dir Tragende,* und bittet um Liebe und Wunder, um Schutz und Trost, *Ave, Maria, Ave, Ave.*
Jetzt marschiert Maria von Guadalupe und tötet für die Unabhängigkeit Mexikos. (178)

1810, GUANAJUATO

Pípila

Hidalgos Truppen wirbeln von den zerklüfteten Bergen herab und fallen mit einem Steinhagel über Guanajuato her. Mit der hinzustoßenden Bergarbeiterbevölkerung wächst die Aufstandslawine noch an. Obwohl die königlichen Schützen ihren Blutzoll fordern, wälzt sich die Menge durch die Straßen, reißt die Soldaten mit sich fort und prallt gegen das Bollwerk der Spanierherrschaft, Granaditas. Granaditas ist ein Speicherhaus, in dessen dreißig überwölbten Hallen fünftausend Scheffel Mais und unermeßliche Schätze an Silber- und Goldbarren und Juwelen lagern. Hier haben sich die aufgeschreckten Kolonialherren mitsamt ihrem Vermögen verbarrikadiert.

Umsonst flehen die gepflegten Herrschaften um Gnade. Köpfe rollen, es wird geplündert, es wird pausenlos gesoffen, und die Indianer ziehen die Toten aus, um zu sehen, ob sie nicht doch hinten einen Schwanz tragen.

Pípila, ein Bergarbeiter, ist der Held des Tages. Er soll sich eine riesige Steinplatte auf den Rücken geladen haben, damit wie eine Schildkröte durch den Kugelhagel gelaufen sein und mit einer Fackel und viel Teer Feuer an das Speichertor gelegt haben. Angeblich heißt Pípila mit richtigem Namen Juan José Martínez; angeblich hat er sogar noch mehr Namen – die Namen aller Indianer, die je in den Gruben von Guanajuato waren. (197)

1810, GUADALAJARA

Hidalgo

In Dolores wußte es jeder, daß Pater Hidalgo die schlechte Angewohnheit hatte, den breitkrempigen Hut zwischen der Sonne und den Buchseiten, im Gehen auf der Straße zu lesen, und daß er nur durch ein Wunder noch nicht von den Pferden oder von der Inquisition zertreten worden war, denn gefährlicher noch, als daß er las, war, was er las. Der Pater schlurfte durch das staubige Dolores, die Nase immer in einem seiner

französischen Bücher, in denen es um Gesellschaftsverträge und Menschen- und Bürgerrechte ging, und wenn er nicht guten Tag sagte, so weil er so wissensdurstig, und nicht, weil er ein Rüpel war.
Hidalgo erhob sich mit den zwanzig Indios, die bei ihm getöpfert hatten, und nach einer Woche waren es schon fünfzigtausend. Da nahm die Inquisition ihn sich vor. Das Heilige Offizium in Mexiko erklärte ihn zum *Ketzer, zum Abtrünnigen im Glauben, zum Leugner der Jungfräulichkeit Mariens, zum Materialisten, Freigeist, Fürsprecher der Unzucht, Aufrührer, zum Kirchenspalter und Eiferer für die französische Freiheit.*
Die Madonna von Guadalupe marschiert an der Spitze des Heer der Aufständischen in Guadalajara ein. Miguel Hidalgo läßt das Bild König Fernandos von den Wänden nehmen und antwortet der Inquisition mit Verordnungen zur Aufhebung der Sklaverei, zur Einziehung europäischen Eigentums, zur Abschaffung der Kopfsteuer, die nur die Indianer zu entrichten haben, und zur Rückgabe des ihnen geraubten Ackerlands.

(127, 203 und 321)

1810, PIE DE LA CUESTA

Morelos

Jetzt ist er Feldkaplan wie Hidalgo. Und wie Hidalgo stammt er aus Tarasken-Gebiet, aus denselben Bergen in Michoacán, in denen vor zweihundert Jahren Bischof Vasco de Quiroga seine kommunitäre Utopie umgesetzt hat, aus heilsamen Gegenden also, in denen danach die Seuchen wüteten und Tausende Indios zur Zwangsarbeit in die Bergwerke von Guanajuato gestoßen wurden.
– Ich will nun mit Gewalt in das heiße Land im Süden.
José Maria Morelos, der Viehhirt, Maultiertreiber und Gemeindepfarrer von Carácuaro, schließt sich der Revolution an. Beim Aufbruch verfügt er über fünfundzwanzig Lanzen und ein paar Gewehre. Hinter dem weißen Seidentuch, das er sich um den Kopf gebunden hat, wächst das Heer.

Als er die Atayoc-Indianer aus ihren Verstecken in den Palmwäldern holen will, kommt Morelos durch das kleine Dorf Pie de la Cuesta.
– *Wer soll leben?* erfragt er sicherheitshalber die Losung.
– *Der liebe Gott,* flüstern die Indios.
Da spricht Morelos zu ihnen. Und seitdem antworten die Indianer auf *Wer soll leben?* mit *Amerika!* (332 und 348)

1811, BUENOS AIRES

Moreno

Große Reichtümer in wenigen Händen, meinte Mariano Moreno, sind wie stehende Gewässer, die den Boden nicht düngen. Wolle man *nicht nur einen anderen Tyrannen einsetzen und die Tyrannei selber unangetastet lassen,* so müsse man das am Kolonialgeschäft schmarotzende Kapital enteignen. Wozu sollte man zu halsabschneiderischen Zinssätzen Geld aus Europa heranschaffen, wenn es hierzulande im Überfluß vorhanden war? Aus dem Ausland sollte man Maschinen und Saatgut anstatt Stoddard-Klaviere und chinesische Vasen importieren. Der Staat sollte zum Hauptunternehmer der unabhängigen neuen Nation werden. Die Revolution müsse fruchtbar und gewitzt sein, gnadenlos gegenüber ihren Feinden und vorsichtig gegenüber denen, die ihr nur zuschauen.
Moreno war nur kurz an der Macht, oder glaubte es zu sein.
– *Gott sei Dank,* seufzt die Handelswelt in Buenos Aires.
Mariano Moreno, der *Dämon aus der Hölle,* stirbt auf hoher See. Seine Freunde French und Beruti sind unterwegs in die Emigration. Gegen Castelli wird ein Haftbefehl ausgeschrieben.
Cornelio Saavedra läßt die Exemplare des *Gesellschaftsvertrags* einziehen, die Moreno herausgegeben und in Umlauf gebracht hat, und er droht, für irgendwelche Robespierres sei am Rio de la Plata kein Platz. (2 und 267)

Castelli

Sie waren zu zweit – eine Feder und eine Stimme. Ein schreibender Robespierre, Mariano Moreno, und ein redender, Castelli. *Alle sind sie Sittenstrolche,* äußerte ein spanischer Major, *Castelli und Moreno aber sind die ärgsten.* Juan José Castelli, der große Redner, ist in Buenos Aires in Haft.
Einmal in die Hand der Konservativen übergegangen, opfert die Revolution die Revolutionäre. Es hagelt Anklagen. Ein Schürzenjäger sei Castelli, ein Trinker, ein Spieler und Kirchenschänder. Der Gefangene, der die Indianer aufwiegelt, den armen Leuten Gerechtigkeit verschafft und sich für die Sache Amerikas eingesetzt hat, kann sich nicht mehr verteidigen. Er hat ein Krebsgeschwür im Mund. Seine Zunge muß herausoperiert werden.
Damit ist die Revolution in Buenos Aires stumm. (84)

1811, BOGOTÁ

Nariño

Wir haben nur andere Herrscher, schreibt Antonio Nariño in Kolumbien.
Die von ihm gegründete und geleitete Zeitung *La Bagatela,* in der jedes Wort aus seiner Feder stammt, läßt an niemandem ein gutes Haar und holt jeden Unabhängigkeitshelden vom Sokkel. Nariño geißelt, daß der patriotische Aufstand der Kolumbianer zum Maskenball verkommt, und verlangt, daß das Land sich endlich für unabhängig erklärt. Außerdem fordert er – ein Prediger in der Wüste –, daß einfachen Leuten das Wahlrecht zugestanden wird und daß der Wille mittelloser Plebejer ebensoviel gilt wie der in Samt gekleideter vornehmer Herren.
– *Wir haben nur andere Herrscher,* schreibt er. Vor ein paar Monaten stürmte das Volk Bogotás zentralen Platz, die Männer verhafteten den Vizekönig, und die Frauen warfen die Vizekönigin in den Hurenturm. Der Geist des Kommunardenführers José Antonio Galán griff an der Spitze der erbitterten Menge an. Das war ein Schreck für die Juristen, die Bischöfe,

Geschäftsleute, Grundbesitzer und Sklavenhalter! Sie schworen sich, *die Fehler der Freidenker in Frankreich* um jeden Preis zu vermeiden, und ermöglichten dem Vizekönigspaar heimlich die Flucht.
Wir haben nur andere Herrscher. Vornehme Herren mit gestärkten Hemden und geknöpften Röcken regieren in Kolumbien. *Selbst im Himmel gibt es Rangunterschiede,* predigt der Domherr in der Kathedrale, *nicht einmal die Finger an einer Hand sind gleich.* Beim Sichbekreuzigen neigen die Damen unter schwarzen Mantillas ein Gewirr von Locken, Blüten und Bändern. Der *Rat der Notabeln* erläßt seine ersten Dekrete. Neben anderen demokratischen Maßnahmen beschließt er, die ausgeraubten Indianer ihres letzten Besitzes zu berauben. Unter dem Deckmantel der Befreiung von der Kopfsteuer nimmt die *Junta* den Indianern ihr Gemeindeland, damit sie sich auf den großen Hazienden, wo mitten im Hof der Halsblock steht, verdingen müssen. (185 und 235)

Verse von der verkehrten Welt, für Gitarre und Gesang

Zu den Fehlern, in die man verfällt,
gehört das verkehrte Bild von der Welt.
Da stellt der Fuchs dem Hund nach
und den Richter der Dieb jagt,
und die Füße man oben hat;
dafür steht man auf dem Mund,
das Feuer löscht das Wasser, und
der Blinde das Schreiben lehrt,
der Ochse auf dem Karren fährt,
und der Kutscher zieht sich wund.
An dem Ufer eines Mannes
saß ein Bach,
der da wetzte seine Stute
und dem Messer zu trinken gab. (179)

1811, CHILAPA

Der Dicke

In Mexiko gewinnt die Ordnung der Militärs die Oberhand über das aufsässige Volk. Hidalgo ist in Chihuahua erschossen worden. Er soll nach viermonatiger Kettenhaft und Folterung auch seinen Ideen abgeschworen haben. Ob Mexiko unabhängig wird, liegt jetzt ganz an den Anhängern von Morelos.
Ignacio López Rayón läßt Morelos eine dringende Warnung zukommen: *Ich weiß aus sicherer Quelle, daß der Vizekönig einen Mörder gedungen hat, der Euch umbringen soll. Ich vermag Euch über diesen Mann keine genaueren Angaben zu machen, als daß er sehr dick ist ...*
Der Bote hat mehrere Pferde zuschanden geritten und kommt bei Tagesanbruch im Lager Chilapa an.
Um die Mittagszeit trifft dann der Mörder ein und bietet der nationalen Sache seine Dienste an. Morelos hört sich seinen patriotischen Redeschwall mit vor der Brust verschränkten Armen an. Ohne ein Wort setzt er den Mörder zu seiner Rechten und bittet ihn, mit ihm Mittag zu essen. An jedem Happen kaut Morelos eine Ewigkeit. Er sieht dem Mörder beim Essen zu, und der sieht auf seinen Teller.
Am Abend essen sie wieder zusammen. Der Mörder spricht beim Essen und verschluckt sich. Morelos ist der Inbegriff der Höflichkeit und sucht nur des anderen Blick.
– Ich habe eine schlimme Ahnung, sagt er plötzlich und wartet ab, bis der andere sich verkrampft, bis er auf dem Stuhl ruckt, und entlastet ihn dann gnädig.
– Wieder mal Rheuma. Es gibt Regen.
Unter seinem düsteren Blick bricht das Lachen des anderen ab. Er zündet sich eine Zigarre an. Er schaut dem Rauch nach.
Der Mörder wagt nicht, aufzustehen. Er stottert etwas von Dankbarkeit. Morelos geht mit dem Gesicht ganz nah an ihn heran.
– Ich würde gerne etwas wissen, sagt er.
Er beobachtet, wie der Mörder zusammenzuckt, und zählt die Schweißtropfen auf seiner Stirn. Er zögert seine Frage hinaus.
– Seid Ihr müde?

Und gleich darauf:
– Erweist Ihr mir die Ehre, an meiner Seite zu schlafen?
Sie gehen zu Bett, zwischen sich eine Kerze, die flackert und doch nicht verlöscht. Morelos dreht dem anderen den Rücken zu. Er atmet tief, womöglich schnarcht er sogar. Noch vor Tag hört er den Hufschlag eines davongaloppierenden Pferdes.
Am Vormittag bittet er seinen Burschen um Schreibzeug.
Brief an Ignacio López Rayón: *Dank für den Fingerzeig. Hier im Lager ist nur ein Dicker, und das bin ich.* (348)

1811, PAMPA AM OSTUFER DES RÍO URUGUAY

»Niemand steht über niemand«,

heißt es bei den berittenen Viehhirten. Die Erde kann niemandem gehören, weil ja auch die Luft niemandem gehört. Es gibt kein besseres Dach über dem Kopf als das Sternenzelt und keine größere Seligkeit, als auf seinem besten Freund, dem Pferd, frei und ziellos über die wie das Meer gewellte Pampa zu streifen.
Solange es auf der freien Flur Rinder zum Einfangen gibt, ist alles gut. Gauchos essen nur Fleisch, Gemüse ist wie Gras und Gras ist für die Kühe zum Fressen da. Komplett ist der Braten erst, wenn Tabak und Zuckerrohrschnaps dabei sind und Gitarren von wahren Begebenheiten und von Wundern singen.
Die Gauchos, die *lockeren Vögel,* werden auf den Latifundien eingesetzt und wieder abgestoßen. Jetzt schieben sie ihre Lanzen um José Artigas zusammen. Das Flachland am Ostufer des Rio Uruguay steht in Flammen. (277 und 278)

1811, AM RÍO URUGUAY

Exodus

Buenos Aires paktiert mit dem Vizekönig und zieht die Belagerungstruppen vor Montevideo ab. José Artigas weigert sich, den Waffenstillstand, der sein Land wieder den Spaniern ausliefert, einzuhalten, und schwört, er werde den Krieg fortsetzen – *wenn es sein muß, auch mit Zähnen und Klauen.*

Der Caudillo emigriert nach Norden zur Aufstellung eines Unabhängigkeitsheeres, und die weit zerstreute Bevölkerung sammelt sich und wird auf seiner Spur zum Volk. Zu der leichtfüßigen Kriegsschar stoßen rauhe Gauchos, Peone, Bauern und patriotisch gesonnene Estanzieros. Frauen wandern mit in den Norden, versorgen Verwundete oder greifen auch selber zur Lanze, und Pfarrer taufen den ganzen langen Weg entlang neugeborene künftige Soldaten. Menschen, die es warm hatten, schlafen unter freiem Himmel, und solche, die es still liebten, setzen sich jetzt der Gefahr aus. Schulmeister ziehen in den Norden und solche der Messerstecherei, redegewandte Juristen und maulfaule Wegelagerer mit einem Mord auf dem Gewissen. Barbiere ziehen mit, Handauflegerinnen, Deserteure von Schiffen und aus Garnisonen und entlaufene Sklaven. Indianer brennen ihre Zelte ab und sind mit Pfeil und Bogen und Wurfkugeln dabei.

Der ganze lange Troß aus Planwagen, Pferden und Fußgängern wälzt sich nach Norden. Wo er vorbeikommt, entvölkert sich vor lauter Sehnsucht nach einer Heimat das Land, das bald Uruguay heißt. Ja, das Land zieht selber mit, zusammen mit seinen Kindern. Zurück bleibt nichts. Nicht einmal Asche, nicht einmal Stille. (277)

1812, COCHABAMBA

Frauen

Aus Cochabamba sind viele Männer geflohen. Frauen – nicht eine. Auf dem Hügel tobt der Kampf. Die einfachen Frauen Cochabambas sind eingekreist und fechten in einem Ring aus Feuer. Gegen den Ansturm von fünftausend Spaniern wehren sie sich mit altersschwachen Zinnkanonen und ein paar Hakenbüchsen. Bis auch der letzte Schrei verstummt.
Aber in dem langen Unabhängigkeitskrieg ist er nicht umsonst verhallt. Wenn die Truppe schlappzumachen droht, braucht General Belgrano nur einen Satz zu rufen, und schon fassen die Männer frischen Mut. Die Frage des Generals an die zaghaften Soldaten lautet: *Sind hier die Frauen von Cochabamba?* (5)

1812, CARACAS

Bolívar

Ein Erdbeben verwüstet Caracas, La Guaira, San Felipe, Barquisimeto und Mérida. Ausgerechnet die Städte Venezuelas, die sich für unabhängig erklärt haben. In Caracas, dem Mittelpunkt des Kreolenaufstands, liegen zehntausend Tote unter den Trümmern. Überall wird gejammert und geflucht, während die Menge in den Ruinen nach Verschütteten sucht.
Ist Gott denn Spanier? Das Beben hat das von den Patrioten errichtete Schafott verschluckt, und von den Kirchen, in denen das Tedeum zu Ehren der jungen Republik gesungen wurde, steht keine mehr. In der eingestürzten Kirche Maria von den Gnaden ist einzig der Pfeiler mit dem spanischen Königswappen erhalten geblieben. Die königstreuen Städte Coro, Maracaibo, Valencia und Angostura haben hingegen keinen Kratzer abbekommen.
In Caracas glüht die Luft. Dicker Staub, undurchdringlich für das Auge, quillt aus den Trümmern. Im Gewühl eifert ein Mönch. Er verkündet, Gott lasse nicht länger zu, daß man ihn zum besten habe.
– *Rache!*

In den Überresten des Hyazinthusklosters drängen sich Massen um den Mönch, der hoch auf dem zertrümmerten Altar Bestrafung für die Schuldigen an Gottes Zorn fordert.
– *Rache!* verlangt die Rute Gottes mit gellender Stimme, und mit spitzem Finger zeigt sie auf einen patriotischen Offizier, der dem Auftritt mit verschränkten Armen zusieht. Die Menge fährt zu dem knochig-gedrungen, bunt Uniformierten herum und möchte ihn zermalmen.
Simón Bolívar bittet nicht und weicht nicht zurück – er greift an. Mit dem Säbel in der Hand bahnt er sich einen Weg durch die Tobenden, springt auf den Altar und stößt den Weltuntergangsprediger herunter.
Das Volk verstummt, die Menge verläuft sich. (116)

1813, CHILPANCINGO

Unabhängigkeit bedeutet entweder Revolution oder Lüge

In drei Feldzügen hat Morelos den größten Teil Mexikos eingenommen. Der Kongreß der künftigen Republik zieht – ein Wanderkongreß – immer hinter dem Feldherrn her. Die Abgeordneten nächtigen auf der nackten Erde und erhalten dieselbe Essensration wie die Soldaten.
Beim Licht einer Talgkerze formuliert Morelos den Kern der Verfassung. Ein freies, selbständiges und katholisches Amerika will er. Den Indianertribut löst er durch die Einkommenssteuer ab. Er erhöht den Tageslohn der armen Leute, zieht die Güter des Feindes ein und garantiert lediglich von Zöllen eingeschränkten freien Handel. Er hebt die Sklaverei auf und die Folter und die Kastenordnung, in der soziale Unterschiede sich auf die Hautfarbe gründen, so daß *ein Amerikaner vom andern nur noch anhand seiner Laster oder seiner Tugenden zu unterscheiden sein wird.*
Wer reich ist unter den Kreolen, fällt von einer Ohnmacht in die andere. Morelos Truppen enteignen auf ihrem Vormarsch Privatvermögen und teilen Hazienden auf. Ist das noch ein Krieg gegen Spanien, oder ist das der Aufstand der Knechte? So

paßt ihnen die Unabhängigkeit nicht. Bald fabrizieren sie sich eine andere. (348)

1814, SAN MATEO

Boves

In Venezuela beinhaltet der Begriff Unabhängigkeit noch nicht viel mehr als Handelsfreiheit für reiche Kreolen.
Dem obersten Feldherrn der Spanier, einem rotbärtigen, grünäugigen Herkules, hängt hier alles, was schwarz oder braun ist, an. Wenn Sklaven fliehen, laufen sie zu José Tomás Rodríguez Boves, zu *Taita* – Papa – Boves. Zehntausend Reiter aus den Llanos stecken Plantagen in Brand und massakrieren ihre Besitzer im Namen Gottes und des Königs. Boves' Fahne, ein Totenkopf auf schwarzem Grund, verheißt Plündern und Rachenehmen und Krieg auf Leben und Tod gegen die Kakao-Oligarchie, die sich von Spanien lösen will. Inmitten der Felder von San Mateo reitet Boves in den Bolívarschen Besitz ein und ritzt seinen Namen am Haupteingang mit dem Messer in die Tür.
Lanzen bereuen nichts, die Kugeln haben ihre helle Freude. Bei Erschießungen benutzt Boves lieber Pulver als Blei, weil er das Gesicht der Opfer so gern sieht. Die Töchter aus den besten Familien verteilt er unter seinen tapfersten Soldaten. Besonders forsche Patrioten sticht er wie Stiere in der Arena ab, nachdem er ihnen Banderillas ins Genick gestoßen hat. Köpfe abschlagen ist für ihn ein Witz.
Nicht mehr lange, und er wird von einer Lanze getroffen. Begraben wird man ihn mit gefesselten Füßen. (160)

1815, SAN CRISTÓBAL ECATEPEC

Der See holt ihn zu sich

In den dornigen Hügeln bei Tezmalaca bekommen die Spanier José Maria Morelos zu fassen. Nach vielen Fehlern und Niederlagen ergreifen sie ihn im Dorngestrüpp, allein in zerschlissenen Kleidern, ohne Waffen und ohne Sporen.

Sie legen ihn in Ketten. Sie nehmen ihn ins Gebet. Oberstleutnant Eugenio Villasana möchte wissen:
– Was tätet Ihr, wenn Ihr der Sieger wärt und ich der Besiegte?
– *Ich geb Euch zwei Stunden Zeit zum Beichten,* erwidert Pater Morelos. – *Und erschieß Euch.*
Sie bringen ihn in die Geheimzellen der Inquisition.
Sie degradieren ihn, auf Knien. Sie erschießen ihn, von hinten. Nach Darstellung des Vizekönigs hat der Rebell im Tode bereut. Nach Ansicht der Bevölkerung ist der See bei der Gewehrsalve angeschwollen und über die Ufer getreten und hat den Leichnam zu sich geholt. (178 und 332)

1815, PARIS

Reisende über Meere und Bibliotheksregale

Reiseschriftsteller Julien Mellet erzählt den europäischen Lesern von seinen Abenteuern in Südamerika. Unter anderem schildert er *einen ungemein lebhaften und schlüpfrigen Tanz,* der im chilenischen Quillota sehr beliebt sei und dort *von den Negern aus Guinea* eingeführt worden sei. Mellet übernimmt dabei in aller Unschuld wortwörtlich die Beschreibung eines Negertanzes aus Montevideo, wie sie der Reisende Anthony Helms acht Jahre vorher in London herausgebracht hat. Helms wiederum hat seinen Text Zeile für Zeile aus dem 1770 in Paris erschienenen Buch des Dom Pernetty abgeschrieben. Und Pernetty hatte den Tanz zwar an Ort und Stelle bei den Negern in Montevideo festgehalten, nur ähneln seine Sätze auffallend denen, die Pater Jean Baptiste Labat in einem fünfzig Jahre zuvor in Den Haag verlegten Buch für die Neger auf Haiti gefunden hatte.
Von der Karibik über Montevideo in die chilenische Stadt Quillota und von Den Haag über London nach Paris – Pater Labats Sätze sind mehr in der Welt herumgekommen als ihr Autor. Und ohne Paß und Tarnung. (19)

1815, MÉRIDA AUF YUKATAN

Ferdinand VII.

Mit gestärktem Kragen schreitet die Oberschicht von Yukatan über die in Staub und Sonnenlicht gleißende Plaza de Armas und tritt in feierlicher Prozession in die Kathedrale. Die Indianer, die unter den schattigen Arkaden mit Maispasteten und Halsketten handeln, verstehen nicht, warum die Glocken so jubeln, und wissen nicht, wem das gekrönte Gesicht gehört, das die Herren auf ihre Fahnen geheftet haben.

Der Kolonialadel feiert die neuesten Nachrichten aus Madrid. Sie kommen zwar verspätet, aber immerhin, die Franzosen sind vertrieben, Ferdinand VII. regiert in Spanien. Den Botenberichten zufolge wird im Dunstkreis des Monarchen gerufen: *Es leben die Ketten!* Während die Hofnarren mit ihren Schellen klirren, läßt König Ferdinand die Partisanen, die ihn auf den Thron gesetzt haben, verhaften oder erschießen, setzt die Inquisition wieder ein und gibt Klerus und Adel seine Privilegien wieder. (339)

1815, CURUZÚ CUATIÁ

Der Kreislauf des Leders im La-Plata-Becken

Der scharfe Halbmond an der Speerspitze hascht nach den Beinen des fliehenden Tieres. Nur einen präzisen Schritt führt der Reiter aus, und der junge Stier strauchelt, röchelt und stürzt. Der Reiter springt ab. Er köpft und häutet.

Nicht immer wird so geschlachtet. Leichter ist es, wenn man die freilebenden Tiere brüllend in Pferche treibt und dort zu Tausenden und Abertausenden absticht, lauter wildlebende Rinder und Pferde, die in panischer Flucht ins offene Messer gelaufen sind. Noch leichter ist es, wenn man die Tiere nachts draußen in der Wildnis im Schlaf überfällt.

Der Gaucho zieht das Fell ab und spannt es zum Trocknen zwischen vier Pfähle. Vom Fleisch wird alles, was dem Gaumen zuviel ist, den Raben überlassen.

Die schottischen Kaufmannsbrüder Robertson – John und William – ziehen mit wurstdicken, prall mit Goldmünzen vollgestopften Beuteln durch die Gegend. Von der Estanzia Curuzú Cuatiá aus schicken sie auf sechzig Planwagen zehntausend Häute in das Dorf Goya.
Knarrend drehen sich die riesengroßen Holzräder, mit zugespitzten Stöcken werden die Ochsen angetrieben. Quer durch die Prärie rumpeln die Wagen, quälen sich Hügel hinauf, quatschen durch sumpfige Niederungen und angeschwollene Bäche. Wenn es Abend wird, werden die Wagen im Kreis um die Feuerstellen plaziert. Während die Gauchos rauchen und den Mate herumgehen lassen, zieht allmählich der zähe Duft über der Glut bratenden Fleisches durch die Luft. Nach dem Essen wird erzählt und Gitarre gespielt.
Von Goya aus reist das Leder weiter in den Hafen von Buenos Aires und von dort über den Ozean in die Liverpooler Gerbereien. Wenn es nach einiger Zeit in Form von Stiefeln, Halbschuhen und Ochsenziemern *made in Britain* wieder am Rio de la Plata eintrifft, ist es um ein Vielfaches teurer geworden.

(283)

1815, BUENOS AIRES

Die Vorkämpfer der Unabhängigkeit suchen in Europa nach einem König

Der Gänsekiel kratzt übers Papier: *José Artigas, Vaterlandsverräter.* Umsonst hat man Artigas Gold und Tressen angeboten. Jetzt errechnen die Ladenbesitzer von Buenos Aires – Experten im Umgang mit Ellenmaß und Präzisionswaage, – wieviel ihnen Artigas, tot oder lebendig, wert ist. Sechstausend Duros sind sie bereit für den Kopf des Anführers der rebellischen Landbewohner hinzulegen.
Zwecks Austreibung des Gaucho-Dämons aus diesen Gebieten will Carlos de Alvear sie kurzerhand den Engländern schenken. *Die hiesigen Provinzen,* schreibt Alvear an Lord Castlereagh, *wünschen sich ohne jegliche Vorbedingung, Großbritannien anzugehören.* Und Lord Strangford bittet er: *Die britische Nation darf die*

Bewohner des La-Plata-Beckens nicht just in dem Moment, da sie sich in ihre großmütigen Arme werfen, ihrem Schicksal überlassen ...
Manuel de Sarratea reist sogar nach London, um einen in Buenos Aires krönbaren Fürsten aufzutreiben. Das republikanisch und föderativ eingestellte Hinterland bedroht die Privilegien der Hafenstadt, und die Angst davor wirft jeden Eid über den Haufen. In Madrid bieten die ehemals inbrünstigen Republikaner Manuel Belgrano und Bernardino Rivadavia dem Infanten Francisco de Paula, einem Bruder Ferdinands VII., den Thron an. Die Unterhändler aus Übersee sagen ihm erbliche Herrschaft über das ganze La-Plata-Becken und dazu noch Chile und Peru zu. Die Fahne des unabhängigen neuen Königreichs soll blau-weiß sein, Freiheit und Eigentum wären auf seinem Boden heilig, und den Hofstaat würden zu Herzögen, Grafen und Marquis beförderte distinguierte Kreolen bilden.
Niemand nimmt das Angebot an. (2 und 278)

1815, FELDLAGER PURIFICACIÓN

Artigas

Hier auf dem purpurroten, grabenumsäumten und kanonenumstellten Plateau, wo der Strom wild brodelnd aufschäumt und strudelt, hier regiert Artigas. Diese tausend Lagerfeuer, an denen arme Kreolen kochen, diese Lehm- und Strohunterkünfte mit Lederfenstern bilden die Hauptstadt des Bundes der Dörfer aus dem Hinterland des La-Plata-Beckens. Vor der Regierungshütte warten Pferde auf Boten, die mit Anfragen an die Zentrale und Verordnungen für die Provinz hin und her galoppieren. Der Caudillo aus dem Süden trägt weder Orden noch Achselstücke.
Artigas ist selber ein Kind der Pampa. Er hat geschmuggelt und Schmuggler gejagt. Er kennt die Furten jedes Flusses und die Geheimnisse jedes Waldes und den Geschmack jedes Weidegrunds. Am besten aber kennt er die Untiefen in der Seele seiner einsilbigen Reiter, die nur ihr Leben herzugeben haben und es im rasend wirbelnden Lanzengefecht lassen.

Artigas' Fahnen flattern über einem Gebiet, das von den Flüssen Uruguay und Paraná durchzogen wird und sich bis zur Sierra de Córdoba erstreckt. Auf dieser gewaltigen Fläche liegen alle die Provinzen, die sich weigern, nun, da sie sich von Spanien frei gemacht haben, eine Kolonie von Buenos Aires zu werden.

Die Hafenstadt Buenos Aires lebt mit dem Rücken zu dem Land dahinter; ja, sie verachtet und fürchtet es. Die Geschäftsleute halten auf ihren Balkonen nach Schiffen Ausschau, auf denen zwar kein König zu erwarten ist, dafür aber die neueste Mode und die neuesten Gesprächsthemen und die neuesten Gedanken.

Artigas will zum Schutz *unserer Künste und Manufakturen* – bei unbegrenzter Einfuhr für Maschinen, Bücher und Arzneimittel – Dämme gegen die europäische Warenflut errichten, und den innerargentinischen Handel leitet er, da Buenos Aires das Vermarktungsmonopol beansprucht, zum Hafen Montevideo um. Artigas' föderativer Bund will keinen König, sondern Bürgerversammlungen und Nachbarschaftskongresse. Und um das Maß vollzumachen, erläßt der Caudillo auch noch eine Bodenreform. (277 und 278)

1816, PAMPA ÖSTLICH DES RÍO URUGUAY

Die Bodenreform

Ein Aufschrei geht durch Buenos Aires. Östlich des Río Uruguay enteignet Artigas den Familienbesitz der Belgranos und der Mitres, des Schwiegervaters von San Martín und der Herren Bernardino Rivadavia, Azcuénaga, Almagro und Díaz Vélez. In Montevideo nennt man die Bodenreform einen *Verbrecherplan.* Außerdem hält Artigas, mit Ketten an den Füßen, Locas Obes, Juan María Pérez und andere wendige Menuettänzer und Schlingenleger gefangen.

Für die Grundbesitzer, in deren gewaltigen Mägen dank königlicher Gunst, Trick oder Raub Tausende Quadratmeilen Lands liegen, ist ein Gaucho entweder Kanonenfutter oder Hofgesinde, und wer etwas anderes sein will, gehört in den Halsstock

oder verdient eine Kugel. Und da will dieser Artigas, das jeder Gaucho ein Stück Land bekommt.
Die Armeleute-Invasion überschwemmt die Estanzias. In den vom Krieg verwüsteten östlichen Pampas entstehen plötzlich Hütten, Saatfelder und umzäunte Weiden. Das immer getretene Landvolk verteilt plötzlich Tritte; sie, über die man sich immer hinweggesetzt hat, setzen sich nun über alles hinweg. Die Männer, die im Unabhängigkeitskrieg die Toten gestellt haben, weigern sich einfach, wie vordem mit leeren Händen dazustehen. Für die Ratsherren in Montevideo ist Encarnación Benítez, ein Soldat Artigas', *ein entfesselter Wüterich, ein Landstreicher und Unruhestifter,* weil er im Galopp einem *Haufen Bösewichter* voranreitet und Land und Kühe verteilt. Unter seiner Lanze finden die Habenichtse Schutz, und trotzdem wird diesem verwegenen, vielleicht auch verwilderten, braunhäutigen Analphabeten nie ein Denkmal gesetzt, nie heißt eine Allee, eine Straße oder auch nur ein Gäßchen nach ihm. (335)

1816, BERG CHICOTE

Kriegskunst

Auf dem Berg Chicote hat royalistische Infanterie ein Häuflein Patrioten aus *Hoch-Peru* umstellt.
– *Ich geb mich dem Feind nicht gefangen!* ruft der Soldat Pedro Loayza und stürzt sich in die Tiefe.
– *Wir sterben für ein Vaterland!* verkündet Major Eusebio Lira und setzt ebenfalls zum Sprung an.
– *Sterben tun wir, wenn wir blöd sind,* sagt José Santos Vargas, Tambourmajor bei den Musikanten, und packt ihn am Kragen.
– *Zünden wir doch das Gras an,* schlägt der Gefreite Julián Reinaga vor.
Es brennt im hohen Gras, und der Wind treibt die Flammen auf die feindlichen Reihen zu. Die Feuersbrunst rast in Wellen heran. In wilder Flucht laufen die Belagerer auseinander, werfen dabei ihre Gewehre und Patronengurte fort und bitten den Allmächtigen um Erbarmen. (347)

1816, TARABUCO

Juana Azurduy

hat hauptsächlich Religionsunterricht gehabt und war von Geburt an zur Nonne im Kloster von Chuquisaca bestimmt und ist jetzt doch Oberstleutnant des Guerillaheers der Unabhängigkeitskämpfer.
Von ihren vier Kindern lebt nur noch der Sohn, den sie im Donner eines Gefechts, unter Pferdegetrappel und Kanonenschüssen, geboren hat, und der Kopf ihres Mannes steckt hoch auf einer spanischen Lanze.
Juana reitet ihren Männern in den Bergen voran. Ihr blaues Schultertuch flattert im Wind. Mit einer Faust hält sie die Zügel, mit der anderen säbelt sie Köpfe ab.
Sie mag essen, was sie will, alles verwandelt sich bei ihr in Mut.
Die Indianer nennen sie nicht Juana. Sie nennen sie Pachamama, sie nennen sie Erde. (126)

1816, PORT-AU-PRINCE

Pétion

Haiti liegt in Schutt und Asche, von den Franzosen blockiert, von allen anderen isoliert. Die Unabhängigkeit der Sklaven, die Napoleon geschlagen haben, wird von keinem Staat der Welt anerkannt.
Die Insel ist zweigeteilt.
Im Norden hat Henri Christophe sich zum Kaiser ausgerufen. Der neue Negeradel – Graf von Limonade, Herzog von Marmelade – tanzt in Schloß Sanssouci Menuett, unter schneeweißen Perücken dienern schwarze Lakaien, und mit Federbaretten stolzieren schwarze Husaren durch Gärten im Stil von Versailles.
Im Süden ist Alexandre Pétion Präsident einer Republik. Mit der Aufteilung von Land unter ehemaligen Sklaven möchte Pétion auf der Asche der im Krieg zerstörten Plantagen eine Nation armer, aber freier und bewaffneter Bauern gründen.

An Haitis Südküste landet auch Simón Bolívar in der Hoffnung auf Zuflucht und Hilfeleistung. Er kommt aus Jamaika, wo er zuletzt sogar seine Uhr verkauft hat. Niemand glaubt mehr an seine Sache. Seine brillanten Feldzüge waren nur Hirngespinste. In Cádiz stirbt Francisco de Miranda, an die Zeughausmauer gekettet, und Spanien hat Venezuela und Kolumbien zurückerobert, die beide an die Vergangenheit oder noch nicht an die von den Patrioten versprochene Zukunft glauben.
Pétion empfängt Bolívar gleich nach dessen Ankunft, am Neujahrstag. Er überläßt ihm sieben Schiffe, zweihundertfünfzig Männer sowie Büchsen, Pulver, Verpflegung und Geld und stellt dafür nur eine Bedingung. Pétion, der – Sohn einer Negerin und eines Franzosen – bei seiner Geburt noch Sklave war, verlangt, daß Bolívar in den Gebieten, die er befreit, die Sklaven freiläßt.
Bolívar verspricht es ihm in die Hand. Der Krieg steuert von da an einen anderen Kurs. Und Amerika vielleicht auch.

(115, 116 und 202)

1816, MEXIKO

»Der räudige kleine Papagei«

Der erste lateinamerikanische Roman kommt in einer Druckerei in der Calle de Zuleta zur Welt. In drei Fortsetzungen erzählt José Joaquín Fernández de Lizardi die Mißgeschicke seines *Periquillo Saarniento,* seines *räudigen Papageis,* und die Leser verschlingen und rühmen sie. Der König verbietet die vierte Fortsetzung kurz vor dem Erscheinungstermin, aber die Figur läßt sich schon nicht mehr einfangen.
Periquillo, ein amerikanischer Sproß der spanischen Picaro-Sippe, hat Mexikos Straßen erobert. Er ist überall und nirgends und entlarvt die Sitten. Vom Tisch des Spielers hüpft er in die Notarskanzlei und vom Barbierstuhl in den Gefängniskeller. Viel Spaß darf er bei seinen Abenteuern allerdings nicht haben. Sein Autor überhäuft ihn mit erbaulichen Predigten. Lizardi, der aufgeklärte Moralist, macht aus jedem Spiel eine Moral von der Geschicht. (9, 11 und 303)

1817, SANTIAGO DE CHILE

Teufelsspuk

Die elegante Jugend hält die Zigarette beim Rauchen mit einem goldenen Zänglein, um sich nicht die Finger zu beschmutzen; dabei ist Santiago an allen vier Seiten von Müllhalden eingegrenzt. Im Norden hat man aus den Häusern einen Blick auf den Abladeplatz am Rio Mapocho. Im Süden zieht sich der Unrat am Flußarm Cañada hin. Wenn die Sonne aufgeht, bescheint sie die Abfallberge auf dem Hügel Santa Lucía, und ihre letzten Strahlen vergolden die Deponien in den Vororten San Miguel und San Pablo.

Von einer dieser Müllkippen muß der nächtliche Besucher gekommen sein, der gestern mit Schwefelgestank durch die Stadt pfiff, daß die Talgkerzen in den Laternen flackerten, und der sich aus Neugier oder Bosheit in der Nähe der Jesuitenkirche herumtrieb, bis der Nachtwächter die elfte Stunde ausrief:

– *Ave María Puriiisssima!*

Da ergriff Luzifer blitzartig die Flucht.

Dabei verlor er einen Schuh, und der wandert in Santiago jetzt von Haus zu Haus. Ein Priester trägt ihn, mit einer Serviette abgedeckt, auf einem silbernen Tablett herum. Die Betschwestern bekreuzigen sich. (256)

1817, SANTIAGO DE CHILE

Manuel Rodríguez

Wer von Amerikas Befreiung spricht, unterschreibt sein Todesurteil. Wer Post aus Mendoza erhält, kommt an den Galgen oder vors Erschießungskommando. Das *Sicherheitsgericht* in Santiago de Chile verhandelt auf der Grundlage von Denunziationen.

Von Mendoza aus und um Mendoza stellen die Patrioten ihre von den Spaniern aufgeriebene Armee wieder auf. Wieder und wieder fegt der Wind den Gedanken der Unabhängigkeit über die Kordilleren, über den glitzernden Schnee, ohne Spuren zu hinterlassen.

Eine Nachricht schmuggelt der *Bote* in Santiago ihrem Empfänger während eines Hahnenkampfs in die Tasche, eine zweite zur gleichen Zeit auf einer glänzenden Abendgesellschaft, und an einem dritten Ort nimmt er zwischen zwei Pferderennen in den Vorstädten einen Lagebericht entgegen. Mal meldet sich der *Bote,* drei leise Schläge mit dem Türklopfer, in einem vornehmen Haus, mal zuckelt er auf einem Maultier durch die Berge, mal galoppiert er zu Pferde über Wiesen – alles zur selben Zeit. Der *Guerillero* greift Melipilla an und reitet zugleich durch San Fernando. Der *Guerillero* sprengt durch Rancagua und steigt zugleich in Pomaire ab, um ein Glas Wein zu trinken.
Der spanische Gouverneur hat eine Belohnung auf den Kopf von Manuel Rodriguez, dem *Boten,* dem *Guerillero,* ausgesetzt, aber dieser Kopf ist gut versteckt unter einer Mönchskapuze, unter einem Viehtreiberschlapphut, unter einem Straßenhändlerkorb oder dem Samtzylinder eines Granden. Rodriguez ist nicht zu fassen; er stiebt dahin, ohne sich zu rühren, und wenn er hinausgeht, landet er drinnen, und wenn er eintritt, kommt er nach draußen. (106)

1817, MONTEVIDEO

Bilder für ein Epos

Eine gewaltige Armee kommt auf dem Land- und auf dem Seeweg aus Rio de Janeiro mit dem Auftrag, José Artigas zu vernichten und auch nicht die leiseste Erinnerung an sein ansteckendes Beispiel übrigzulassen. Die Truppen aus Brasilien morden und brennen auf dem Vormarsch, um die Gegend hier gründlich von Banditen zu säubern. General Lecor verspricht die Wiederherstellung der mit den Füßen getretenen Erb- und Eigentumsrechte.
Lecor zieht unter einem Baldachin in Montevideo ein. Pater Larrañaga und Francisco Javier de Viana überreichen den Latifundienrettern die Schlüssel zur Stadt, und die Damen werfen Blumen und blaue Schleifchen in den unerhörten Aufmarsch goldbestickter, ordengeschmückter und federwippender Uni-

formen. Die Glocken auf der Kathedrale läuten – endlich nicht mehr zur Trauer. Weihrauchfässer werden geschwenkt, und die Geschäftswelt überbietet sich in nicht enden wollenden Verbeugungen und Handküssen. (195, 278 und 335)

1817, QUITO

Manuela Sáenz

Quito kam in großer Höhe, fernab vom Meer zwischen Vulkanen, zur Welt und Manuela am Hauptplatz in Quito zwischen Kathedrale und Regierungssitz. Um ihr Bett kräuselten sich Spitzen, ihre Laken waren aus Atlas – sie war die Frucht einer heimlichen Liebe von Simón Sáenz, der hier die kreolischen Aufständischen abgeschlachtet hatte.
Mit fünfzehn trug Manuela Männerkleider, rauchte und ritt Pferde zu. Sie saß nicht seitlich wie eine Dame auf dem Pferd, sondern breitbeinig und verschmähte Zaumzeug. Ihre beste Freundin war ihre schwarze Sklavin Jonatás, die wie eine Katze miauen, wie ein Vogel zwitschern und wie eine Schlange huschen konnte.
Mit sechzehn wurde Manuela in eins der vielen Klöster dieser frömmelnden Sünderstadt gesteckt, in denen die Priester den alten Nonnen zu einem angenehmen Tod und den jungen zu einem angenehmen Leben verhelfen. Im Katharinenkloster lernte Manuela nun also sticken, Cembalo spielen, allerlei Tugenden vortäuschen und mit verdrehten Augen in Ohnmacht fallen. Mit siebzehn riß sie, scharf auf Uniformen, mit dem königlichen Offizier Fausto D'Elhuyar aus.
Mit zwanzig gleißt sie nur. Kein Mann, der nicht die Muschel um diese Perle sein möchte. Verheiratet wird sie mit dem ehrwürdigen englischen Arzt namens James Thorne. Die Hochzeit dauert eine Woche. (295)

1818, FELDLAGER COLONIA

Der Krieg der Untenstehenden

Artigas' Truppen bestehen nur noch aus Habenichtsen. Wer nichts als ein Pferd besitzt oder Neger oder Indianer ist, weiß, daß sich in diesem Krieg sein Schicksal entscheidet. Aus der Pampa und von den Flüssen her fallen sie als wilde Reiterhorde mit Speeren und Messern über die gut bewaffnete, vielköpfige brasilianische Armee her und stieben wie Vogelschwärme sofort wieder auseinander.

Während in den okkupierten Gebieten die Fanfaren zum Gemetzel blasen, verbreitet die Regierung in Buenos Aires gezielt Propaganda für diejenigen, *welche Güter zu verlieren haben.* Eine Broschüre, vom »Freund der Ordnung« unterzeichnet, betitelt Artigas als *bösen Geist,* als *Lügenapostel, reißenden Wolf, Geißel für sein Land,* als *neuen Attila, Schmach des Jahrhunderts und Schande für die Menschheit.*

Jemand bringt die Hefte ins Lager mit. Artigas wendet den Blick nicht vom Feuer.

– *Meine Leute können nicht lesen,* sagt er. (217)

1818, CORRIENTES

Andresito

– *Sie haben das erste Anrecht,* hat Artigas über die Indianer gesagt, und aus Treue zu ihm sind sie massenhaft gestorben.

Andrés Guacurarí, auch Andresito, der kleine Andreas, genannt, ist Guaraní-Indianer und Artigas' Adoptivsohn; er führt die anderen an. Vor ein paar Monaten ist er – Pfeile gegen Gewehre – wie eine Sturmflut über Corrientes hinweggebraust und hat die Bundesgenossen von Buenos Aires in alle Winde zerstreut.

Halbnackt, auf dem Leib höchstens Straßenschlamm und ein paar Lumpen, zogen Andresitos Indianer damals in die Stadt ein. Sie hatten ein paar Indianerkinder mit, die von den Correntinern als Sklaven gehalten worden waren. Sie stießen auf Schweigen und auf verriegelte Türen. Der örtliche Garnisons-

kommandant vergrub sein Vermögen im Garten, und der Notar starb vor Angst.
Die Indianer hatten zwar schon lange nichts mehr gegessen, aber sie nahmen sich nichts und baten um nichts. Gleich nach ihrer Ankunft gaben sie eine Theatervorstellung zu Ehren der vornehmen Familien. Sie spannten Silberpapier auf Rohrgerüsten zu überlebensgroßen Flügeln, und aus Indianern wurden Schutzengel. Aber sie mußten *Die Versuchung des heiligen Ignatius,* eine alte Pantomime aus der Jesuitenzeit, vor leerem Saal aufführen, denn niemand folgte ihrer Einladung.
– Die wollen also nicht zu Indianerfesten gehen?
Andresito zündete sich einen mächtigen Stumpen an, und Rauch quoll ihm aus Nase und Ohren.
Als es tagte, wurde zu den Waffen getrommelt. Die nobelsten Herrschaften von Corrientes mußten mit einer Lanze im Rükken den Rasen auf dem Platz mähen und die Straßen kehren und wischen, bis man sich in ihnen spiegeln konnte. Den Tag über waren die Herrschaften mit dieser ehrenvollen Aufgabe beschäftigt, und am Abend im Theater dröhnten den Indianern die Ohren von ihrem anhaltenden Händeklatschen.
Andresito regiert in Corrientes, bis Artigas ihn zu sich ruft. Heute ziehen die Indianer ab. Sie haben für den Weg ihre großen Silberflügel angezogen. So schweben sie als Engel auf den Horizont zu, und in der Sonne blitzen sie mal auf, mal verdunkeln sie sich, wie dahinsegelnde Adler. (283)

1818, RÍO PARANÁ

Patriotisch gesinnte Korsaren

Andresitos Truppenverband zieht am Strom entlang nach Santa Fe hinunter. Parallel zu den Indianern fährt eine kleine Flotte, die patriotischen Korsaren.
Mit Kanus, Barkassen und ein paar gut bestückten Briggs machen sie den brasilianischen Handelsschiffen das Leben zur Hölle. Artigas' dreifarbiges Banner flattert und ficht zu Wasser und zu Lande. Nach blitzschnellem Entern räumen die patrio-

tischen Piraten die feindlichen Schiffe leer und schaffen ihre Beute auf die fernen Antillen.
Admiral dieser Kriegsflotte aus Schiffen und Schiffchen ist Pedro Campbell.
Campbell kam vor ein paar Jahren mit den englischen Invasoren hierher. Er desertierte und ritt erst einmal quer durch die Ebene. Bald war der irische Gaucho mit den Ringen in den Ohren und dem finster lauernden Blick aus dem roten Haarwust berühmt. Als Artigas ihm den Befehl über die Korsaren übertrug, hatte Campbell schon in mehreren *Kreolenduellen* Stiche abbekommen und schon mehrere Menschen umgebracht, aber noch niemanden verraten. Sein Messer mit dem silbernen Knauf, das weiß jeder, ist eine Schlange, die nicht von hinten zubeißt. (277 und 283)

1818, SAN FERNANDO DE APURE

Krieg auf Leben und Tod

Bolívar reitet an der Spitze eines von Niederlagen aufgeriebenen Heeres. Ein Pilgerhut überschattet sein Gesicht, und im Schatten schimmern die zupackenden Augen und das melancholische Lächeln. Bolívar reitet den Hengst des toten Rafael López. Auf dem Sattel prunken in Silber die Initialen des Verstorbenen, eines spanischen Offiziers, der einmal auf den in einer Hängematte schlummernden Bolívar geschossen hatte.
Der Nordfeldzug ist fehlgeschlagen.
In San Fernando de Apure schreitet Bolívar die kläglichen Reste seiner Truppen ab.
– *Er ist irre,* denken oder flüstern die Soldaten, als sie sich barfuß, erschöpft und zerschunden anhören müssen, daß sie diesen heiligen Krieg, diesen Krieg auf Leben und Tod, bald nach Kolumbien und nach Peru und bis hinauf nach Potosí tragen werden. (53 und 116)

1819, ANGOSTURA

Schulbuchbilder: Eine verfassunggebende Versammlung

Auf einem den Orinoko hinauffahrenden Kahn diktiert Bolívar unterm Zeltdach seinen Sekretären den Entwurf zur Verfassung. Er hört zu, er korrigiert, er diktiert am Rastplatz noch einmal, und der Rauch seines Lagerfeuers wehrt die Moskitos ab. Ebenfalls zu Wasser reisen Abgeordnete aus Caracas, Barcelona, Cumaná, Barinas, Guayana und der Insel Margarita an. Das Kriegsglück hat sich plötzlich gewendet, vielleicht wegen Bolívars Ausdauer, und im Handumdrehen war halb Venezuela wieder in patriotischen Händen.

Die Delegierten zum Kongreß gehen an der Anlegestelle Angostura an Land, einem Städtchen mit wie von Kinderhand gemalten Häuschen. Auf einer Art Spielzeug-Druckerpresse wird hier auch allwöchentlich der *Orinoko-Anzeiger* gedruckt. Vom Urwald aus verbreitet dieses Sprachrohr republikanischen Denkens die Artikel gelehrter Kreolen und die Ankunftszeiten bevorstehender Lieferungen von Bier, Federmessern, Reitgeschirr und Freiwilligen aus London.

Drei Geschützsalven begrüßen Bolívar und seinen Stab. Die Vögel stieben auseinander, nur ein Ara stolziert ungerührt weiter und markiert den starken Mann.

Die Abgeordneten steigen die steinerne Treppe hinauf.

Francisco Antonio Zea, der Bürgermeister von Angostura, eröffnet die Versammlung. In seiner Rede vergleicht er sein patriotisch gesinntes Dorf mit Memphis, Theben und Alexandria und gar Rom. Der Kongreß bestätigt Bolívar als Oberbefehlshaber des Heeres und als Staatspräsidenten mit unbeschränkter Vollmacht.

Danach steht Bolívar auf der Rednertribüne. *Nur Ignoranten,* mahnt er, *verwechseln die Wirklichkeit mit der Phantasie und Gerechtigkeit mit Vergeltung*... Er trägt seine Gedanken zu der notwendigen Gründung Großkolumbiens vor und begründet seinen anhand der englischen Charta Magna ausgearbeiteten Verfassungsentwurf... (202)

1820, PASO DEL BOQUERÓN

Finale

Die drei großen Hafenstädte im Süden, Rio de Janeiro, Buenos Aires und Montevideo, waren mit dem Partisanenheer des Caudillo José Artigas aus dem Landesinneren nicht fertig geworden.
Dafür hat der Tod die meisten seiner Leute weggerafft. Die Hälfte der Teilnehmer an dem Feldzug aufs Ostufer wurde ein Fraß der Geier. Andresito liegt im Gefängnis im Sterben. Gefangen sind auch Lavalleja und Campbell neben anderen treuen Gefährten. Ein paar begehen auch Verrat: Fructuoso Rivera nennt Artigas einen *Verbrecher* und bezichtigt ihn, *das Eigentum der Despotie und der Anarchie preisgegeben* zu haben. Francisco Ramírez aus Entre Ríos posaunt hinaus, Artigas sei *der Grund und die Ursache aller Übel im südlichen Amerika.* Auch Estanislao López in Santa Fe wechselt ins andere Lager über.
Wer unter den Caudillos Land besitzt, macht mit den Geschäftsleuten in den drei Hafenstädten gemeinsame Sache.
Der Anführer der Revolution taumelt nur noch von Fiasko zu Fiasko. Hinter ihm traben die letzten Indianer- und Negertrupps und eine Handvoll abgerissener Gauchos unter dem Kommando von Andrés Latorre, dem letzten Offizier, der Artigas noch verblieben ist.
Am Paraná macht Artigas halt und sucht seinen besten Reiter aus. Er übergibt ihm viertausend Silberpesos, mehr hat er nicht mehr; die soll er den Gefangenen in Brasilien bringen.
Danach rammt Artigas die Lanze ins Ufer und watet durch den Fluß. Blutenden Herzens geht der Mann ins Exil nach Paraguay, der nicht wollte, daß Amerikas Unabhängigkeit für Amerikas ärmste Kinder eine Falle wird. (277)

Du

Ohne dich noch einmal umzudrehen, tust du den Schritt ins Exil. Ich sehe dich vor mir, ich sehe dich noch immer: Der Paraná wälzt sich echsengleich dahin, und dein zerschlissener Poncho auf dem Pferd flattert immer weiter entfernt, bis sich der Wald hinter ihm schließt.

Du sagst deinem Land nicht Lebewohl. Es würde es auch nicht glauben. Oder vielleicht weißt du nur noch nicht, daß du für immer gehst.

Die Landschaft wird grau. Du bist geschlagen und gehst, und dein Land bleibt verzagt zurück. Ob die Kinder, die darin geboren werden, die Liebespaare, die hierher kommen, ihm wieder frischen Mut einflößen? Ob diejenigen, die auf dieser Erde heranwachsen und in diese Erde eingehen, so tiefer Trauer einmal würdig werden?

Dein Land. Unser im Süden gelegenes Land. Es wird dich nötig haben, Don José. Jedesmal wenn die Habgierigen es verwunden und erniedrigen, jedesmal wenn die Dummköpfe es für stumm und steril halten, wirst du ihm fehlen. Denn du, Don José Artigas, General der einfachen Leute, bist das beste Wort, das es je gesprochen hat.

1821, CAMPAMENTO LAURELTY

Der schwarze Balthasar, der heiligste unter den drei Königen

Aus den umliegenden Dörfern und aus weit abgelegenen Gegenden kommen die Paraguayer, um die merkwürdigen nachtschwarzen Wesen zu bestaunen.

Die von Artigas befreiten Sklaven, die dem Caudillo in die Emigration gefolgt sind, siedeln sich in Laurelty an.

Bei ihnen ist Balthasar, der zum Empfang Gottes auf Erden ausersehene König. Mit Balthasars Hilfe bestellen sie ihre Felder, und für Balthasar dröhnen die Trommeln und ertönen die Kriegsgesänge aus Afrika in den Niederungen des Rio de la Plata. Wenn der sechste Januar naht, tragen Artigas' Kampfgefährten – die Artigas-cué – rote Seidencapes und Blumenkränze und bitten den heiligen König im Tanz, er möge nie wieder Sklaverei zulassen und sie vor hirnweichenden bösen Geistern und wie Hähne krähenden Hühnern schützen.

(66)

1821, CARABOBO

Páez

Mit fünfzehn begann er, durch Töten zu leben. Er tötete aus Notwehr, aber er mußte aus den Bergen fliehen und ritt nomadisierend durch Venezuelas endloses Grasland. Er wurde der berittene Caudillo von Berittenen. José Antonio Páez fliegt praktisch vor den Viehhirten her, die Zauberer im Umgang mit Lanze und Lasso sind, und die ohne Sattel über jede Angst hinweg ihre Attacken reiten. Sein Pferd ist ein Schimmel; Schimmel jagen nur so dahin. Wenn er nicht im Feld steht, lernt er lesen und Cello spielen.

Die abgerissenen Llano-Bewohner, die zu Boves' Zeiten Spanien gedient haben, bereiten Spanien jetzt in der Schlacht von Carabobo eine Niederlage. Sie schlagen sich mit der Machete einen Weg durch das unpassierbare Dickicht, die Sümpfe und die Wälder im Westen, überraschen den Feind und mähen ihn nieder.

Bolívar ernennt Páez zum Oberbefehlshaber aller Streitkräfte Venezuelas. Der Llano-Hirt reitet an Bolívars Seite in Caracas ein und trägt wie Bolívar eine Blumengirlande.

In Venezuela sind die Würfel gefallen. (202)

1822, GUAYAQUIL

San Martín

In Guayaquil gehen sie aufeinander zu. Zwischen Karibik und Pazifik ist der ganze Weg mit Triumphbögen gesäumt. General Bolívar kommt aus dem Norden. Vom Süden her kommt José de San Martín, der General, der, um die Freiheit nach Chile und Peru zu bringen, die Anden überquert hat.

Bolívar spricht und macht Angebote.
Ich bin müde, fällt ihm San Martín ins Wort. Bolívar kann es nicht glauben oder mißtraut ihm. Er weiß noch nicht, daß auch Ruhm müde macht.
San Martín hat dreißig Jahre Schlachten hinter sich, von Oran bis ins chilenische Maipú. Für Spanien kämpfte er noch als einfacher Soldat, für Amerika schon als kampferprobter General. *Für* Amerika, nie gegen Amerika. Als die Regierung in Buenos Aires ihn mit der Vernichtung von Artigas' föderalistischen Truppen beauftragte, weigerte sich San Martín und lenkte sein Heer in die Berge, um von nun an für Chiles Unabhängigkeit zu kämpfen. Buenos Aires verzeiht nicht und verwehrt ihm seitdem das Gastrecht. In Lima ist er auch unerwünscht. Da nennt man ihn *König José.*
In Guayaquil gehen sie aneinander vorbei.
San Martín, der große Schachspieler, weicht der Partie aus.
Ich bin des Befehlens müde, sagt er, doch Bolívar hört etwas anderes heraus: *Entweder Ihr oder ich. Für beide ist kein Platz.*
Danach wird groß gegessen und getanzt. Bolívar dreht sich mitten im Saal, die Damen reißen sich um ihn. San Martín dröhnen die Ohren von dem Lärm. Als Mitternacht vorbei ist, geht er, ohne sich zu verabschieden, zu den Kais. Sein Gepäck ist schon auf der Brigg.
Er läßt die Anker lichten und wandert bedächtigen Schritts übers Deck. Um seine Beine streicht sein Hund, vor seinem Gesicht sirren die Mücken. Als das Schiff von der Küste ablegt, dreht sich San Martín noch einmal um – zu einem Amerika, das schon in immer größerer Ferne liegt. (53 und 54)

1822, BUENOS AIRES

Ein Singvogel

Am Ortsrand von Morón sinken die Gebeine eines Dichters, der gestern noch eine Gitarre und einen Namen besaß, ins anonyme Grab.

Lieber bin ich ein Schmalhans,
aber ein Adler und ohne Sorgen …

Bartolomé Hidalgo, den Dichter und Sänger in Artigas' Feldlagern, haben die Lieder und die Gefechte in seinem kurzen Leben viel herumgewirbelt. Der Tod ereilte ihn im Exil. An seiner Lunge fraßen die Hunde des Hungers. In Buenos Aires bot Hidalgo auf Straßen und Plätzen seine Lieder feil, die von freien Menschen und enttarnten Feinden handeln. Zu essen brachten sie ihm wenig ein, dafür um so mehr zu leben. Seine Verse schwingen sich nämlich in die Luft, auch wenn sein Leichnam, nackt wie seine Lieder, in der Erde landet.

(125)

1822, RIO DE JANEIRO

Hoppla, wir importieren

In der Zeitung *Diario do Rio de Janeiro* werden die aus London eintreffenden Neuheiten annonciert: Maschinen zum Straßenausbessern oder zum Lungenheilen oder zum Maniokpressen; Spinnräder, Destillieranlagen und dampfbetriebene Öfen; Brillen, Fernrohre, Rasiermesser und Kämme. Auch gepolstertes Sattelzeug, silberne Steigbügel, blitzende Jagdutensilien und Kutschlaternen für Equipagen.

Vereinzelt sieht man noch Reiter oder auch ein paar übriggebliebene alte, vergoldete Sänften. Mode aber ist es, mit dem neuesten englischen Kutschenmodell Funken aus dem Pflaster zu schlagen. Es geht sehr gefährlich zu auf Rio de Janeiros Straßen. Unfälle wegen zu hoher Fahrgeschwindigkeit nehmen rapide zu, und die Kutscher gewinnen immer größere Macht. Hoch auf dem Kutschbock thronend, schenken sie in ihren weißen Handschuhen und mit ihrem Zylinderhut ihren schwarzen Mitsklaven nur hin und wieder einen gönnerhaften Blick. Ansonsten aber lieben sie es, Panik unter den Fußgängern zu verbreiten und, wenn man ihrem Ruf glaubt, zu trinken, zu kuppeln und Gitarre zu spielen. Im modernen Leben sind sie unentbehrlich. Verkauft man einen Wagen samt einem schnellen Pferd und einem geschickten Neger, so bekommt man ein Vermögen dafür. (119)

1822, QUITO

Zwölf schöne Mädchen warten auf der Plaza Mayor,

und jedes hält einen Kranz für ihn bereit. Musik und Feuerwerk bricht los, und das Pferdegetrappel auf der langen gepflasterten Straße klingt wie prasselnder Regen. Bolívars Heer zieht in Quito ein, und er selber reitet ihm voraus – ein schmächtiger Gladiator, drahtig, der goldene Degen ist länger als er. Von den Balkonen regnet es Blumen und gestickte Tüchlein. Die Frauen von Quito haben ihre Balkone zu Altaren gemacht, auf denen sie zwischen Spitzen und Schleiern ihre fast nackten feurigen Busen anbeten lassen. Auch Manuela Sáenz reckt sich vor – eine Galionsfigur, die blendet. Sie läßt ihre Hand sinken, und aus der Hand sinkt ein Lorbeerkranz. Bolívar sieht zu ihr auf, und sein träger Blick ist ein Speer.
Noch am selben Abend tanzen sie miteinander. Sie wirbeln im Walzertakt durch den Saal, daß die Welt sich um sie nur so dreht und dreht, und dazu rascheln hundert Unterröcke und fliegen die langen schwarzen Haare der einmaligen Frau.

(202, 249 und 295)

1823, LIMA

Sie klatschen sich die Hände wund

Ab Callao reitet er nur noch durch ein Soldatenspalier und auf Blumen. Lima empfängt General Bolívar mit hundert Böllerschüssen und hundert Fahnen, hält hundert Reden und gibt Bankette mit hundert Gedecken.
Der Kongreß rüstet ihn mit allen Vollmachten aus, um die Spanier, die halb Peru zurückerobert haben, zu vertreiben. Der Marquis von Torre Tagle schenkt ihm eine Napoleon-Biographie, einen Satz Toledo-Messer und blumige Sätze: *Die Göttin Victoria harret Deiner auf der Anden eisigen Gipfeln, um Dir die Stirn mit Lorbeer zu bekränzen, und die Nymphen aus dem Rimac stimmen schon Hymnen an zur Feier Deiner Siege.* Der Kriegsminister erteilt gar der Göttin Fortuna Befehle: *Schwinge Dich empor vom Fuße*

des Chimborazo zum hohen Flug auf die Gipfel unserer Anden und erwarte dort den unsterblichen Bolívar, um Perus Lorbeer um seine Stirn zu winden!
Der Rimac, der *sprechende Fluß*, ist der einzige, der schweigt.

(53 und 202)

1824, LIMA

Trotz alledem

Ab Callao reitet er nur noch durch ein Soldatenspalier und auf Blumen. Lima empfängt den spanischen Oberbefehlshaber General Monet mit dem Königsbanner, zieht es auf und salutiert ihm. Die Fahne knattert, und es knattern die Reden. Der Marquis von Torre Tagle überschlägt sich vor Dankbarkeitsbezeugungen und bittet Spanien, es möge die Gefahr des *kolumbischen Ungeheuers* Bolívar von Peru abwenden.
Lima zieht es vor, zwischen verschnörkelten Wappen weiterzuschlafen und vom kolonialen Arkadien zu träumen. Vizekönige, Kirchenmänner, Kavaliere, Spitzbuben und Kokotten seufzen und verneigen sich voreinander, während ringsum rauhe Einöden gähnen und über ihnen ein Himmel mit Regen und Sonne geizt, aber dafür Engel zur Verteidigung der Stadt entsendet. Innerhalb der Stadtmauern atmet man Jasminduft, draußen lauern Wüsten und Gefahren. Drinnen küßt man sich die Hand und geht zu Prozessionen und Umzügen. Jeder Beamte äfft den König nach, jeder Mönch den Papst. In den Palästen wird Marmor mit Stuck imitiert und in den siebzig gold- und silberblitzenden Kirchen Glauben mit Ritualen.
Fernab von Lima, im Küstendorf Pativilca, liegt Bolívar – krank. *Allenthalben*, schreibt er im Fieber, *vernehme ich das Tosen des Zusammenbruchs... Alles ersteht vor meinen Augen und stirbt wie vom Blitz getroffen wieder dahin... Staub, Asche, das Nichts.* Mit Ausnahme einiger weniger Täler ist ganz Peru wieder in den Händen Spaniens. Die unabhängigen Regierungen von Buenos Aires und Chile haben sich von der Sache der Freiheit abgewandt, und selbst den Peruanern scheint nicht allzuviel an ihr zu liegen.

– *Was gedenkt Ihr nun zu tun?* fragt einer den abgekämpften und vereinsamten Mann.
– *Siegen,* lautet Bolívars Antwort. (53, 202 und 302)

1824, MONTEVIDEO

Städtisches Leben aus der Barbierstuhl-Perspektive

Kein Lufthauch weht; das Messingbecken an dem Draht über der Tür, das anzeigt, daß hier Bärte geschoren, Zähne gezogen und Schröpfköpfe aufgesetzt werden, scheppert nicht.
Nur weil er es so gewohnt ist oder weil er die sommerliche Schläfrigkeit abschütteln will, schwatzt und trällert der Barbier aus Andalusien, während er einem Klienten Schaum ins Gesicht streicht. Zum Schaben des Messers gibt es flotte Sprüche und Fandangos. Mit einem Auge überwacht er die durch den Eierschnee schmatzende Klinge, mit dem anderen die sich auf der Straße drängelnden Montevideaner. Seine Zunge ist schärfer als sein Messer, niemand entgeht dem Geläster. Der Kunde – ein Gefangener des Barbiers, solange die Rasur andauert – hört der Stadtreportage und dem Sittengemälde stumm und steif zu und versucht nur zwischendurch nach den vorübereilenden Opfern zu schielen.
Ein Ochsenpaar trottet vorüber und zieht eine Tote zum Friedhof. Hinter dem Wagen leiert ein Mönch den Rosenkranz herunter. Im Salon hört man die Glocken, die den Verstorbenen dritter Klasse routinemäßig zum Abschied läuten. Einen Moment steht das Messer in der Luft. Dann bekreuzigt sich der Barbier und sagt ohne jeden Beigeschmack von Klatsch einen Satz:
– *Die Arme; sie war nie glücklich.*
Der Leichnam Rosalía Villagráns rumpelt durch die Stadt, die von Artigas' Gegnern besetzt ist. Es ist schon lange her, daß Rosalía sich für eine andere hielt, daß sie meinte, in einer anderen Zeit und einer anderen Welt zu leben, und daß sie im Karitasspital die Wände abküßte und sich mit den Tauben stritt.

Rosalía Villagrán, Artigas' Frau, besitzt bei ihrem *Heimgang* nicht einmal das Geldstück, mit dem sie ihren Sarg bezahlen könnte. (315)

1824, EBENE VON JUNÍN

Die lautlose Schlacht

Bolívar zaubert sich mit seinem verwegenen Starrsinn ein neues Heer zusammen, und in der Ebene von Junín in Peru erringt er einen Sieg. Die besten Reiter der Welt greifen mit Säbeln und Lanzen an und mähen alles vor sich nieder. In der ganzen Schlacht fällt nicht ein Schuß.

Das Heer der Amerikaner ist bunt zusammengewürfelt. Es besteht aus Gauchos vom La Plata, Guasos aus Chile, Llaneros aus Großkolumbien, die sich zum Kämpfen die Zügel ans Knie binden, und Patrioten aus Peru und Ekuador, den Helden von San Lorenzo und Maipú, Carabobo und Pichincha.

Während das Tageslicht weicht, weicht auch das Leben aus den Verwundeten. In Bolívars Zelt stirbt Oberstleutnant Sowersby, der mit Napoleon in Borodino war. Und ein Stück weiter winselt ein Hündchen vor dem Leichnam eines spanischen Offiziers. Die ganze Junín-Schlacht hindurch ist das Hündchen neben dem Pferd seines Freundes hergehechelt. Jetzt möchte General Miller es einfangen oder verscheuchen, aber es klappt nicht. (202)

1825, LA PAZ

Bolivien

Die Fahne des Kolonialreichs liegt heruntergerissen zu Antonio José de Sucres Füßen. Sucre war mit dreiundzwanzig General und ist mit dreißig Generalfeldmarschall und Bolívars liebster Offizier. Nach der verheerenden Schlacht im Hochland von Ayacucho ist die Macht der Spanier in Peru und auf dem ganzen Kontinent erledigt.

Als Bolívar die Neuigkeit in Lima erfährt, springt er vor Freude auf den Tisch und veranstaltet dort Freudentänze, bei denen Teller, Gläser und Flaschen zu Bruch gehen.
Danach reiten Bolívar und Sucre gemeinsam durch die Triumpbögen der Stadt La Paz. Ein neuer Staat wird geboren. Oberperu, das mal zum Vizekönigreich Lima, mal zu Buenos Aires gehörte, heißt nun Republik Bolívar und später Bolivien, damit seine Landeskinder den Namen ihres Befreiers nicht vergessen.
Der hochbegabte Redner, Pfarrer José Mariano Ruyloba, ein wahrer Magier des Wortes, hat eine große Willkommensansprache ausgearbeitet. Doch das Schicksal wollte es, daß Ruyloba starb, bevor Bolívar sie hören konnte. Die Rede sollte auf Griechisch gehalten werden. (202)

1825, POTOSÍ

Schulbuchbilder: Der Held auf dem Berggipfel

In Potosí steigt Bolívar auf den Gipfel des Silberbergs. Bolívar spricht, und mit ihm die Geschichte: *Dieser Berg, dessen Inneres die ganze Welt bestaunt und uns neidet*... Fahnen aller jungen Staaten im Wind, Glockengeläut auf allen Kirchen. *Doch dünkt gering mich dieser Reichtum, vergleiche ich ihn mit*... Bolívar holt mit den Armen tausend Meilen zu sich heran. Das Echo der Geschützsalven und das seiner Worte hallen in den Tälern wider. *Mit der Ruhmestat, das Banner der Freiheit von den heißen Gestaden siegreich hierhergetragen zu haben*... Die Geschichte wird von dem Freiheitskämpfer in der Höhe sprechen. Aber von den tausend Runzeln in seinem Gesicht wird sie nichts sagen, das nicht von den Jahren, sondern von Liebe und Leid so tief eingekerbt ist. Die Geschichte kümmert sich auch nicht darum, daß ihm Fohlen durch die Brust galoppieren, während er nah am Himmel von Potosí die Erde umarmt, als wäre sie eine Frau. Als wäre *sie die* Frau: die ihm den Degen schleift und unter deren Blick er nackt dasteht und Vergebung erlangt. Die es bei allem Kanonendonner, bei allen Reden und Beifallsstürmen doch hört, wenn er sagt: *Du wirst allein bleiben müssen, Manuela. Und ich muß allein bleiben inmitten der Welt. Und trösten wird uns nur die Seligkeit, daß wir uns überwunden haben.* (53, 202 und 238)

Die Englandschulden sind ein Potosí wert

Die ehemals spanischen Kolonien haben schon vom ersten Tag ihres Lebens in Unabhängigkeit an einen krummen Gang. Von Geburt an schleppen sie sich mit einem schweren Stein ab, der immer schwerer wird. Daß sie bei England so hoch verschuldet sind, liegt an den britischen Hilfslieferungen von Waffen und Soldaten. Und dank der Kredithaie und Kaufleute werden die Schulden auch noch größer statt kleiner. Geldverleiher und ihre Mittelsmänner – erfahrene Alchimisten – verwandeln jeden Feldstein in einen Goldklumpen, und der britische Handel hat hierzulande seine einträglichsten Märkte. Die jungen Staaten fürchten noch eine Wiederkehr der Spanier und sind darum auf Englands offizielle Anerkennung angewiesen. Aber England erkennt nur den an, der vorher einen Freundschafts- und Handelsvertrag unterzeichnet, der britischen Industrieerzeugnissen ungehemmten Zugang garantiert.
Die Schulden sind mir mehr zuwider als die Spanier, schreibt Bolívar an den kolumbianischen General Santander und teilt ihm mit, daß er, um sie abzutragen, den Engländern für zweieinhalb Millionen Pesos die Bergwerke von Potosí verkauft habe. *Auch habe ich,* schreibt er, *die Regierung Perus angewiesen, England zur Ableistung ihrer Schulden, die nicht unter zwanzig Millionen sinken, alle ihre Bergwerke, allen staatlichen Land- und Grundbesitz und alle sonstigen Regierungseinkünfte abzutreten.*
Der reiche Berg von Potosi ist heruntergekommen und gehört jetzt einer Londoner Geisterfirma, der *Potosí, La Paz and Peruvian Mining Association.* Wie es vorkommt im Eifer der Spekulation, ist der Name gewichtiger als das Kapital. Das Unternehmen weist hier eine Million Pfund aus, besitzt aber nur fünfzigtausend. (40, 172 und 234)

Der Fluch des Silberbergs

Potosí, das so viel Silber geliefert hat, gibt kaum noch etwas her. Der Berg will nicht mehr.
Zwei Jahrhunderte lang haben die Indianer in seinem Inneren gestöhnt. Die in die Grube geworfenen Indianer flehten ihn an, er möge seine Adern versiegen lassen. Und dann endlich verfluchte der Berg die Habgierigen.
Seitdem trotteten nachts geheimnisvolle Maultiere an, verschwanden im Berg und schafften packenweise heimlich das Silber fort. Niemand konnte sie sehen, niemand konnte sie fangen. So ging es Nacht für Nacht, und irgendwann war der Berg leer.
Brach sich nachts wegen zu schwerer Erzlast ein Maultier ein Bein, humpelte am nächsten Morgen ein Käfer mühsam über den Weg. (24)

1826, CHUQUISACA

Bolívar und die Indios

Nie wurden in Spaniens amerikanischen Kolonien die Gesetze eingehalten. Gleich ob sie gut oder schlecht waren, real existierten sie nie: weder die zahlreichen königlichen Indianerschutzverordnungen, die mit ihren wiederholten Neuauflagen nur ihre Wirkungslosigkeit eingestanden, noch die Bestimmungen, die Juden und Romanen die Ausfuhr verboten. Trotz dieser Tradition glauben die aufgeklärten Lateinamerikaner – Generale wie Doktoren –, daß eine Verfassung der unfehlbare Weg zu allgemeinen Glückszuständen ist.
Bolívar arbeitet noch das letzte Detail an seinen Verfassungsentwürfen aus. Heute reicht er einen für die neue Republik, die seinen Namen trägt, beim Kongreß ein. Wenn es nach dem Text geht, hat Bolivien einen Präsidenten auf Lebenszeit und drei gesetzgebende Körperschaften: die Tribunen-, die Senatoren- und die Zensorenkammer, von denen die letztere, meint Bolívar, *in einigem dem Athener Areopag und den römischen Zensoren ähneln soll.*

Wer nicht lesen kann, soll auch nicht wählen dürfen. Demnach hat nur eine Handvoll auserwählter Männer das Wahlrecht. Fast alle Bolivianer sprechen aber Quechua oder Aymara, sind des Spanischen nicht mächtig und können nicht lesen.
Wie schon in Kolumbien und Peru verordnet Bolívar auch in diesem neuen Staat die Aufhebung der Kopfsteuer und der Zwangsarbeit für Indianer und verfügt die Aufteilung des Gemeindelandes in Privatgrundstücke. Und damit die große indianische Bevölkerungsmehrheit auch in den Genuß der aus Europa herüberleuchtenden Aufklärung und Gesittung kommt, holt Bolívar seinen einstigen Lehrer Simón Rodríguez nach Chuquisaca und erteilt ihm den Auftrag, Schulen zu gründen. (42 und 172)

1826, CHUQUISACA

Nieder mit der schöpferischen Phantasie

Bolívars Lehrer Simón Rodríguez ist nach fünfundzwanzigjährigem Wanderleben wieder in Amerika. Auf der anderen Seite des Ozeans war er mit den Sozialisten in Paris, London und Genf befreundet, arbeitete mit den Druckern in Rom und den Chemikern in Wien und brachte sogar russischen Volksschülern in einem Steppendorf Lesen und Schreiben bei.
Nachdem die beiden sich bei ihrem Wiedersehen lange in den Armen gelegen haben, ernennt Bolívar Simón zum Bildungsbeauftragten des neugegründeten Staats.
Mit einer Modellschule in Chuquisaca leitet Simón Rodríguez seinen Feldzug gegen von der Tradition abgesegnete Unwahrheiten und Ängste ein. Betschwestern kreischen auf, Rechtsgelehrte hüsteln, ja, sogar die Hunde bellen über den Skandal. Igitt! Der irre Rodríguez will Kinder aus besten Häusern mit kleinen Cholos, die bis gestern noch auf der Straße kampierten, zusammensetzen. Worauf will er hinaus? Will er mittels der armen Waisenkinder in den Himmel kommen? Oder verdirbt er sie, damit sie mit ihm hinab in die Hölle müssen? Und in den Klassenzimmern wird ja kein Katechismus, kein Kirchenlatein und keine Grammatikregel repetiert, dort kreischen vielmehr

Sägen, dröhnen Hämmer und erklingen – für die Ohren der in der Verachtung für manuelle Arbeit aufgewachsenen Lehrer und Advokaten – überhaupt gräßliche Geräusche. *Eine Huren- und Diebesschule!* Wer im Körper etwas Sündhaftes und in der Frau einen Ziergegenstand sieht, schreit Zeter und Mordio: In Don Simóns Schule sitzen Mädchen und Jungen ja fast auf Tuchfühlung nebeneinander! Und um das Maß vollzumachen, lernen sie auch noch durch Spiele.

Kopf der Kampagne *gegen den geilen Bock, der unsere Jugend sittlich verderben will,* ist der Präfekt von Chuquisaca. Es dauert nicht lange, und Marschall Sucre, der Präsident Boliviens, fordert Simón Rodríguez zum Rücktritt auf. Begründung: Er habe seine Rechnungen nicht in der gebührend sauberen Form vorgelegt. (296 und 298)

Simón Rodríguez' Vorstellungen: »Das Denken lehren«

Man stellt den Autor als einen Narren dar. So erlaube man ihm denn, seine Narreteien an die Eltern weiterzugeben, die erst noch geboren werden.

Allen Menschen ohne Unterschied der Rasse oder Hautfarbe muß Bildung zuteil werden. Gaukeln wir uns doch nichts vor. Ohne allgemeine Volksbildung entsteht keine wirkliche Gesellschaft.

Belehren ist nicht bilden. Belehrt, und ihr erhaltet Wissende. Bildet, und ihr erhaltet Handelnde.

Läßt man Unverstandenes auswendig hersagen, zieht man nur Papageien heran. Man heiße ein Kind in keinem Falle etwas tun, womit nicht das dazugehörige Warum einhergeht. Ist das Kind erst einmal gewohnt, für jede Aufforderung den Grund zu erkennen, so wird es ihn, wenn er fehlt, alsbald vermissen und mit »Warum?« nach ihm fragen. Man bringe den Kindern das Fragen bei, auf daß sie sich, durch Bestehen auf einer Begründung für das, was man sie tun läßt, daran gewöhnen, der Vernunft zu gehorchen, und sich nicht der Autorität – wie die Unbedarften – oder der Gewohnheit – wie die Dummen – beugen.

In der Schule sollen Knaben und Mädchen zusammen lernen. In erster Linie, weil die Männer so von Kind auf Achtung vor dem Weibe lernen,

und an zweiter Stelle, weil die Frauen so Furchtlosigkeit vor den Männern lernen.
Knaben sollen sich in den drei grundlegenden Handwerken ausbilden: Maurer, Schreiner und Schmied, weil auch die notwendigsten Gegenstände aus Lehm, Holz und Metall gefertigt werden. Auch Mädchen sollen Kenntnisse erwerben und einen Beruf erlernen, auf daß sie in der Not nicht huren müssen oder die Ehe zu einem Unterhalt sichernden Spekulationsgeschäft machen.
Wer nichts weiß, kann von jedem betrogen werden. Wer nichts besitzt, kann von jedem bestochen werden. (297)

1826, BUENOS AIRES

Rivadavia

Auf dem lehmigen Steilufer über dem La-Plata-Strom liegt die Hafenstadt, die den Reichtum des ganzen Landes einsackt.
Im Schauspielhaus von Buenos Aires, im *Kolosseum,* sitzt der britische Konsul in der Loge, die einst dem spanischen Vizekönig gehörte. Die Creme der Kreolen holt sich ihre Konversationsthemen aus Frankreich und ihre Handschuhe aus England und tänzelt so ins unabhängige Dasein hinüber.
Von der Themse her wird das Land mit Waren überflutet, die nach argentinischen Vorbildern in Yorkshire oder Lancashire produziert werden. Wenn in Birmingham Kupferkessel – mit denen man in Argentinien traditionell das Wasser für den Mate erhitzt – oder hölzerne Steigbügel oder kugelbeschwerte Fangriemen oder Lassos hergestellt werden, so sind sie von den Einheimischen nicht zu unterscheiden. Gegen einen solchen Ansturm kommen die Schmieden, Seilereien und Webstühle in den Provinzen nicht an. Ein einziges Schiff bringt ja schon zwanzigtausend Paar spottbillige Stiefel ins Land, und ein Poncho aus Liverpool kostet fünfmal weniger als einer aus Catamarca.
Das argentinische Papiergeld wird in London gedruckt, und die Nationalbank – Aktionärsmehrheit: Briten – hat das alleinige Emissionsrecht. Über dieselbe Bank operiert auch die *River*

Plate Mining Association, die Bernardino Rivadavia ein Jahresgehalt von tausendzweihundert Pfund auszahlt.
Auf einem Stuhl, der einmal zur Reliquie werden soll, vermehrt Rivadavia die staatlichen Schulden und die staatlichen Bibliotheken. Der gebildete Jurist, der in einer vierspännigen Karosse durch Buenos Aires kutschiert, behauptet, der Präsident in diesem Lande zu sein, das er verachtet und das er nicht kennt. Außerhalb der Bannmeile von Buenos Aires allerdings haßt das Land auch ihn. (55, 271 und 342)

1826, PANAMA

Staaten, ein jeglicher für sich allein

Als das Kind seine ersten Worte sprach, waren es auch schon die letzten. Von den zur Taufe Geladenen kamen nur zwei nach Panama, und die Taufe geriet zur letzten Ölung. Bolívars Gesicht ist ganz eingefallen vor Kummer, vor Elternkummer. Und die Mitleids- und Beileidsbezeugungen klingen in seinen Ohren hohl.
Die Glocken läuten für ein geeinigtes Hispano-Amerika.
Bolívar hat die jungen Staaten geladen, damit sie sich unter englischer Schirmherrschaft zu einem einzigen Land zusammenschließen. Die USA und Haiti sind nicht geladen, *weil ihnen unsere amerikanischen Eigenheiten fremd sind.* Dafür will er Großbritannien in dem hispano-amerikanischen Staatenbund haben, damit es ihn vor der drohenden spanischen Rückeroberung verteidigt.
London hat keinerlei Interesse an einem Zusammenschluß seiner neuen Dominions. Der Kongreß in Panama produziert nur erbauliche Grundsatzerklärungen, wie auch die ehemaligen Vizekönigreiche nur Staaten produziert haben, die von vornherein an die neue Weltmacht in Übersee gefesselt und untereinander zerstritten sind. Aus der kolonialen Wirtschaft – ihren für den Export produzierenden Bergwerken und Plantagen, ihren Städten, die den Basar der Fabrik vorziehen – geht nicht eine geeinte Nation hervor, sondern eine große Gruppe von Inseln. Während Bolívar noch von dem Großstaat träumt,

fallen die unabhängigen Staaten auseinander. Sie haben untereinander kein einziges Handelsabkommen abgeschlossen, aber sie lassen sich von europäischen Waren überschwemmen, und sie haben England fast ausnahmslos seinen wichtigsten Exportartikel, die Freihandelsdoktrin, abgekauft.
Im Londoner Unterhaus schwenkt Premierminister George Canning seine Trophäe. (202 und 207)

1826, LONDON

Canning

Das Wort hat die Perle in der Krone. George Canning, der Mann aus dem dritten Stand und Chef der britischen Diplomatie, setzte sich vor dem versammelten Unterhaus ein Denkmal. Canning breitet die Arme, seine Falkenfittiche, aus.
– *Ich habe die Neue Welt ins Leben gerufen,* verkündet der Baumeister des Empire, – *um sie in die Waagschale der Alten zu werfen.*
In einer Ecke wird spöttisch aufgelacht. Darauf anhaltende Stille. Canning reckt sein kantiges Gespensterprofil ins Dunkle, und in den heiligen Hallen bricht ein bis dahin nie gehörter Beifallssturm los.
England ist die Achse, um die sich der Erdball dreht. Lord Castlereagh hatte sich, nachdem er einiges für den Aufbau des Imperiums getan hatte, eines Nachts erschöpft die Kehle durchgeschnitten. Kaum an der Macht, verkündete sein Nachfolger Canning, daß die Ritterzeit nun vorüber sei. Militärische Leistungen hätten diplomatischer Schläue zu weichen. Den Schmuggelhändlern verdanke England mehr als den Generälen, und nun seien die Geschäftsleute und Bankiers dran, im Kampf um die Weltherrschaft die eigentlichen Schlachten zu gewinnen.
Die Geduld der Katze bewirke mehr als der Zorn des Tigers.
(171 und 280)

1828, BOGOTÁ

Die haßt hier jeder

Man senkt gar nicht erst die Stimme, wenn man über sie als *Ausländerin* und *Messalina* spricht, aber im Flüsterton tituliert man sie noch schlimmer. Ihretwegen, heißt es, sei Bolívar so umdüstert und verrunzelt, ihretwegen verpulvere er seine Gaben im Bett.

Manuela Sáenz hat in Ayacucho mit der Lanze gekämpft. Sie hatte einem gegnerischen Soldaten einen Schnurrbart abgerissen, der zum Talisman der Patriotenarmee wurde. Während der Meuterei Limas gegen Bolívar verkleidete sie sich als Mann und stattete den Kasernen mit einer Pistole und einem Geldbeutel einen Besuch ab. Hier in Bogotá geht sie in Feldherrnkleidung, eskortiert von zwei Negerinnen in Husarenuniformen unter den Kirschbäumen spazieren. Ein paar Nächte zuvor hat sie auf einem Fest eine Strohpuppe erschossen. Sie hing an der Wand unter einem Schild mit der Aufschrift: *Francisco de Paula Santander – erschossen wegen Verrats.*

Santander ist in den Kriegsjahren neben Bolívar groß geworden, und Bolívar war es auch, der ihn zum Vizepräsidenten ernannt hat. Jetzt möchte Santander den *ungekrönten König* – auf einem Maskenball oder sonst irgendwo – am liebsten hinterrücks ermorden.

In Bogotá ruft der Nachtwächter mit der Laterne in der Hand zum letzten Mal die Uhrzeit aus. Zur Antwort läuten die Kirchenglocken, verscheuchen den Satan und mahnen zur Besinnung.

Da knallen Schüsse, fallen Wachposten, stürmen Mörder treppauf.

Dank Manuela, die sie mit Lügengeschichten aufhält, kann Bolívar durchs Fenster entkommen. (53, 202 und 295)

Aus Manuela Sáenz' Brief an ihren Ehemann James Thorne

Nein, nein, um Gottes willen, nicht mehr, lieber Mann!
Warum zwingt Ihr mich, wider meinen Entschluß zu verstoßen und Euch zu schreiben? Sagt, was erreicht Ihr damit, als daß Ihr mir den Kummer zufügt, Euch zum tausendsten Male nein sagen zu müssen? Señor, Ihr seid ein vortrefflicher, ein unvergleichlicher Mann; nie will ich etwas anderes von Euch sagen, als was Ihr seid. Euch um General Bolívars willen zu verlassen, fällt schwer, mein Freund, einen anderen Gatten ohne Eure Eigenschaften zu verlassen, wäre dagegen ein Leichtes ...
Ich weiß wohl, mit dem, was Ihr die Ehre nennt, läßt sich meine Verbindung mit dem General nicht vereinen. Doch haltet Ihr mich darum für minder achtbar, weil er mein Geliebter und nicht mein Gatte ist? Ha, ich hänge nicht an den gesellschaftlichen Rücksichten, welche nur zu unserer gegenseitigen Peinigung ersonnen sind.
Gebt mich frei, geliebter Engländer. Halten wir's doch anders: Laßt uns im Himmel noch einmal heiraten, nicht aber auf Erden ... Dort droben wird dann alles englisch zugehen – welche andere Nation hätte wohl ein Anrecht auf ein so eintöniges Leben? In der Liebe zumindest; im Handel und in der Seefahrt kommt euch an Geschick keine gleich. Aber die Liebe konveniert euch ohne Lust und das Gespräch ohne Reiz, beim Grüßen habt ihr's gern ehrerbietig, beim Stehen und Sitzen muß Vorsicht und beim Scherzen darf nur ja kein Frohsinn walten. Nun, dergleichen Formelkram paßt in den Himmel, aber mir armen Sterblichen, die ich meiner selbst und Eurer und all dieses englischen Ernstes lache, erginge es im Himmel doch gar schlecht! ... (238)

1829, CORRIENTES

Bonpland

Er hat Amerika auf neuntausend Meilen Weg und in sechzigtausend Pflänzchen entdeckt. Als er wieder in Paris war, vermißte er Amerika. Sein Fernweh, sein Heimweh stieß ihn darauf, daß er in das Land gehörte, in dem er seine Wurzeln und Blüten gesammelt hatte. Dieses Land lockte ihn, wie Europa ihn nie gelockt hatte. Seinetwegen fuhr er in umgekehrter Richtung noch einmal übers Meer.

In Buenos Aires wurde er Lehrer und am Oberlauf des Paraná Bauer auf den Matefeldern. Dort stellten ihn die Soldaten von Gaspar Rodriguez de Francia, des *Obersten und Ewigen Diktators von Paraguay.* Sie prügelten ihn windelweich und nahmen ihn auf ihrem Kanu dann mit stromaufwärts.

Neun Jahre verbrachte Bonpland in Paraguay in Haft. Wegen Spionage, soll Diktator Francia gesagt haben, der mittels Terror und Geheimniskrämerei regierte. Könige, Kaiser und Staatspräsidenten setzten sich für die Freilassung des hochberühmten Gelehrten ein, aber da halfen keine Anträge und keine Eingaben, kein Bitten und kein Drohen.

Der Diktator hatte an einem Tag, da der Nordwind ihm aufs Gemüt geschlagen war, sein Urteil gesprochen, und an einem Tag, an dem Südwind wehte, hob er das Urteil wieder auf. Bonpland will aber nicht außer Landes gehen; da weist der Diktator ihn aus.

Bonpland hatte nicht in einer Zelle gesessen, sondern Land bestellt, auf dem er Baumwolle, Zuckerrohr und Apfelsinen ernten konnte, und eine Schnapsbrennerei, eine Schreinerwerkstatt und ein Krankenhaus aufgemacht. Er stand Frauen und Kühen aus dem ganzen Umkreis in den Wehen bei und verteilte unentgeltlich unfehlbar wirkende Tropfen gegen Rheuma und Fieber. Paraguay liebte seinen Häftling im wehenden Hemd, der barfuß nach Pflanzen suchte, den Pechvogel, der Glück bringt. Jetzt geht er, aber nur, weil die Soldaten ihn abführen.

Kaum ist er über die Grenze und steht auf argentinischem Boden, werden Bonpland die Pferde gestohlen. (255)

1829, ASUNCIÓN, PARAGUAY

Francia, der Höchste

Es gibt in Paraguay keine Diebe – außer unter der Erde – und keine Reichen und keine Bettler. Die Kinder werden von Trommeln und nicht von Glocken zur Schule gerufen. Obwohl jeder lesen kann, gibt es nicht eine Druckerei und nicht eine Bibliothek, es kommt auch kein Buch, keine Zeitung und keine Zeitschrift aus dem Ausland, und der Postbetrieb ist mangels Gebrauch eingestellt worden.
Von der Natur und den Nachbarländern her bedrängt, ist Paraguay ständig auf der Hut und wartet nur darauf, daß Argentinien oder Brasilien zuschlagen. Damit es die Paraguayer bereuen, sich auf eigene Füße gestellt zu haben, hat Buenos Aires sie vom Meer abgeschnitten und läßt ihre Schiffe an den Kais vermodern. Die Paraguayer, arm, aber würdevoll, halten durch. Nationale Würde und Isolierung – aufrecht herrscht und wacht Gaspar Rodriguez de Francia über das weite Schwemmland. Der Diktator wohnt allein und ißt allein – ißt, was der Boden hergibt, ißt Gerichte, von denen zuerst die Hunde kosten müssen.
Jeder Paraguayer ist entweder ein Spitzel oder wird bespitzelt. Früh am Morgen, noch beim Messerschleifen, trägt der Barbier Alejandro dem *Höchsten* den ersten Bericht des Tages über Gerüchte und Konspirationen vor, spät in der Nacht jagt der Diktator mit dem Teleskop Sterne; und auch die erzählen ihm, was seine Feinde aushecken. (82 und 281)

1829, RIO DE JANEIRO

Auslandsschulden mit Schneeballeffekt

Vor sieben Jahren hat Prinzregent Pedro sich zum Kaiser von Brasilien ausgerufen. Der neue unabhängige Staat antichambriert schon seit seiner Geburtsstunde bei den britischen Bankiers. Pedros königlicher Vater Johann hatte die Bank leer geräumt und noch das letzte Gramm Gold oder Silber nach Lissabon mitgehen lassen. Die ersten Millionen Pfund Sterling aus

London waren leicht zu bekommen. Als Deckung wurden die Zolleinnahmen verpfändet, und von jeder Anleihe erhielten die einheimischen Mittelsmänner zwei Prozent.
Jetzt schuldet Brasilien schon die doppelte Darlehenssumme, und die Verschuldung rollt und wächst wie ein Schneeball. Die Gläubiger haben das Sagen, und jeder Brasilianer ist schon bei seiner Geburt verschuldet.
In einer feierlichen Ansprache teilt Kaiser Pedro mit, daß die Staatskasse *in erbärmlichem Zustand* – sprich, daß sie leer ist – und daß das Land vom Staatsbankrott bedroht ist. Er weiß aber auch schon den Weg zu seiner Rettung. Der Kaiser hat *Maßnahmen* beschlossen, *welche die Ursache der derzeitigen Notlage mit einem Schlag beseitigen.* Er erklärt, um welche radikalen Maßnahmen es sich handelt, nämlich um neue Kredite, deren Bewilligung sich Brasilien – zu hohen, aber nicht ehrenrührigen Zinsen – von den Londoner Bankhäusern Rothschild und Wilson erhofft.
Gleichzeitig sind die Zeitungen voll mit den Vorbereitungen zu den tausend Festlichkeiten, die zur Hochzeit des Kaisers mit Prinzessin Amelia stattfinden werden. In Privatanzeigen werden Neger angeboten, zum Kauf oder zur Miete, außerdem frisch aus Europa importierter Käse und Klaviere, Röcke aus feinem englischen Tuch und Weine aus Bordeaux. Das Hotel do Globo in der Rua Quitanda sucht einen *weißen, ausländischen Koch,* der *nicht trinkt und keine Zigarren qualmt,* und in der Rua Ouvidor 76 wird eine *Französisch sprechende Dame zur Betreuung eines Blinden* gebraucht. (186 und 275)

1830, RÍO MAGDALENA

Im Boot zum Meer

Grünes Land, schwarzes Land. In der Ferne zerfließen die Berge im Dunst. Auf dem Magdalena-Strom treibt Bolívar flußabwärts.
– *Nein!*
In Lima auf den Straßen verbrennen dieselben Menschen, die Bolívar einst ein diamantenbesetztes Schwert geschenkt haben, jetzt Bolívars Verfassung. In Bogotá nannten sie ihn den

Vater des Vaterlands und verbrennen jetzt in aller Öffentlichkeit sein Bild. In Caracas erklären ihn die Behörden zum *Feind Venezuelas.* Auch in Paris hagelt es nur so von Artikeln, die über ihn herziehen. Und die Freunde verstehen sich auf sein Lob, nicht aber auf seine Verteidigung.

– Ich halt's nicht aus!

Ist das die Geschichte der Menschen? Dieses Labyrinth, dieses flüchtige Schattenspiel? Das venezolanische Volk verwünscht die Kriege, die ihm in fernen Landstrichen die Hälfte seiner Söhne entrissen, aber nichts eingebracht haben. Venezuela tritt aus Großkolumbien aus, auch Ekuador geht auf Abstand, und unterdessen liegt Bolívar unter einem schmutzigen Zeltdach auf einem Boot und treibt hinab zum Meer.

– Ich kann nicht mehr!

Den Gesetzen zum Trotz sind die Neger in Venezuela weiterhin Sklaven. In Kolumbien und Peru werden die Indianer mittels der zu ihrer *Zivilisierung* erlassenen Gesetze beraubt. Der Tribut, eine Kopfsteuer, die nur Indianer zahlen müssen, ist in Bolivien wieder in Kraft.

Wird so Geschichte gemacht? So?

Alles Große schrumpft zu Zwergenhaftem. Jedem Versprechen sitzt Verrat im Nacken. Aus den Vorkämpfern der Unabhängigkeit werden habgierige Grundbesitzer. Amerikas Kinder zerreißen sich gegenseitig. Sucre, Bolívars Liebling, Bolívars Nachfolger, der dem Gift und dem Dolch bislang immer entronnen ist, fällt im Wald, unterwegs nach Quito von einer tödlichen Kugel getroffen, vom Pferde.

– Ich kann nicht mehr! Fort hier!

Im Strom schwimmen Alligatoren und Baumstämme. Bolívar fährt mit gelber Haut und erloschenen Augen zitternd und irre redend den Magdalena-Strom hinab zum Meer, in den Tod.

(53 und 202)

1830, MARACAIBO

Bekanntmachung des Gouverneurs:

... Bolívar, der Geist des Bösen, die Fackel der Anarchie, der Bedrücker seines Vaterlands, ist nicht mehr. (202)

1830, LA GUAIRA

Divide et impera

Der Konsul der USA in La Guaira, J. G. Williamson, der den Zerfall Großkolumbiens prophezeit und tatkräftig nachgeholfen hatte, ließ dem State Department ein treffliches Gutachten zukommen. Darin sagte er schon einen Monat vorher den Austritt Venezuelas und die Aufhebung der den USA nicht genehmen Zölle voraus.
Simón Bolívar ist seit dem siebzehnten Dezember tot. Ein anderer siebzehnter Dezember, nur elf Jahre früher, war der Tag der Gründung Großkolumbiens, das damals aus dem Zusammenschluß Venezuelas und Kolumbiens, dem später Ekuador und Panama beitraten, entstand. Zusammen mit Bolívar ist auch Großkolumbien gestorben.
Ein weiterer US-Konsul, William Tudor, tat von Lima aus das Seine, um gegen den Plan eines geeinten Amerikas von Bolivar, *dem gefährlichen Irren aus Kolumbien,* das Netz der Konspiration zu knüpfen. Tudor war nicht nur wegen Bolívars Vorgehen gegen die Sklaverei besorgt, einem schlechten Beispiel für die Südstaaten der USA, sondern auch und vor allem wegen *der übermäßigen Ausweitung* eines von Spanien befreiten Amerikas. Zu Recht urteilte der Konsul, *England und die USA* hätten *als Staaten gewichtige gemeinsame Einwände* gegen die Herausbildung einer neuen Großmacht. Unterdessen reiste der britische Admiral Fleming zwischen Valencia und Cartagena hin und her und stachelte seinerseits die Spaltungstendenzen an.
(207 und 280)

1830, MONTEVIDEO

Schulbuchbilder: Der Eid auf die Verfassung

Die englische Regierung, hatte Lord John Ponsonby gesagt, *wird es niemals gutheißen, daß nur zwei Staaten, Brasilien und Argentinien, allein die ganze Ostküste Südamerikas beherrschen.*

Unter Londons Einfluß und Schutz macht sich Uruguay staatlich selbständig. Die widerspenstigste La-Plata-Provinz, die die Brasilianer von ihrem Boden verjagt hat, fällt vom Stamm ab und beginnt ihr eigenes Leben. Die Hafenstadt Buenos Aires ist die widerborstige Pampa, auf der Artigas wider den Stachel löckte, endlich los.

In Montevideos *Mutterkirche* hält Pater Larrañaga einen Dankgottesdienst für Gott ab. Vor Inbrunst leuchtet sein Gesicht ebenso sehr wie bei dem Tedeum, das er ein paar Jahre zuvor auf derselben Kanzel zur Feier der brasilianischen Invasion zelebriert hat.

Auf den Rathausbalkonen wird der Eid auf die Verfassung geleistet. Die Damenwelt, die im Gesetz gar nicht vorkommt, wohnt der Einweihung des neuen Staats bei, als sei es ihre Pflicht und Schuldigkeit. Mit einer Hand hält man seinen riesengroßen Zierkamm fest, der bei dem Wind davonfliegen kann, mit der anderen drückt man seinen patriotisch bemalten Fächer an den Busen. Die Herrenwelt kann in ihren hohen steifen Kragen nicht einmal nicken. Klausel für Klausel schallt das Grundgesetz über den vor Zylinderhüten schwarzen Platz. Der Verfassung zufolge sind die Männer, die im spanischen, argentinischen und brasilianischen Beschuß ihre Haut riskiert haben, nicht Staatsbürger der jungen Republik. Uruguay ist nicht für die armen Gauchos da und nicht für die Indianer – die ausgerottet werden – und auch nicht für die Neger, die noch gar nicht mitbekommen haben, daß sie dem Gesetz nach frei sind. Wählen und öffentliche Ämter bekleiden dürfen laut Verfassung auch keine Knechte und Diener, keine Tagelöhner, keine Soldaten von Linienregimentern, keine Faulenzer, Säufer oder Analphabeten. Gegen Abend füllt sich das Schauspielhaus. Premiere hat Rossinis *Diebische Elster,* die erste in dieser Stadt vollständig aufgeführte Oper. (278)

»Vaterland oder Grab«

Der erste Poet auf dem uruguayischen Parnaß, Francisco Acuña de Figueroa, hat sich seine ersten Sporen auf dem Feld der Dichtung mit einer Ode – in Stanzenform – auf Spaniens militärischen Ruhm verdient. Bei der Einnahme Montevideos durch Artigas' Gauchos flüchtete er nach Rio de Janeiro. Dort rühmte er in seinen Reimen den portugiesischen Prinzregenten und dessen ganzen Hofstaat. Im Gefolge der brasilianischen Invasoren zog Don Francisco mit geschulterter Leier dann wieder in Montevideo ein und besang die Okkupanten. Am Tag der Vertreibung der brasilianischen Truppen, ein paar Jahre später, inspirierten die Musen Acuña zu patriotischen Zehnsilbern, zu gedichteten Lorbeerkränzen, mit denen die Unabhängigkeitskämpfer nun ihre Stirn schmücken konnten. Heute schreibt der geschmeidige Poet die Nationalhymne für den frischgebackenen Staat. Die Uruguayer müssen sich seine Verse für alle Zeiten im Stehen anhören. (3)

1832, SANTIAGO DE CHILE

Made in Chile

Wer etwas auf sich hält, tanzt und kleidet sich auch in Chile nach der französischen Mode, bindet sich die Krawatte wie Lord Byron, speist französische Küche, trinkt Five o' clock tea und trinkt französischen Cognac.

Als Vicente Pérez Rosales seine Branntweindestille aufmacht, holt er sich dazu die modernsten Destillierkolben und einen schönen Vorrat goldverschnörkelter, dezent bedruckter Etiketten mit der Aufschrift *Old Champagne Cognac* aus Paris. An der Tür zu seinem *Bureau* ließ er ein großes Schild anbringen:

DIREKTIMPORT

Das Bukett war nicht ganz getroffen, aber nahe daran. Magengeschwüre bekam jedenfalls keiner. Die Ware fand reißenden Absatz, die Firma kam mit dem Liefern gar nicht nach, da bekam Don Vicente einen patriotischen Anfall und fand, er könne nicht länger in Landesverrat leben.

– *Solch hohes Ansehen gebührt Chile allein.*
Er warf die europäischen Etiketten ins Feuer, und an seiner Ladentür prangte nun ein anderes, noch größeres Schild:

CHILENISCHES FABRIKAT

Auch die Etiketten läßt er in Chile drucken. Auf den Flaschen steht: *Kognak aus Chile.*
Er verkauft nicht eine. (256)

Marktschreier in Santiago de Chile

– *Basilikum und Nelken, damit die Mädchen nicht welken!*
– Oblaaaateeeen!
– Hübsche Knöpfe, einen Real die Schnur!
– Züüüüüündhöööölzer!
– Riemen, Sattelgurte, handschuhweich!
– *Eine milde Gabe um Gottes willen?*
– Rindfleisch zu verkaufen!
– *Eine milde Gabe für einen armen Blinden?*
– Beeesen! Meine letzten Beeeesen!
– Feigen? Süße Feigen?
– Wundertätige Medaillons, einzeln oder im Dutzend!
– Eingemachte schwarze Oliven, zugefaßt!
– Messer, zu Ihrer Sicherheit!
– Scharfe Klingen!
– Lassos! Wer braucht ein Lasso?
– Ran ans frische Brot!
– Schellen! Ich hab nur noch eine!
– Leckere Wassermelonen!
– *Ran ans frische Brot, von zarter Frauenhand geknetet!*
– Saftige Melooooonen!
– Ran ans frische Brot, Noch oooofenwarm! (288)

1833, AREQUIPA

Die Lamas

Glückselige Geschöpfe sind sie, meint Flora Tristan.
Flora bereist Peru, das Land ihres Vaters, und stößt in der Sierra auf *das einzige Tier, welches der Mensch nicht zu erniedrigen vermocht hat.*
Die sanftmütigen Lamas sind behender als die Maultiere und klettern höher. Sie ertragen Frost und Strapazen und tragen schwere Lasten. Ohne jede Gegenleistung dienen sie den Hochgebirgsindianern als Transportmittel, liefern ihnen Fleisch und Milch und dazu *die sauber glänzenden Seidenhaare auf ihrem Körper.* Sie lassen sich nur nicht anbinden, nicht mißhandeln und nicht herumkommandieren, sondern schreiten mit königlichem Gang dahin. Bleiben sie stehen, muß der Indianer sie bitten, weiterzugehen. Werden sie geschlagen, beschimpft oder bedroht, legen sich die Lamas hin, recken ihren langen Hals, drehen die Augen, *die schönsten Augen der Schöpfung,* zum Himmel und machen sich behutsam ans Sterben.
Glückselige Geschöpfe, meint Flora Tristan. (337)

1833, SAN VICENTE

Aquino

Anastasio Aquinos Kopf rollt in den Korb des Henkers. Krieg seiner Asche.
Der Anführer der Indianer in El Salvador war mit dreitausend Lanzen gegen die Landräuber aufgestanden. Er war mit den Büchsen fertig geworden, die mittels Zigarrenglut abgefeuert werden, und er hatte dem heiligen Joseph auf dem Hochaltar einer Kirche die Kleider vom Leib gezogen. Im Mantel des Vaters von Christus erließ er Gesetze, die es verboten, daß Indianer jemals wieder Sklaven oder Soldaten würden und hungerten oder söffen. Aber man bot mehr Truppen gegen ihn auf, und er mußte sich in die Berge flüchten.
Sein Stellvertreter, genannt das *Glöckchen,* verriet ihn an den Gegner.

– *Jetzt bin ich ein Jaguar ohne Krallen und Zähne,* klagte er beim Anblick seines festgeketteten und festgeschmiedeten Körpers und beichtete Pater Navarro, er habe sein Leben lang nur vor dem Zorn und den Tränen seiner Frau Angst gehabt.
– *Ich bin bereit zum Blindekuhspiel,* sagte er, als man ihm die Augen verband. (87)

1834, PARIS

Tacuabé

Auf den Landzungen am Quegay hat General Riveras scharf schießende Kavallerie ihr zivilisatorisches Werk beendet. In Uruguay lebt kein Indianer mehr.
Die vier letzten Charruas vermacht die Regierung der Akademie der Naturwissenschaften in Paris. Sie verschickt sie als Fracht im Laderaum eines Schiffes, neben anderen Koffern und Kisten.
Das französische Publikum darf die Wilden, seltene Belegstücke eines ausgestorbenen Stammes, gegen eine Eintrittsgebühr besichtigen. Die Wissenschaftler notieren ihre Gesten und Mienen, ihre Angewohnheiten und Körpermaße. Von der Form des Schädels schließen sie auf geringe Intelligenz und aufbrausenden Charakter.
Nach wenigen Monaten ergeben sich die Indianer und sterben. Die Akademiemitglieder reißen sich um ihre Leichen.
Nur der Krieger Tacuabé bleibt am Leben. Er flieht mit seiner neugeborenen Tochter und gelangt, niemand weiß, wie, nach Lyon. Dort verlieren sich seine Spuren.
Tacuabé war der Spielmann unter den Gefangenen. Er musizierte im Museum, wenn die Besucher gingen. Er befeuchtete einen Stab mit der Zunge, strich damit über einen mit einer Saite aus Pferdehaar bespannten Bogen und brachte so wundervoll schwingende Töne hervor. Die Franzosen, die ihn hinter den Vorhängen belauert haben, erzählen, es habe leise geklungen, gedämpft, fast unhörbar, als habe er sich heimlich mit jemandem unterhalten. (19)

1834, MEXIKO

Lieben heißt Geben

Hinter jeder Tür wacht eine Kürbisschale voll Essig. Auf jedem Altar halten hundert Kerzen Fürbitte. Laut ärztlicher Empfehlung werden die Kranken zur Ader gelassen und die Häuser mit Chlorid ausgeräuchert. An farbigen Wimpeln erkennt man die von Seuche heimgesuchten Häuser. An düsterem Gesang und Geheul die durch die menschenleeren Gassen rumpelnden Leichenkarren.

Der Gouverneur verbietet per Dekret mehrere Nahrungsmittel. Seiner Meinung nach ist die Cholera in Mexiko von gefüllten Pfefferschoten und Obst verursacht.

In der Calle-del-Espiritu-Santo schneidet ein Kutscher eine riesengroße Annone auf. Er lehnt sich auf dem Kutschbock zurück, um sich die Stückchen auf der Zunge zergehen zu lassen. Aber bei dem, was ein Passant zu ihm sagt, bleibt ihm der Mund offenstehen:

– *Du Holzkopf! Merkst du nicht, daß du dich umbringst? Weißt du nicht, daß diese Frucht dich ins Grab bringt?*

Der Kutscher zögert. Er starrt das milchigweiße Fruchtfleisch an und kann sich nicht dazu durchringen, hineinzubeißen. Schließlich steigt er ab, geht ein paar Schritte bis zur Straßenecke und reicht die Annone seiner dort sitzenden Frau.

– *Da, meine Liebste, iß du sie!* (266)

1835, GALÁPAGOS-INSELN

Darwin

Schwarze Hügel steigen aus dem Meer und dem Dunst. Über das Gestein kriechen träge wie die Siesta kuhgroße Schildkröten. Aus den Ritzen huschen Leguane, flügellose Drachen.

– *Hauptquartier der Hölle,* tuschelt der Kapitän der *Beagle.*

– *Selbst die Bäume fühlen sich nicht gut,* setzt Darwin hinzu, als der Anker in die Tiefe rasselt.

Auf diesen Inseln, den Galápagos-Inseln, ist Darwin nahe daran, das *Geheimnis aller Geheimnisse* zu entschleiern; hier geht ihm die Erkenntnis auf, daß das Leben auf der Erde einen unablässigen Verwandlungsprozeß durchmacht. Hier entdeckt er, daß die Finken ihre Schnäbel dem speziellen Bedarf anpassen und daß Schnäbel, die große harte Kerne aufhacken müssen, die Form eines Nußknackers, und solche, die Nektar aus Kakteen saugen, die Form einer Zange angenommen haben. Ebenso, entdeckt Darwin, haben die Schildkröten andere Panzer und Hälse, je nachdem, ob sie flach am Boden fressen oder lieber nach höher wachsenden Früchten schnappen.

Auf den Galápagos-Inseln findet sich der Ursprung aller meiner Ansichten, soll Darwin später schreiben. *Wunder über Wunder,* schreibt er jetzt in sein Reisetagebuch.

Als die *Beagle* vier Jahre zuvor in einem englischen Hafen in See stach, nahm Darwin noch jedes Wort in der Bibel für pure Wahrheit. Er glaubte, daß Gott die Welt, so wie sie heute sei, in sechs Tagen erschaffen habe und daß er die Schöpfung, wie es Erzbischof Usher behauptet, am zwölften Oktober des Jahres viertausendundvier vor Christus um neun Uhr vormittags abgeschlossen habe. (4 und 88)

1835, COLUMBIA

Texas

Vor fünfzehn Jahren war ein Treck Planwagen durch die menschenleere Prärie von Texas geknarrt und von unheimlichem Uhu- und Kojotengeheul nicht gerade freundlich empfangen worden. Mexiko hatte den dreihundert Familien, die samt Sklaven und Pflugscharen aus Louisiana hergewandert waren, Boden überlassen. Vor fünf Jahren waren dann schon zwanzigtausend nordamerikanische Siedler in Texas, die wiederum zahlreiche Sklaven besaßen, die sie in Kuba eingekauft oder aus den Mastställen in Virginia und Kentucky, wo feine Herren Negerkinder aufzogen, geholt hatten. Inzwischen hissen die Siedler ihre eigene Fahne, die einen Bären darstellt, und verweigern der mexikanischen Regierung die Steuerzahlung und die Befolgung des Gesetzes, das auf mexikanischem Hoheitsgebiet neuerdings Sklavenhaltung verbietet.

US-Vizepräsident John Calhoun aber glaubt, Gott habe die Neger dazu erschaffen, daß sie für das auserwählte Volk Holz fällen, Baumwolle ernten und Wasser schleppen. Die Textilfabriken verlangen mehr Baumwolle, und mehr Baumwolle verlangt mehr Ackerland und mehr Neger. *Gewichtige Gründe sprechen dafür,* äußerte Calhoun im vergangenen Jahr, *daß Texas zu den Vereinigten Staaten gehört.* Als er das sagte, hatte Präsident Jackson, der Staatsgrenzen fortbläst wie Pusteblumen, schon seinen Freund Sam Houston nach Texas gesandt.
Der harsche Houston boxt sich zum General der texanischen Armee durch und ruft die Unabhängigkeit von Texas aus. Der neue Staat, der bald ein weiterer Stern auf dem amerikanischen Sternenbanner sein wird, hat eine größere Bodenfläche als Frankreich.
Und der Krieg mit Mexiko bricht aus. (128 und 207)

1836, SAN JACINTO

Die Freie Welt wird größer

Sam Houston verkauft Land zu vier Centavos der Morgen. Auf allen Wegen fluten US-amerikanische Freiwilligenbataillone heran, in allen Häfen landen Schiffe aus New York und New Orleans mit Waffen.
Schon der Komet am Himmel über Mexiko hatte auf eine Katastrophe gedeutet. Niemand war überrascht davon, lebte Mexiko doch in ständiger Katastrophenstimmung, seit die Mörder von Hidalgo und Morelos das Land für unabhängig erklärt hatten, um es sich unter den Nagel zu reißen.
Der Krieg ist kurz. In El Alamo bläst der mexikanische General Santa Ana zwar noch zur Attacke und metzelt und schießt, in San Jacinto aber verliert er in einer Viertelstunde vierhundert Mann. Für sein Leben gibt er Texas her, dann reist Santa Ana mit seiner geschlagenen Armee, seinem Privatkoch, seinem Siebentausend-Dollar-Schwert, mit seinen zahllosen Orden und seinem Eisenbahnwaggon voller Kampfhähne zurück nach Mexiko.

General Houston ruft sich auf seiner Siegesfeier zum Präsidenten von Texas aus.
Die texanische Verfassung sichert den Besitzenden einen lebenslangen Anspruch auf ihre Sklaven zu, weil es sich dabei ja um rechtmäßig erworbenen Besitz handelt. Unter dem Motto *Ausdehnung des Gebiets der Freiheit* haben die Truppen der Sieger schließlich Krieg geführt. (128)

1836, El ALAMO

Bilder von Westernhelden

Als der Krieg um Texas gerade anfing und das Kriegsglück noch den mexikanischen Truppen lachte, kam Oberst Davy Crockett durch Bajonettstiche ums Leben. Er fiel im Fort El Alamo, zusammen mit seiner Horde heldenhafter Outlaws, und am Schluß seiner Geschichte gab es nur noch Geier.
Die USA, die sich an Indianer- und Mexikanerland dick und rund fressen, haben einen ihrer Wildwesthelden verloren. Davy Crockett nannte seine Flinte Betsy und schoß fünf Bären mit einer Kugel.
Crockett hätte von Daniel Boone abstammen können, der ein Jahrhundert zuvor ein legendärer Pionier war, der männlich einsam mordete, der die Zivilisation verabscheute, sich seinen Lebensunterhalt aber mit der Ansiedlung von Kolonisten auf dem Land verdiente, das er seinen indianischen Freunden weggenommen hatte. Und Crockett hätte der Vater des Romanhelden Natty Bumppo sein können, der so berühmt ist, daß er aus Fleisch und Blut sein könnte.
Seit James Fenimore Cooper seinen *letzten der Mohikaner* herausgebracht hat, gehört Natty Bumppo, der edle rauhe Wildtöter, in den USA zum Alltagsleben. Alles, was Bumppo von Moral weiß, hat ihm die Natur beigebracht, und seine Energie bezieht er aus den Bergen und Wäldern. Er ist zwar häßlich und hat nur einen einzigen großen Zahn, aber er beschützt trotzdem ohne Hoffnung auf Gegenleistungen schöne weiße Jungfrauen, die dank seiner denn auch unangefochten durch den Wald und durch die Begierde kommen. Natty Bumppo lobt

wortreich die Stille, und er sagt die Wahrheit, wenn er behauptet, er fürchte den Tod nicht und er bewundere die Indianer, selbst wenn er sie dabei gleichzeitig abschlachtet.

(149 und 218)

1836, HARTFORD

Der Colt

Ingenieur Samuel Colt meldet die von ihm entwickelte *Revolving Pistol* in Hartford, Connecticut, zum Patent an. Es handelt sich um eine Pistole mit drehbarer Trommel zu je fünf Schuß, die also in zwanzig Sekunden fünfmal töten kann.
Die erste Bestellung kommt aus Texas. (305)

1837, GUATEMALA - STADT

Morazán

Die Soutanen schleudern Blitz und Donner. Rafael Carrera heißt der Blitz, und der Donner rollt in ganz Guatemala.
– *Hoch lebe die Religion! Nieder mit den Ausländern! Tod Morazán!*
Jede verfügbare Kerze brennt. Die Nonnen beten so hastig, daß sie in neun Sekunden neun Novenen fertig haben. Die Chöre singen inbrünstig das Salve, und ebenso inbrünstig verfluchen sie Morazán.
Francisco Morazán, der Präsident von Zentralamerika, ist der *ausländische Ketzer,* der solchen mystischen Zorn entfesselt hat. Der in Honduras geborene Morazán hat nicht nur die mittelamerikanischen Provinzen zu einer Nation zusammengeschlossen, sondern außerdem Grafen und Barone in den Stand simpler Bürger versetzt und staatliche Schulen eröffnet, in denen sehr irdische und keinerlei himmlische Dinge gelehrt werden. Morazáns Gesetzen zufolge wird auf Gräbern kein Kreuz und auf Hochzeiten kein Pfarrer mehr gebraucht und im Ehebett gezeugte Kinder unterscheiden sich nicht mehr von denen, die auf Stroh im Stall ohne vorherigen Vertrag in die Welt gesetzt wurden; sie sind beim Erben gleichberechtigt.

Das Schlimmste aber ist: Morazán hat die Kirche vom Staat getrennt, er stellt es jedem frei, zu glauben oder nicht zu glauben, er hat den Beamten des Herrn ihre Zehnten und Erstlingsabgaben gestrichen, und er bietet ihren Grundbesitz zum Verkauf an.
Die Schwarzröcke geißeln in Morazán den Verursacher der in Guatemala wütenden Seuche. Während die Cholera grassiert, hagelt es vernichtende Anklagen von den Kanzeln. Morazán habe die Gewässer vergiftet, der Antichrist, und einen Pakt mit dem Teufel geschlossen, um ihm die Seelen der Toten zu verhökern.
Die Bergdörfer stehen auf gegen den Brunnenvergifter. Der Anführer des Aufstands, Rafael Carrera, ist ein zwanzigjähriger Schweinezüchter, dem schon drei Kugeln im Fleisch stekken. Er ist über und über mit Skapulieren und Medaillons behängt, und an seinem Hut wippt ein grüner Zweig.

(220 und 253)

1838, BUENOS AIRES

Rosas

Weil er sich aufs Zureiten von Hengsten und Menschen versteht, ist Juan Manuel de Rosas der erste Mann in den Pampas um Buenos Aires. Er spielt Gitarre und tanzt und erzählt an den Lagerfeuern die Geschichten, bei denen man sich am meisten ängstigt und am meisten lacht. Er selber aber ist aus Marmor, und selbst seine eigenen Kinder nennen ihn *Patrón* wie einen Dienstherrn. Verdirbt eine Köchin ihm das Hähnchen, wird sie verhaftet, und verstößt er aus Versehen selber gegen eine seiner selbst aufgestellten Regeln, läßt er sich selber auspeitschen.
Seine Landgüter sind die florierendsten, seine Pökelhäuser die bestorganisierten. Rosas besitzt in der riesigen Grasfläche zwischen dem Hafen Buenos Aires und den Indianerzelten die besten Stücke.
Rosas regiert. Er hat ein Zollgesetz zum Schutz der argentinischen Produktion von Ponchos, Matratzen, Schuhen, Wagen,

von Wein, Schiffen und Möbeln erlassen und die Flüsse im Landesinneren für den ausländischen Warenverkehr gesperrt.
Die *Revue des Deux Mondes* fordert, Frankreich solle den *verlotterten Nachfahren der spanischen Conquista* eine Lektion in Sachen Zivilisation und Zucht erteilen. Das französische Geschwader unter Admiral Leblanc blockiert Buenos Aires, den einzigen argentinischen Hafen, der für den Handel mit Übersee ausgerüstet ist. (166, 271 und 336)

»Der Schlachthof«

Von Esteban Echeverría stammt die erste Kurzgeschichte in der Literatur des La-Plata-Beckens. In Echeverrías *»Schlachthof«* ist Rosas' Diktatur der Überfall einer Horde Messerstecher auf einen hilflosen Gelehrten in Buenos Aires.
Echeverría ist zwar in den Vorstädten geboren und mit Raufereien aufgewachsen, aber seit er in Paris war, hat er Schliff und verachtet den *Pöbel.* Vor dem Hintergrund eines Südstadt-Schlachthofes läßt sich am besten schildern, wie Hunde sich mit stochernden Negerinnen um Innereien reißen und wie dem gemeinen Volk die ordinären Ausdrücke aus dem Mund sprudeln wie dem Vieh das Blut aus der Gurgel. In der Erzählung trägt der Schlächter die Lederlappenhose der Gauchos, sein Gesicht ist blutverschmiert, und den Rindern stößt er den Dolch bis ans Heft in den Hals. Nach Feierabend drangsaliert er einen Gebildeten im Frack, weil der ihm die gebührende Verbeugung verweigert. (104)

Das Neueste vom Kannibalismus in Amerika

Ihre letzte Attacke reitet Oberst Ramón Estombas Kavallerie gegen niemanden. Der Krieg mit Spanien ist aus; weitaus schlimmer aber ist der Krieg, den Argentinier gegen Argentinier führen. Oberst Estomba schwenkt den Säbel und brüllt *Attacke!* Und ein Wirbelsturm von Schreien, Säbeln und Pferden sprengt auf den leeren Horizont zu.

Das zerrissene Land tobt. Die Helden des Unabhängigkeitskampfes zerfleischen sich gegenseitig. Estanislao López läßt sich, in ein Schaffell gewickelt, den Kopf des Pancho Ramírez aushändigen, steckt ihn in einen eisernen Käfig und weidet sich eine Nacht lang an seinem Anblick. Gregorio Lamadrid behängt Facundo Quirogas Mutter mit Ketten und schleift sie durch die Gassen, bevor auch Facundo in einem Hinterhalt durch einen Schuß ins Auge fällt. Manuel Dorrego wird von Juan Lavalle in einem Viehgehege auf Kuhmist erschossen, und seitdem ist Dorregos Gespenst hinter Lavalle her und läßt nicht eher locker, als bis es ihn erwischt, als er gerade auf seiner Geliebten liegt. So daß er das Glück hat, in einer Frau zu sterben. (55, 103 und 110)

1838, TEGUCIGALPA

Mittelamerika bröckelt schon auseinander,

als Morazán in Guatemala noch gegen die von den Mönchen aufgehetzten Massen kämpft.

Einer nach dem anderen reißen die dünnen Fäden, mit denen dieser Staat zusammengenäht war. Costa Rica und Nicaragua brechen aus der Föderation aus, und auch Honduras erklärt sich für unabhängig. Die Stadt Tegucigalpa feiert mit Trommelwirbeln und Festreden die Niederlage ihres Sohnes. Von hier aus hat Morazán vor zehn Jahren seine Einigungskampagne gestartet. Eifersüchteleien zwischen Provinzen, Neid und Habgier, die alten Gifte, vermögen mehr als Morazáns Passion. Die Bundesrepublik Mittelamerika liegt, in vier Teile zerfallen, darnieder. Bald sind es fünf Teile, dann sogar sechs. Armselige Bruchstücke. Ihr Haß aufeinander ist stärker als ihr Mitleid. (220)

1839, COPÁN

Heilige Stadt zu verkaufen, für fünfzig Dollar

Der Käufer ist John Lloyd Stephens, der US-Botschafter in Mittelamerika. Angeboten war die Maya-Stadt Copán in Honduras, über die am Ufer eines Flusses der Urwald wuchert.
In Copán sind die Götter zu Stein geworden, und aus Stein sind auch die von den Göttern auserwählten oder bestraften Menschen. In Copán lebten vor über tausend Jahren gelehrte Astronomen, die die Geheimnisse des Morgensterns gelüftet und mit einer bis dahin nicht erreichten Präzision das Sonnenjahr gemessen hatten.
Die Zeit hat die Tempel mit den schönen Friesen und behauenen Steintreppen beschädigen, aber nicht unterkriegen können. Die Gottheiten tauchen zwischen den Altaren auf und spielen Versteck zwischen den gefiederten Masken. Jaguar und Schlange reißen wie eh und je an den im Dickicht stehenden Stelen ihren Schlund auf, und Menschen wie Götter atmen in diesen Platten, die schweigen, aber nicht stumm sind. (133)

1839, HAVANNA

Sprechende Trommeln, beredte Körper

Der spanische Generalkapitän auf Kuba beschließt, Feste mit Getrommel auf den Plantagen zuzulassen, solange sie an Feiertagen stattfinden und von Vorarbeitern beaufsichtigt werden. Die Vorarbeiter sorgen denn auch dafür, daß nur ja nichts Aufrührerisches getrommelt wird. Negertrommeln sind lebendige Trommeln, sie trommeln nie allein. Sie halten Zwiesprache mit anderen Trommeln – die männliche Trommel lockt, die weibliche Trommel sehnt sich – und gefährliche Zwiesprache mit den Menschen und den Göttern. Wenn die Trommel ruft, kommen die Götter, schlüpfen in die Leiber und erheben sich in ihnen zum Fluge.
In grauer Vorzeit stach der Skorpion Akeké zum Zeitvertreib ein Menschenpaar mit seinem Stachel tot. Seitdem kommen

die Neger schon aus dem Mutterbauch getanzt, sie tanzen von Liebe, Schmerz und Zorn, und tanzend gehen sie durch das ganze gnadenlose Leben. (22, 222 und 241)

1839, HAVANNA

Zeitungsannoncen

An- und Verkauf

Viehangebote

In Kuba geborene gesunde junge Negerin zu verkaufen, keine Gebrechen, willig und treu, gute Köchin, einiges Geschick im Waschen und Bügeln, vorzüglicher Umgang mit Kindern. Für fünfhundert Pesos.

Anschrift: Calle Daoiz Nr. 150. Näheres daselbst.

11. März

Personal zu vermieten

Negerinnen für die Bedienung im Haushalt. Neger als Knechte und für alle sonstigen Arbeiten. Dazu unentgeltlich kleine Neger zum Spielen für Ihre Kinder.

Auskunft: Calle Daoiz Nr. 11

21. März

PARTE ECONOMICA.

Ventas de animales.

Se vende una negra criolla, jóven sana y sin tachas, muy humilde y fiel, buena cocinera, con alguna intelijencia en lavado y plancha, y escelente para manejar niños, en la cantidad de 500 pesos. En la calle de Daoiz, número 150, impondrán de lo demas. 3||11

Se vende un hermoso caballo de bonita estampa, de seis cuartas tres pulgadas de alzada, de-

---

• SE ALQUILAN POSESIONES para viviendas. Negras para el servicio de casa. Negros para peones y para todo trabajo, y se dan negritos para jugar con niños. De todo darán razon en la calle de Daoiz número 11. mzo. 21

SANGUIJUELAS superiores acabadas de llegar de la península, se hallan de venta en la

1839, VALPARAÍSO

Der Beleuchter

Im Stadtteil La Rinconada, in der chilenischen Hafenstadt Valparaíso am Hang gelegen, hängt ein Schild an einem Haus:

> GUT AMERIKANISCHE SITTEN,
> GUT AMERIKANISCHE BELEUCHTUNG:
> Talgkerzen, Geduld, Seife, Schicksalsergebenheit,
> fest klebender Leim, Arbeitsliebe.

Drinnen qualmt der Herd und poltern die Kinder. Hier wohnt Bolívars ehemaliger Lehrer. In Simón Rodríguez' Haus sind auch eine Schule und eine kleine Manufaktur untergebracht. Simón bringt den Kindern Freude am Erschaffen von Neuem bei und deckt mit der Herstellung von Kerzen und Seifen die Kosten. (298)

1839, VERACRUZ

»Gib, lieber Gott, einen Mann mir bald, sei er auch bucklig, blind oder alt.«

Der spanische Botschafter setzt zum ersten Mal den Fuß auf mexikanischen Boden. In Veracruz begegnet er keinen anderen Vögeln als den Geiern, die nach Kadavern spähen. Am Arm seiner Frau streift er durch die tristen Gassen, um die Landessitten zu erkunden.

In einer Kirche stößt der Botschafter auf eine schlimm zugerichtete Heiligenfigur. Die unverheirateten Frauen bitten um ein Wunder und bewerfen den Heiligen darum mit Steinen. Hoffnungsvoll zielen die jungen Mädchen – je genauer sie treffen, glauben sie, desto besser wird ihr Mann – und rachsüchtig die schon verwelkten Frauen; sie erwarten sich vom Antonius aus Padua keinen Trost und keinen Mann mehr, sondern schimpfen und schmeißen sich nur noch den Groll von der Seele. Sankt Antonius ist arg mitgenommen, sein Gesicht ist

zerschunden, seine Arme sind nur noch Stümpfe, und seine Brust ist zerdellt.
Zu seinen Füßen legen sie Blumen nieder. (57)

1840, MEXIKO

Maskenball

In Mexiko hetzen die französischen Schneider und Friseure von Haus zu Haus und von gnädiger Frau zu gnädiger Frau. Wer wird die Eleganteste auf dem großen Wohltätigkeitsball für die armen Leute? Welche Schöne trägt wohl den Sieg davon?
Madame Calderón de la Barca, die Frau des spanischen Botschafters, probiert die mexikanische Nationaltracht an, das typische Kleid im Tal von Puebla. Der Spiegel freut sich über das, was er da spiegeln darf: die weiße Bluse aus Häkel- und Klöppelspitze, den roten Rock und darunter das aufgestickte Paillettengeglitzer auf dem Unterrock. Um die Taille wickelt sich Madame Calderón die endlos lange bunte Schärpe, ihre Frisur bekommt einen Mittelscheitel, und ihre Zöpfe steckt sie in einen Ring.
Ganz Mexiko erfährt es. Die Minister beraten auf einer Sondersitzung, wie sie die Gefahr abwenden können. Drei von ihnen – Außen-, Innen- und Kriegsminister – sprechen privat beim Botschafter vor und warnen ihn amtlich. Die vornehmen Damen können es nicht fassen – Ohnmachten, Riechsalz, Luftzufächeln. Eine so würdevolle Dame und so würdelos gekleidet! Und das in aller Öffentlichkeit! Bekannte und Freunde erteilen Rat, und das diplomatische Korps übt Druck aus. Vorsicht, vermeidet den Skandal, solche Kleider ziehen nur Frauen mit zweifelhaftem Ruf an!
Madame Calderón de la Barca verzichtet auf die Nationaltracht. Sie geht nicht als Mexikanerin auf den Ball. Statt dessen verkleidet sie sich als italienische Landfrau aus dem Latium. Eine Schirmherrin der Veranstaltung geht als Königin von Schottland. Andere Damen staffieren sich zu französischen Zofen oder zu schweizerischen, englischen und aragoni-

schen Landmädchen heraus, und ganz Extravagante verschleiern sich wie Haremsdamen.
Die Musik schwingt über ein Meer von Perlen und Brillanten hin. Getanzt wird ohne Anmut. Das liegt nicht an den Füßen, sondern an den Schuhen, die so qualvoll klein und eng sind. (57)

In der vornehmen mexikanischen Gesellschaft: Besuch

– *Wie geht es Ihnen? Es geht Ihnen doch gut?*
– *Danke, sehr erfreut. Und Ihnen?*
– *Wie üblich. Sehr erfreut.*
– *Wie haben Sie die Nacht verbracht?*
– *Danke. Sehr erfreut.*
– *Das freut mich. Und wie geht es Ihnen, Señora?*
– *Zu Ihren Diensten. Und Ihnen?*
– *Tausend Dank. Und dem Herrn Gemahl?*
– *Sehr freundlich. Wie üblich.*
– *Wollen Sie sich bitte setzen?*
– *Sie zuerst, Señorita.*
– *Nicht doch, Señora, Sie zuerst bitte!*
– *Nun, also gut, Ihnen zuliebe. Um keine Umstände zu machen. Ich hasse alle Formalitäten und alle Etikette.* (57)

Straßenverkauf rund um die Uhr in Mexiko-Stadt

– Kohle, Señor!
– *Butter! Zu anderthalb Realen Butter!*
– Prima Wurst!
– Haben Sie genug Taaalg?
– Knööööpfe!
– *Ikakopflaumen! Peperonikerne!*
– Bananen, Apfelsinen, Granatäpfel!
– Süße kleine Spiiieegeeeel!
– Dicke, runde Maisfladen, noch ofenwarm!

– *Wer möchte Matten aus Puebla, fünf Ellen lang?*
– Honigkuchen! Käse, Honig und Quark und feiner gelber Sirup!
– *Bonbons! Kokoshappen! Baisers!*
– Das letzte Los! Für einen halben Real das allerletzte Los!
– Tortiiiillaaaas!
– Wer möchte Nüsse?
– Tortillas mit Buttermilch!
– Enten, zugreifen! Heiße gebratene Enten!
– *Maispasteten, lecker frische Maispasteten!*
– Geröstete Kastaaaaaanieeeen! (57)

In der vornehmen mexikanischen Gesellschaft: Abschied eines Arztes

Am Bett:
– *Gnädige Frau, Euer ergebener Diener!*
– *Vielen Dank, Señor.*
Am Fußende des Bettes:
– *Gnädige Frau, seht in mir Euren allerergebensten Diener!*
– *Gehabt Euch wohl, Señor.*
Zwischenaufenthalt am Tisch:
– *Gnädige Frau, ich küsse Eure Füße.*
– *Ich küsse Eure Hand, Señor.*
An der Tür:
– *Señora, mein bescheidenes Haus mit allem, was darin ist, und ich selber, wenn ich auch nicht zuviel nütze, und mein ganzer Besitz, alles steht zu Eurer Verfügung!*
– *Vielen Dank, Señor.*
Er macht die Tür auf, dreht sich dann aber noch einmal nach mir um:
– *Auf Wiedersehen, Señora. Euer ergebenster Diener.*
– *Auf Wiedersehen, Señor.*
Er geht endlich hinaus, macht die Tür dann aber noch einmal einen Spaltbreit auf und steckt den Kopf herein:
– *Noch einen recht schönen Tag, Señora!* (57)

1840, MEXIKO

Ein junges Mädchen nimmt den Schleier

Du wandelst auf dem rechten Pfade,
niemand kann dich Auserkorene mehr
davon abbringen.

Sie ist erst sechzehn und nimmt Abschied von der Welt. In der Kutsche ist sie noch einmal durch die Straßen gefahren, die sie nie mehr wiedersehen soll. Verwandte und Bekannte, die sie nie mehr zu Gesicht bekommen sollen, stehen jetzt im Theresienkloster und nehmen an der Zeremonie teil.

Keiner, nichts und niemand
kann dich davon abbringen.

Zusammen mit anderen Bräuten Christi wird sie ab heute an einem Tisch, in dessen Mitte ein Totenkopf thront, aus Tonschüsseln essen. Sie wird für nicht begangene geheimnisvolle Sünden büßen, die andere genießen, und sie wird diese anderen erlösen, indem sie ihr Fleisch mit einer Dornenkrone und mit einem Dornengürtel peinigt. Sie wird auf einem harten Bett für immer allein schlafen und Stoffe tragen, die auf der Haut kratzen.

Fernab vom Getümmel des großen Babel,
von Verderbtheit, Verführung, von Gefahren –
fernab.

Über und über mit Blumen, Perlen und Diamanten besteckt, steht sie da. Nun wird sie allen Putzes entkleidet, nackt bis auf die Haut.

Niemals

Die Orgel dröhnt, und der Bischof mahnt und segnet. Der riesengroße Bischofsring aus Amethyst zeichnet das Kreuz über dem knienden Mädchen. Die Nonnen singen.

Ancilla Christi sum …

Sie wird in Schwarz gekleidet. Die Nonnen prosternieren, die Gesichter flach am Boden, wie schwarze, um ein Kerzenrund gebreitete Schwingen.
Ein Vorhang wird zugezogen, wie ein Sarg, der zugeklappt wird. (57)

1842, SAN JOSÉ DE COSTA RICA

Die Zeit mag einen vergessen, die Erde nicht

In der Stadt Guatemala bereiten Damen und Mönche den Caudillo Rafael Carrera aus den Bergen auf eine lange Diktaturperiode vor. Sie setzen ihm den Dreispitz auf, probieren ihm den Rock und den Degen an und bringen ihm bei, wie man mit Lackstiefeln geht, seinen Namen schreibt und von einer goldenen Uhr die Zeit abliest. Der Schweinehirt Carrera soll seinen Beruf von nun an mit anderen Mitteln ausüben.
In San José de Costa Rica bereitet Francisco Morazán sich aufs Sterben vor. Viel Mut braucht es dazu. Morazán hat das Leben geliebt und viel erlebt. Er reißt sich nur mit Mühe los. Die ganze Nacht starrt er an die Zellendecke und nimmt Abschied. Die vielen Menschen, die er gekannt hat! Da braucht man eine Weile, um sich zu trennen. Er hätte lieber länger regiert, der General, und dafür kürzer gekämpft. Viele Jahre lang hat er mit der blanken Machete Krieg für einen großen Staat Mittelamerika geführt. Mittelamerika aber hatte nichts Besseres zu tun, als auseinanderzufallen.
Noch bevor im Regiment die Trompete geblasen wird, schmettert der Trompetenvogel. Der Trompetenvogel ist hoch am Himmel, aber er klingt wie in der Kindheit, wie eh und je, wie früher, wie immer am Ende des Dunkels. Nur kündigt er diesmal den letzten Morgen an.
Morazán steht vor dem Erschießungskommando. Er nimmt den Hut ab und gibt selber den Befehl. Die Salve gibt ihn der Erde zurück. (220)

1844, MEXIKO

Die lieben kleinen Kampfhähne

Die Kirche besitzt Land und vergibt Kredite; halb Mexiko gehört ihr. Die andere Hälfte haben eine Handvoll Herren und die Masse der in ihre Dorfgemeinschaften gepferchten Indios. Auf dem Präsidentenstuhl sitzt General López de Santa Ana und sorgt für Ruhe im Land und für Gesundheit in den Hahnenställen.

Santa Ana hat bei seinen Regierungsgeschäften ständig einen Hahn auf dem Arm. So empfängt er Bischöfe und Diplomaten, und wegen eines verwundeten Hahnes rennt er aus Kabinettssitzungen. Der Präsident eröffnet mehr Hahnenkampfarenen als Krankenhäuser; er erläßt mehr Wettkampfregeln als Verordnungen für das Bildungswesen. Hahnenzüchter gehören ebenso zu seinem privaten Hofstaat wie Spieler und Obristenwitwen, deren Männer nie Oberst waren.

Einen weißgelb gesprenkelten Hahn liebt er ganz besonders. Der mimt die Henne und flirtet mit dem Gegner, bis er ihn eingeseift hat – dann hackt er zu. Am meisten aber liebt der Präsident den mörderischen Pedrito. Den hat er sich aus Veracruz mitgebracht, zusammen mit etwas Erde aus dieser Stadt, damit Pedrito sich beim Baden im Sand nicht nach Heimaterde zu sehnen braucht. In der Arena schnallt Santa Ana Pedrito eigenhändig die Klinge an. Er wettet mit Fuhrleuten und Landstreichern, und damit der andere Unglück hat, kaut er auf Federn des gegnerischen Hahns. Geht ihm das Geld aus, wirft er Orden in den Arenasand.

– Ich wette acht zu fünf!

– Meinetwegen auch acht zu vier, weil Ihr's seid!

Dann wirbeln Federn, blitzen Klingen, und Pedrito hackt jedem alten Kämpen mit der Spore die Augen aus oder schlitzt ihm die Kehle auf. Santa Ana vollführt Freudentänze, seinem Killer schwillt der Kamm. Das Mördertier schlägt mit den Flügeln und kräht. (227 und 309)

legt das Gesicht in Falten, und sein Blick schweift ins Leere. Wahrscheinlich denkt er an einen gefallenen Kampfhahn oder an sein eigenes Bein, das er – ein Unterpfand seines Kriegsruhms – auf dem Schlachtfeld verloren hat.
Vor sechs Jahren riß es ihm, in einem Kurzkrieg mit der französischen Krone, eine Kanonenkugel ab. Der verstümmelte Präsident lag schon auf dem Sterbebett und diktierte seinen Sekretären eine knappe, nur fünfzehn Seiten lange Abschiedsadresse ans Vaterland, aber dann kehrte er, wie schon so oft, wieder ins Leben und an die Macht zurück.
Die Überführung seines Beins von Veracruz nach Mexiko-Stadt fand mit großem Prunk statt. Das Bein selbst reiste unter einem Baldachin, begleitet von Santa Ana, der seinen weiß befiederten Hut ab und zu aus dem Wagenfenster steckte. Bischöfe, Minister und Gesandte zogen in Gala hinterdrein, gefolgt von einem Heer von Husaren, Dragonern und Kürassieren. Hundert Dörfer passierte das Bein, hundert blumenumwundene Triumphbögen, hundert Fahnenspaliere, und überall, wo es hinkam, wurde ihm zu Ehren Respons gebetet, wurden Reden gehalten, Oden vorgetragen, Hymnen gesungen, Salutschüsse abgefeuert und Glocken geläutet. Als das Bein auf dem Friedhof ankam, würdigte der Präsident vor der Gruft zum letzten Mal dieses Stück von ihm, das der Tod sozusagen als Vorschußleistung genommen hatte.
Seitdem hat Santa Ana Schmerzen in seinem nicht vorhandenen Bein. Heute sogar noch schlimmer; heute hält er es vor Schmerzen gar nicht mehr aus, denn heute hat das aufsässige Volk sein Beinmausoleum zertrümmert und schleift die Reliquie durch die Straßen von Mexiko. (227)

1845, VUELTA DE OBLIGADO

Die Händlerinvasion

Vor drei Jahren wurde das Reich der Mitte von einem britischen Geschwader in die Knie gezwungen. Nachdem Kanton und die ganze Küste blockiert waren, zwangen die Eindringlinge den Chinesen – im Namen des freien Handels und der abendländischen Kultur – das Rauchen von Opium auf.

Nach China war Argentinien dran. Allerdings hat die jahrelange Hafenblockade in Buenos Aires bisher so gut wie nichts genützt. Juan Manuel de Rosas, der sein Bild anbeten und sich beim Regieren von Hofnarren in Königstracht umhüpfen läßt, gibt die argentinischen Flüsse immer noch nicht für die Schifffahrt frei. Seit Jahren verlangen die Bankiers und Kaufleute in England und Frankreich, daß diese Frechheit bestraft wird.

In den Abwehrkämpfen fallen viele Argentinier, aber am Ende zerschießen die beiden Weltmächte mit ihren Kriegsschiffen die über den Río Paraná gespannten Ketten.

(271 und 336)

1847, MEXIKO

Die Eroberung

– Mexiko funkelt ja geradezu vor unseren Augen, staunte Präsident Adams, als das Jahrhundert anbrach.

Einmal zugebissen, und die USA haben Mexiko Texas weggeschnappt.

Heute liegt ganz Mexiko vor ihnen auf dem Teller.

Der im Rückzug versierte General Santa Ana flieht nach Süden und läßt in den Straßengräben eine Spur weggeworfener Schwerter und Leichen zurück. Niederlage um Niederlage steckt seine Armee ein. Seine Armee! Blutende, schlecht verpflegte, um den Sold betrogene Soldaten, neben denen, von Maultieren gezogen, alte Kanonen herrumpeln, und dahinter ein Treck Frauen, die in Körben Kinder, Lumpen und Tortillas schleppen. General Santa Anas Armee hat mehr Offiziere als

Soldaten, und schlagkräftig ist sie nur, wenn es gilt, mittellose Landsleute niederzusäbeln.
Die mexikanischen Kadetten in Schloß Chapultepec hingegen ergeben sich nicht. Sie sind fast noch Kinder, aber sie halten dem Beschuß mit einer Zähigkeit stand, die nicht aus der Hoffnung kommt. Dann prasseln die Trümmer auf sie nieder. In die Trümmer pflanzen die Sieger ihre Fahne. *Stars and Stripes* wehen jetzt im Qualm über dem weiten Tal.
Die Okkupanten ziehen in die Hauptstadt ein. Mexiko besteht aus acht Ingenieuren, zweitausend Geistlichen, zweieinhalbtausend Advokaten und zwanzigtausend Bettlern.
Das Volk verkriecht sich und murrt. Von den Dächern hagelt es Steine. (7, 127, 128 und 187)

1848, GUADALUPE, HIDALGO

Die Eroberer

In Washington gibt Präsident Polk bekannt, seine Nation sei jetzt schon so groß wie ganz Europa. Der Vormarsch seines jungen gefräßigen Landes ist nicht aufzuhalten. Die USA dehnen sich nach Süden und nach Westen hin aus und ermorden dabei Indianer, rennen Einwohner um oder entscheiden sich auch mal fürs Zahlen. Louisiana haben sie Napoleon so abgekauft. Und Spanien bieten sie hundert Millionen Dollar für die Insel Kuba.
Die pure Annexion allerdings bringt mehr Ruhm ein und kostet weniger. Der Mexiko-Vertrag wird in der Ortschaft Guadalupe Hidalgo abgeschlossen. Mexiko tritt darin, weil die USA ihm die Pistole auf die Brust setzen, die Hälfte seines Staatsgebiets ab. (128)

1848, MEXIKO-STADT

Die Iren

Auf Mexikos größtem Platz halten die Sieger Gericht. Rebellische Mexikaner werden ausgepeitscht. Irischen Deserteuren werden glühende Eisen ins Gesicht gebrannt, und danach werden sie aufgehängt.
Das Irenbataillon Saint Patrick kam mit den Okkupanten ins Land, kämpfte dann aber an der Seite der Überfallenen. Vom Norden bis nach Molino del Rey teilten die Iren das Los – das herbe Los – der Mexikaner. Viele von ihnen fielen, als sie ohne Munition das Kloster Churubusco verteidigten.
Mit verbrannten Gesichtern baumeln die Gefangenen am Galgen. (128)

1848, IBIRAY

Alter Mann mit weißem Poncho in rotem Haus

Städte mochte er nie. Sein Zuhause ist ein paraguayischer Gemüsegarten, sein Wagen ein Schubkarren voller Kräuter. Beim Gehen hilft ihm ein Stock, beim Pflügen und dabei, jedem Tag ohne Düsterkeit entgegenzusehen, der lustige Gauchodichter und Neger Ansina.
– *José Artigas, zu Euren Diensten.*
Den Besuchern, die zuweilen aus Uruguay herüberkommen, bietet er Mate, Respekt und wenig Worte an.
– *So, mein Name hat bei euch also noch Klang.*
Er ist über achtzig, seit achtundzwanzig Jahren im Exil und weigert sich zurückzukehren. Schließlich sind die Ideen, die er vertrat, und die Menschen, die er liebte, immer noch unterlegen. Artigas weiß, wie schwer die Welt und die Erinnerungen auf einem lasten können, und schweigt darum lieber. Kräuter, die innere Wunden heilen, gibt es nicht. (277)

José Artigas in der Sicht von Domingo Faustino Sarmiento

Ein Strauchdieb war er, nicht mehr und nicht weniger. Dreißig Jahre Übung im Morden und Rauben sind fraglos eine Legitimation zum Befehligen eines Landvolks aus Indianerhorden, die durch eine politische Umwälzung aufgehetzt wurden und zu denen der Name Artigas mit seinem furchterregenden Ruhm als Banditenführer gerade paßt ... Wer hat denn auf ihn gehört? Doch nur Indianersippen, über die er das Kommando, gleich ob sie gezähmt oder wild sind, doch nur kraft des Rechts des Stärkeren, des Grausameren und Weißenfeindlicheren führt ... Ein ungehobelter Klotz ist er, weil er nie in Städten aus- und eingegangen, jede menschliche Überlieferung von freiheitlicher Regierungskunst ist ihm fremd, und obgleich er der weißen Rasse angehört, steht er doch an der Spitze von Eingeborenen, die noch ungebildeter sind als er ... Im Angesicht seiner Vorgeschichte und seiner derzeitigen Handlungen empört sich in uns die Vernunft. Es empören sich die Instinkte des weißen Mannes, wenn jemand von uns verlangt, Artigas politisches Denken und menschliche Gefühle zuzugestehen. *(311)*

1848, BUENOS AIRES

Ein Liebespaar (1)

Dramatis personae:

CAMILA O'GORMAN. Geboren in Buenos Aires vor zwanzig Jahren, in einem Haus mit drei Patios. In Gottesfurcht dazu erzogen, zuerst Jungfrau, dann Gattin und schließlich Mutter zu sein und auf dem geraden Pfad zu wandeln, an dem ehelicher Frieden, Näharbeiten, Klavierabende und – die schwarze Mantilla auf dem Kopf – Rosenkranzbeten liegen. Durchgebrannt mit dem Gemeindepfarrer aus der Kirche zur Immerwährenden Hilfe. Die Idee stammte von ihr.

LADISLAO GUTIÉRREZ. Priester. Fünfundzwanzig Jahre alt. Neffe des Gouverneurs von Tucumán. Seit er der Frau, die im Kerzenschein vor ihm kniete, die Hostie auf die Zunge gelegt hat, konnte er nicht mehr schlafen. Schließlich warf er Meßbuch und Soutane von sich, und Engel und Kirchturmtauben stoben auf.

ADOLFO O'GORMAN. Präsidiert an einem langen Mahagonitisch und sagt vor jeder Mahlzeit die zehn Gebote auf. Hat mit seinem keuschen Weib drei Kinder gezeugt – eines wurde Pfarrer, eines Polizist und eines Ausreißerin. Als exemplarischer Vater, der er ist, fordert er als erster, daß *der ungeheure Skandal,* diese Schmach für seine Familie, auch exemplarisch bestraft wird. In einem Brief an Juan Manuel de Rosas verlangt er rücksichtsloses Vorgehen *wider die abscheulichste Tat, von welcher im Lande je gehört wurde.*

FELIPE ELORTONDO Y PALACIO. Sekretär der Kurie. Auch er bittet Rosas schriftlich, das Liebespaar abzufangen und zur Verhütung ähnlicher Verbrechen in der Zukunft unerbittlich zu bestrafen. Außerdem stellt er in seinem Schreiben klar, daß er mit Gutiérrez' Ernennung zum Pfarrer nichts zu tun hatte; das war Sache des Bischofs.

JUAN MANUEL DE ROSAS. Läßt Jagd auf das Liebespaar machen. In Buenos Aires schwärmen die berittenen Boten aus. Sie haben eine gedruckte Beschreibung der Flüchtigen bei sich. Camila: *Weiße Haut, anmutig dreinblickende Augen, hoher schlanker Wuchs, gut gebaut.* Ladislao: *Braune Haut, schlank, Kinnbart, krauses Haar.* Rosas verspricht, die beiden vor Gericht zu bringen, *auf daß Glaube und Gesetz Genüge getan und dem sittlichen Verfall, dem Lotterleben und der Unordnung gewehrt wird.* Ganz Argentinien späht und hetzt mit.

Außerdem nehmen teil:

DIE OPPOSITIONELLE PRESSE. In Montevideo, Valparaíso und La Paz berufen sich Rosas' Feinde auf die öffentliche Moral. In der Zeitung »El Mercurio Chileno« steht: *Soweit ist unter der grausigen Tyrannei des Caligula vom La Plata der abscheuliche Sittenverfall mittlerweile gediehen, daß gottlose, frevlerische Pfarrer in Buenos Aires mit jungen Mädchen aus der besten Gesellschaft durchbrennen können, ohne daß der infame Despot Maßnahmen wider solcherlei ungeheuerliche Ausschweifungen ergreift.*

DIE PFERDE. Auf ihnen reitet das Liebespaar, im Bogen um die Städte herum, querfeldein nach Norden. Ladislaos Hengst hat goldenes Fell und ist hoch von Wuchs. Camilas Pferd ist ein

gedrungener Grauschimmel mit kupiertem Schwanz. Beide nächtigen wie ihre Reiter unter freiem Himmel. Und sie werden nicht müde.
Das Gepäck. Seines: Ein wollener Poncho, ein paar Kleidungsstücke, zwei Messer und zwei Pistolen, ein Feuerzeug, eine Seidenkrawatte und ein gläsernes Tintenfaß. Ihres: Ein Seidenschal, ein paar Kleider, vier Brabanter Leinenunterröcke, ein Fächer, ein paar Handschuhe, ein Kamm und ein gesprungener goldener Ohrring. (166 und 219)

Das Liebespaar (2)

Zwei sind sie nur durch ein Versehen, das die Nacht wiedergutmacht.

1848, SANTOS LUGARES

Das Liebespaar (3)

Geflohen sind sie im Sommer. Den Herbst verbringen sie unter anderem Namen im Hafenort Goya am Paraná. Im Winter werden sie erkannt, angezeigt, gefaßt.
Auf getrennten Wagen werden sie in den Süden zurückgefahren. Die Räder reißen Wunden in den Weg.
Im Gefängnis Santos Lugares kommen sie in getrennte Verliese.
Unter der Bedingung, daß sie um Gnade bitten, soll ihnen verziehen werden. Die schwangere Camila bereut nichts. Ladislao auch nicht. Ihre Füße werden in Eisen geschlagen. Ein Pfarrer sprengt Weihwasser auf ihre Ketten.
Sie werden mit verbundenen Augen auf dem Hof erschossen.
(219)

1848, BACALAR

Cecilio Chi

Der Mais hat gesprochen und Hungersnot vorausgesagt. Endlose Zuckerrohrplantagen fressen die Maissaaten der Maya-Dörfer im mexikanischen Yukatan. Wie in Afrika werden Menschen angekauft und mit Branntwein bezahlt. *Indianer hören mit dem Rücken,* meint die Peitsche.

Da bricht Krieg aus. Die Mayas haben es satt, in anderer Leute Kriegen die Toten zu stellen, und folgen dem Ruf der Trommeln aus ausgehöhlten Baumstämmen. In einer Hand die Machete, in der anderen die Fackel, brechen sie aus dem Dikkicht, aus der Nacht, aus dem Nichts hervor. Zusammen mit den Hazienden verbrennen die Haziendenbesitzer und die Besitzerkinder. Außerdem gehen die Schuldscheine, aufgrund derer die Indianer und die Indianerkinder versklavt sind, in Rauch auf.

Der Mayastrudel gurgelt, schwappt über, reißt alles nieder. Fünfzehntausend Indios unter Cecilio Chi stellen sich den gezielt schießenden Kanonen entgegen. Es fällt das eingebildete Valladolid de Yucatán, das sich so nobel, so erzkastilisch dünkt, und es fallen nacheinander Bacalar und zahlreiche Ortschaften und Garnisonsstädte.

Cecilio Chi beruft sich beim Töten seiner Feinde auf den alten Rebellen Jacinto Canek und auf den noch älteren Propheten Chilam Balam. Er kündigt an, daß die Menschen auf dem Platz in Mérida bis an die Knöchel im Blut waten werden. In jedem Dorf, das er einnimmt, opfert er dem Ortsheiligen Branntwein und brennt ein Feuerwerk für ihn ab. Weigert sich der Heilige, sich auf seine Seite zu schlagen und dient er weiter den Mächtigen, so haut Cecilio Chi ihm den Kopf ab und wirft ihn auf einen Scheiterhaufen. (144 und 273)

1849, AM PLATTE-RIVER

Reiter namens Pocken

In diesem Jahr ist bei den Pawnee-Indianern jeder vierte an Pocken oder Cholera gestorben. Ihre Erbfeinde, die Kiowas, kamen nur dank Old Oncle Saynday mit heiler Haut davon. Der alte Spitzbube Saynday strich durch die Prärie und schüttelte bekümmert den Kopf. *Meine Welt ist nicht mehr,* mußte er feststellen. Vergeblich hielt er nach Hirschen und Büffeln Ausschau, und aus dem Fluß Washita schöpfte er roten Schlamm statt klaren Wassers. *Bald lebt mein Kiowa-Volk hinter Zäunen wie die Kühe.*

Solch trübsinnigen Gedanken hing Old Oncle Saynday nach, als ihm auffiel, daß im Osten statt der Sonne etwas Pechschwarzes aufging. Ein großer dunkler Fleck wuchs durch die Prärie auf ihn zu. Als der Fleck nahe genug heran war, erkannte Old Oncle Saynday, daß es eine Reiterschar, in schwarzen Kleidern und mit schwarzen Hüten, auf schwarzen Pferden war. Die Gesichter der Reiter waren von grausigen Narben entstellt.

– *Wir heißen die Pocken,* stellten sie sich vor.

– *Nie gehört,* brummte Saynday.

– *Wir kommen von weither, aus Übersee,* erläuterten die Unbekannten. – *Wir bringen den Tod.*

Sie erkundigten sich nach dem Weg zu den Kiowas. Old Oncle Saynday wies sie geschickt in die falsche Richtung. Die Kiowas seien ein armseliges Volk, meinte er, die lohnten der Mühe nicht. Sie sollten doch lieber die Pawnees aufsuchen, die seien viele und schön und mächtig. Und er erklärte den Reitern, an welchen Flüssen die Pawnees wohnten. (198)

1849, SAN FRANCISCO

Gold in Kalifornien

In Massen reisen die Chilenen – mit einem Paar Stiefel, einem Dolch, einer Laterne und einem Spaten – aus Valparaíso an. Die Einfahrt zur Bucht von San Francisco ist in *Goldenes Tor*

umbenannt. Bis gestern war San Francisco ein Mexikanernest namens Yerba Buena. Aber auf seinem Boden, der Mexiko im Eroberungskrieg abgenommen wurde, finden sich drei Kilogramm schwere Goldklumpen.
In der Bucht haben gar nicht alle Schiffe Platz. Kaum rasselt der Anker herunter, hecheln die Glücksritter auch schon in die Berge. Keiner läßt sich auch nur die Zeit, die Augen aufzureißen und guten Tag zu sagen. Professionelle Spieler stapfen mit Lackstiefeln durch den Schlamm:
– *Hoch lebe mein falscher Würfel! Hoch mein Karobube!*
Habenichtse brauchen hier nur den Fuß auf den Boden zu setzen, schon werden sie Könige, und schöne Frauen zerbeißen sich die Lippen, weil sie gestern einen von ihnen abgewiesen haben. Der eben eingetroffene Vicente Pérez Rosales hört sich an, was seine Landsleute denken: »Jetzt hab ich Talent! Wer ist in Chile schon eine trübe Tasse, wenn bei ihm stimmt die Kasse?« *Wer hier Zeit verschwendet, verschwendet Gold.* Pausenlos dröhnen die Hämmer, brodelt eine geschäftige Welt, entsteht geräuschvoll etwas Neues: Wie Pilze schießen Zelte empor, in denen für Beutel voll Goldstaub Werkzeug, Likör und Dörrfleisch zu haben sind. Rabenschwärme krächzen, Menschenschwärme krächzen – Männer aus aller Herren Länder. Tag und Nacht wirbeln Gehröcke, Matrosenanzüge, Pelze aus Oregon, Spitzhüte vom Maule, Dolche aus Frankreich, Chinesenhüte, Russenstiefel und blanke Kugeln in Cowboygürteln.
Eine adrette Chilenin lächelt unter ihrem Spitzensonnenschirm so gut sie kann, eingekeilt wie sie ist in ihrem Korsett und in der Menge, die sie auf Händen über den mit Flaschenscherben gespickten Morast trägt. Sie heißt Rosarito Améstica – zumindest hier am Hafen. In Quilicura, wo sie vor einer ungenannten Zahl von Jahren geboren wurde, hieß sie noch Rosarito Izquierdo, in Talcahuanp dann Rosarito Villaseca, in Talca Rosarito Toro und in Valparaíso Rosarito Montalvo.
Auf dem Achterdeck eines Schiffes steht ein Auktionator und versteigert Damen. Er führt sie der Menge vor, lobt ihre Vorzüge: *Seht sie Euch an, meine Herren, diese Taille, diese Jugendfrische, diese Schönheit, diese …*

– *Zum ersten, zum zweiten,* drängt der Auktionator. – *Ein tolles Stück! Wer bietet mehr?* (256)

1849, EL MOLINO

Sie waren zuerst hier

Gold glitzert im Sand und im Gestein. Die Luft blitzt vor Gold, und willig läßt sich das Gold vom Menschen aus Flußbetten und Schluchten holen.
El Molino ist nur eine von den vielen um die Goldvorkommen entstandenen Goldgräbersiedlungen. Eines Tages steigen über dem zypressenbestandenen Berg hinter El Molino unablässig Rauchsäulen auf, und auch in der Nacht brennen die Reisigfeuer in einer Reihe weiter. Einer kann die Zeichen deuten: Die Indianer rufen mit ihrem Telegraphen zum Krieg gegen die Eindringlinge.
Im Handumdrehen haben die Goldgräber eine mit hundertsiebzig Flinten ausgerüstete Truppe aufgestellt. Sie starten einen Überraschungsangriff und bringen hundert Gefangene heim. Fünfzehn davon werden zur Abschreckung erschossen. (256)

Asche

Seit er von dem weißen Hasen geträumt hatte, sprach der alte Mann von nichts anderem mehr. Das Sprechen fiel ihm schwer, und aufstehen konnte er schon eine ganze Weile nicht mehr. Mit den Jahren waren seine Augen wäßrig und sein Rükken unheilbar krumm geworden. Wie im Mutterbauch, als ob er in die Erde zurückwollte, hockte er, das Gesicht zwischen die spitzen Knie gedrückt, nur noch im Korb. Wenn sein Stamm wanderte, wurde er auf einen seiner Söhne oder Enkel geladen und erzählte jedem, der es wissen wollte, seinen Traum. *Der weiße Hase frißt uns auf,* brabbelte er. *Er frißt unser Saatgut, unser Präriegras, unser Leben.* Der weiße Hase, verkündete er, wird auf einem Tier ankommen, das größer als der Hirsch ist und runde Füße und einen behaarten Hals hat.

Das Goldfieber in Kalifornien erlebte der Alte nicht mehr. Noch ehe die Goldsucher auf ihren Pferden kamen, kündigte er an:
– *Die alte Wurzel ist bereit zum Wachsen.*
Verbrannt wurde er in seinem Korb, auf von ihm selber ausgewähltem Holz. (229)

1849, BALTIMORE

Poe

Vor dem Eingang zu einer Baltimorer Schenke liegt ein Sterbender mit gespreizten Beinen auf dem Rücken und erstickt an seinem Erbrochenen. Mitleidig schleppt ihn ein Passant vor Tagesanbruch ins Spital. Sonst geschieht nichts mehr. Nie mehr.
Edgar Allan Poe war der Sohn zerlumpter Schmierenkomödianten und ein vagabundierender Dichter. Des Ungehorsams und der Geistesverwirrung überführt – und geständig –, war er von unsichtbaren Gerichten verurteilt und mit unsichtbaren Zangen gepeinigt worden.
Auf der Suche nach sich selber verlor er sich. Nicht auf der Suche nach dem kalifornischen Gold – nein, nach sich selber.
(99 und 260)

1849, SAN FRANCISCO

Die Hosen des Levi

Levi Strauss läßt sich vom Aufblitzen der Gewalt und der Wunder nicht blenden. Er kommt aus dem fernen Bayern und merkt sofort, hier braucht jemand nur einmal abzudrücken oder die richtige Karte aufzudecken, und schon wird aus einem Bettler ein Millionär und aus einem Millionär ein Bettler oder eine Leiche. Im Handumdrehen erkennt er auch, daß beim Goldwaschen in Kalifornien Hosen zerschlissen werden, und folgerichtig führt er den mitgebrachten haltbaren Stoff aus Nîmes einer anderen Bestimmung zu. Wozu Markisen

und Zelte? Nein, er verkauft Hosen! Hosen, hart wie die Männer, die sie bei ihrer harten Schürfarbeit in Flüssen und Stollen tragen sollen. Damit die Nähte nicht reißen, verstärkt er sie mit Kupfernieten. In ein Lederetikett gestanzt, prangt hinten unterm Gürtel sein Name.
Bald übernahmen sämtliche Cowboys im amerikanischen Westen die blauen Sergehosen, denen weder Sonne noch Alter etwas anhaben können. (113)

1850, SAN FRANCISCO

So wird man ein hochentwickeltes Land

Der Chilene Pérez González ist schon eine Weile im kalifornischen Minenbezirk, aber das Glück läßt auf sich warten. Da hört er, daß nur wenige Meilen von San Francisco entfernt märchenhafte Preise für Eßbares, gleich welcher Beschaffenheit, gezahlt werden. Er beschafft sich ein paar Säcke madiges Pökelfleisch und ein paar Töpfe Marmelade und kauft sich ein Boot. Als er gerade vom Kai ablegt, zielt ein Zöllner mit dem Gewehr auf seinen Kopf.
– *Hiergeblieben!*
Das Boot hat auf allen Flüssen der Vereinigten Staaten Fahrverbot, *weil es im Ausland gebaut ist und sein Kiel nicht aus US-amerikanischem Holz besteht.*
Seit den Zeiten ihres ersten Präsidenten schirmen die US-Amerikaner ihren Markt gegen Importware ab. Sie liefern zwar Baumwolle an England, verwehren aber englischen Stoffen – und überhaupt jedem Artikel, der ihrer Industrie schaden könnte – mittels Zöllen den Zutritt. Die Pflanzer in den Südstaaten verlangen nach den billigeren und besseren englischen Textilien und beschweren sich über die ihnen aufgezwungenen – von der Windel bis zum Leichentuch – häßlichen und teuren Stoffe aus den nordamerikanischen Webereien.
(162 und 256)

1850, BUENOS AIRES

So wird man ein unterentwickeltes Land: Das Denken des Domingo Faustino Sarmiento

Wir sind nicht zum Gewerbetreiben oder zur Seefahrt geeignet, und Europa muß uns für Jahrhunderte im Tausch gegen unsere Rohstoffe mit seinen Apparaten beliefern. (310)

1850, RIO DE LA PLATA

Buenos Aires und Montevideo um die Jahrhundertmitte

Der Dichter Xavier Marmier segelt von seinem französischen Akademiestuhl zu den Kais am La Plata.
Die europäischen Großmächte haben sich mit Rosas geeinigt. Die Blockade von Buenos Aires ist aufgehoben. Als Marmier die Calle Perú entlanggeht, fühlt er sich wie in der Rue Vivienne. Er entdeckt Lyoner Seide in den Schaufenstern, das *Journal des Modes,* Romane von Dumas oder Sandeau, Gedichte von Musset – nur lungern unter den schattigen Rathausarkaden barfüßige Neger in Uniformen, und übers Pflaster trappeln die Hufe eines Gauchopferds.
Marmier erfährt, daß kein Gaucho jemanden ersticht, ohne zuvor die Messerklinge geküßt und die unbefleckte Jungfrau angerufen zu haben. Hat der Mörder den Toten gar gemocht, so setzt er ihn aufs Pferd und fesselt ihn an den Sattelknopf, damit er beritten auf dem Friedhof ankommt. Auf den Plätzen am Stadtrand entdeckt Marmier die *Carretas,* wahre Schiffe der Pampa, die aus dem Hinterland Leder und Weizen heranschaffen und auf dem Rückweg Tuch und Likör aus Le Havre und Liverpool mitnehmen.
Der Dichter setzt über den Fluß. Montevideo am anderen Ufer wird seit sieben Jahren vom Rücken her von General Oribes Gaucho-Armee belagert. Aber die Stadt hält durch, weil französische Schiffe ihr über den meerbreiten Fluß die Waren und das Geld nur so auf die Kais schütten. Eine Zeitung in Montevideo heißt *Le Patriote Français,* und die Einwohner sind

überwiegend Franzosen. Im Lager der Rosas-Gegner, notiert sich Marmier, *verlieren die Reichen ihren Reichtum und alle miteinander ihren Verstand.* Ein Galan legt für eine Kamelie, die er seiner Erwählten ins Haar stecken will, eine Unze Gold hin, und eine Gastgeberin verehrt ihrem Besucher einen Geißblattstrauß, der in einem rubin- und smaragdgeschmückten Silberring steckt. Den Damen in Montevideo ist der Krieg zwischen den modisch Kühnen und den eher Zurückhaltenden wichtiger als der echte Krieg gegen ihre uruguayischen Landsleute, in dem es Tote gibt. Die Moderneren tragen kurzgeschnittenes Haar und die Konservativen einen Lockenkopf. (196)

1850, PARIS

Dumas

Alexandre Dumas schiebt seine feinen Batistmanschetten hoch und schreibt in einem Stück sein episches *Montevideo oder das neue Troja.*

Der phantasie- und freßbegabte Romancier verlangt für sein gekonnt zusammengesponnenes Produkt fünftausend Francs. Montevideos bescheidene Anhöhe nennt er einen Berg, eine *Montagne,* und aus dem Krieg zwischen ausländischen Geschäftsleuten und berittenen Gauchos macht er ein griechisches Epos. Giuseppe Garibaldis Kriegerscharen, die für Montevideo kämpfen, folgen zwar nicht der uruguayischen Fahne, sondern dem klassischen Seeräubertotenkopf mit den gekreuzten Knochen auf schwarzem Grund, aber in Dumas' Auftragswerk sind an der Verteidigung der fast gänzlich französischen Stadt nur Märtyrer und Titanen beteiligt. (101)

1850, MONTEVIDEO

Lautréamont mit vier Jahren

Der Geburtsort von Isidore Ducasse ist Montevideo. Ein doppelter Wall von Befestigungsanlagen trennt die belagerte Hafenstadt von der Pampa. Isidore wächst in ohrenbetäubendem Geschützdonner und unter tödlich Verwundeten auf, die an ihren Pferden baumeln.

Sein Weg führt ihn zum Strand. Er steht im Sand und fragt das Meer, wohin die Musik geht, nachdem sie aus der Geige gekommen ist, wohin die Sonne geht, wenn es Nacht wird, und wohin die Toten verschwinden. Isidore fragt das Meer, wohin seine Mutter gegangen ist, die Frau, an die er sich nicht erinnern kann, die er nicht erwähnen darf und die er sich auch nicht vorstellen kann. Jemand hat ihm gesagt, sie wäre von den anderen Toten aus dem Friedhof geworfen worden. Aber das Meer, das doch so gern plaudert, antwortet nicht, und das Kind flieht das Steilufer hinauf und umfaßt schluchzend, aber mit aller Kraft einen mächtigen Baum, damit er nicht abstürzt. (181)

1850, CHAN SANTA CRUZ

Ein sprachbegabtes Kreuz

Drei lange Jahre führen die Indianer Krieg in Yukatan. Über hundertfünfzigtausend Tote, hunderttausend Flüchtlinge. Die Einwohnerzahl beträgt nur noch die Hälfte.

Einer der Anführer der Rebellion, der Mestize José María Barrera, dirigiert die Indianer zu einer Grotte tief im Urwald. Da sprudelt kühles Wasser aus einer Quelle, beschattet von einem himmelhohen Mahagonibaum. Auf dem Baum wächst ein kleines Kreuz, das sprechen kann.

Das Kreuz sagt in der Maya-Sprache:

– *Es ist an der Zeit, daß Yukatan sich erhebt. Immerzu stürze ich, immerzu hackt, sticht und prügelt man auf mich ein. Ich ziehe durch Yukatan, um meine geliebten Indios zu erlösen …*

Das Kreuz ist nur fingergroß. Die Indios kleiden es ein. Sie ziehen ihm einen Rock an und einen Huipil darüber und schmücken es mit bunten Schnüren. Es soll die Versprengten sammeln. (273)

1851, LATACUNGA

»Rastlos und mittellos zieh ich ...«

– Statt an Meder, Perser und Ägypter zu denken, gedenken wir doch lieber der Indianer. Liegt es uns doch näher, einen Indianer zu verstehen als den Ovid. Öffnet Eure Schule Indianerkindern, Herr Rektor!
Simón Rodríguez berät die Dorfschule im ekuadorischen Latacunga. Statt Latein sollte lieber das Unterrichtsfach Quechua und statt Theologie lieber Physik gelehrt werden. Die Schule sollte eine Keramik- und eine Glaswarenfabrikation betreiben. Die Kinder sollten bei einem Maurer, einem Schreiner und einem Schmied in die Lehre gehen können.
An der Pazifikküste entlang und quer über die Anden wandert Simón Rodríguez von Dorf zu Dorf. Nie wollte er ein Baum sein – immer der Wind. Fünfundzwanzig Jahre lang wirbelt er nun schon den Staub von Amerikas Straßen auf. Seit er von Sucre aus Chuquisaca vertrieben wurde, hat er zahlreiche Schulen und Kerzenmanufakturen gegründet und ein paar Bücher herausgebracht, die niemand gelesen hat. Seine Bücher sind so voller Klammern und Tabellen, daß Simón jeden Buchstaben eigenhändig setzen mußte, denn kein Drukker würde damit zu Rande kommen. Häßlich, glatzköpfig und dickbäuchig schleppt der alte Landstreicher mit der sonnengegerbten Haut auf allen Wegen einen Koffer voll Manuskripte mit sich herum, die ohnehin nie Verleger noch Leser finden werden. Dafür schleppt er sich nicht mit Kleidern ab. Nur mit denen, die er auf dem Leib hat.
Bolívar sprach ihn mit *mein Lehrer, mein Sokrates* an. *Ihr habt mein Herz für Großes und Schönes gebildet,* sprach er. Wenn der irre Rodríguez über das tragische Schicksal wettert, das die Regionen Lateinamerikas erwartet, verbeißen sich die Menschen das Lachen.

– *Wir sind blind! Blind!*

Fast niemand hört ihm zu, und niemand glaubt ihm. Man hält ihn für einen Juden, weil er überall Kinder macht, die er dann nicht auf Heiligennamen tauft, sondern nach Ketzerart Choclo, Zapallo, Zanahoria – Mais, Kürbis oder Karotte – nennt. Er selber hat dreimal einen anderen Nachnamen angenommen und will in Caracas geboren sein, aber dasselbe behauptet er ja auch von Philadelphia und Sanlúcar de Barrameda. Gerüchten zufolge ist eine seiner Schulen, die im chilenischen Concepción, von einem Erdbeben verwüstet worden, das Gott gesandt hat, als er erfuhr, daß Don Simón in seinem Anatomieunterricht nackt vor den Schülern flanierte.

Don Simón wird jeden Tag einsamer. Der kühnste und liebenswerteste Denker Amerikas wird jeden Tag einsamer.

Als Achtzigjähriger schreibt er:

– *Ich wollte die Erde allen zum Paradies machen. Ich habe sie mir zur Hölle gemacht.* (298)

Simón Rodríguez' Vorstellungen: »Entweder wir sind erfinderisch oder wir sind verloren«

Seht doch, wie Europa Neues erfindet, und seht, wie Amerika nur nachäfft!

Manche halten es für Wohlstand, wenn es in ihren Häfen von – fremdländischen – Schiffen wimmelt und wenn sich in ihren Häusern – fremdländische – Waren stapeln. Täglich trifft eine Lieferung Fertigkleidung ein – sogar Mützen für Indianer! Demnächst bekommen wir noch goldverpackte Päckchen mit dem Wappen der Krone darauf und drinnen Lehm, »nach einem neuartigen Verfahren« angerührt, für unsere Kinder, die ja ohnehin meist nur Erde zu fressen bekommen. Und die Weiber beichten auf Französisch! Und die Missionare sprechen sie auf Spanisch von ihren Sünden frei!

Amerika darf nicht duckmäuserisch nachahmen, sondern soll Eigenes hervorbringen.

Europas Wissen und der Vereinigten Staaten Wohlstand sind hier in Amerika beide Feinde des freien Denkens. Die jungen Republiken wollen nichts annehmen, was sich nicht als auswärtig ausweist … Dabei

haben die Staatsmänner der dortigen Nationen bei der Schaffung ihrer Institutionen nur die Vernunft zu Rate gezogen, und die Vernunft fanden sie auf ihrem eigenen Grund und Boden. Wenn ihr schon immer nachahmen müßt, ahmt sie doch wenigstens in dieser Besonderheit nach!
Wo sollen wir unsere Vorbilder aufsuchen? Wir sind unabhängig, aber nicht frei; wir verfügen über unseren Boden, aber nicht über uns selber. Schlagen wir das Buch unserer Geschichte auf. Und was noch nicht darin steht, lese ein jeder in seinem Gedächtnis nach. (285)

1851, LA SERENA

Wegbereiter

Not leiden heißt nicht denken und dem Gedächtnis nur Leid zum Speichern geben können, verbreitet Francisco Bilbao, und auch, daß die Ausbeutung des Menschen durch den Menschen dem Menschen keine Zeit zum Menschsein läßt. Die Gesellschaft unterteilt sich in die, die alles dürfen, und die, die alles ausführen. Damit Chile, der *unterm Berg verschüttete Riese,* wieder auflebt, muß die Ordnung abgeschafft werden, die denjenigen, die die Schlösser bauen, das Dach über dem Kopf verwehrt und diejenigen, die die schönsten Kleider weben, in Lumpen kleidet.
Die chilenischen Wegbereiter des Sozialismus sind noch nicht einmal dreißig Jahre alt. In Paris ausgebildet, haben die befrackten Jünglinge Francisco Bilbao und Santiago Arcos ihre Klasse verraten. In diesem Jahr haben sie um einer *solidarischen Gesellschaft* willen in ganz Chile mehrere Militär- und Volksaufstände gegen die ewig gestrigen Bourgeois, die Pfaffen und das Privateigentum angezettelt.
Am Silvestertag fällt der letzte Stützpunkt der Revolutionäre in der Stadt La Serena. Viele *Rote* brechen unter den Schüssen der Hinrichtungskommandos zusammen. Bilbao, der bei früheren Anlässen in Frauenkleidern entkommen konnte, flieht diesmal über die Dächer. In Soutane, ein Meßbuch unterm Arm, geht er in die Emigration. (39)

1852, SANTIAGO DE CHILE

»Was hat die Unabhängigkeit den armen Leuten gebracht?« fragt sich der Chilene Santiago Arcos in der Gefängniszelle

Die reichen Leute sind und waren seit der Unabhängigkeitserklärung an der Regierung. Die armen Leute dienten im Heer und in der Bürgerwehr, wählten, wie ihr Brotherr es ihnen befahl, bestellten das Land, zogen Gräben, gruben in Stollen, leisteten Transportdienste, machten das Land urbar und verdienten dabei immer noch anderthalb Real, wurden ausgepeitscht und in den Block gespannt ... Den armen Leuten hat Chiles Unabhängigkeit ebensoviel gebracht wie den Pferden, auf denen in Chacabuco und Maipú die Attacken gegen die royalistischen Truppen geritten wurden. *(306)*

Der kleine Mann in Chile besingt die Seligkeit im Paradies

Hausherr Petrus fährt auf:
Wein und Chicha im Schlauch,
speckgefüllte Rouladen,
kalten Schweinebraten,
schön starken Punsch,
Fladenbrot nach Wunsch,
auf daß Magd und Zofe
am himmlischen Hofe
auch mal ihren Spaß haben
und sich den Bauch volladen.

Spät war's, da entfuhr
es dem heiligen Antonius:
»Zum Henker, beim Dämonius,
hier geht's aber hoch her!
Ich bin auch noch wer!
Wenn's alle andern treiben,
soll ich da zurückbleiben?
Nein, heute, pardeuz,
leg ich Sankt Clara aufs Kreuz.
So hält's alle Kreatur.« (182)

1852, MENDOZA

Die Linien der Hand

Selbst die Engel auf den Altären haben in Argentinien rote Schärpen um. Wer sich weigert, zieht den Zorn des Diktators auf sich. Wie viele andere Gegner Rosas' wurde auch Doktor Federico Mayer Arnold verhaftet und des Landes verwiesen. Vor kurzem hat der junge Professor aus Buenos Aires nun in Santiago de Chile ein Buch herausgebracht. Es war mit französischen, englischen und lateinischen Originalzitaten garniert und begann so: *Erst zweiundzwanzig Jahre und schon aus drei Städten vertrieben und in vier Kerkern aufgenommen! Trotzdem schrie ich dem Despoten meine Gedanken frank und frei ins Gesicht! So entlasse ich auch heute wieder meine Ideen in die Welt und harre furchtlos der Dinge, die mir das Schicksal bereithält.*
Zwei Monate später stürzt Dr. Federico Mayer Arnold an einer Straßenecke blutüberströmt zu Boden. Aber die Messerstecher handeln nicht im Auftrag des Diktators, sondern sind von Federicos Schwiegermutter, einer üblen Bürgerin von Mendoza, bezahlt worden. Sie war es, die verlangt hat, man solle ihren Schwiegersohn umbringen: Er sei ihr nicht genehm.

(14)

1853, LA CRUZ

Der Jesuitenschatz

Sie weiß, wo. Darum flattert jeden Morgen, wenn sie zur Messe geht, ein Rabe über ihr und wartet am Kirchentor auf sie.
Sie ist weit über hundert Jahre alt. Aber das Geheimnis verrät sie erst auf dem Sterbebett. Andernfalls würde sie ja der Himmel dafür bestrafen.
– *In drei Tagen,* verspricht sie.
Drei Tage später:
– *Nächsten Monat.*
Und einen Monat später:
– *Wahrscheinlich morgen.*

Wenn sie bedrängt wird, verdreht sie die Augen und tut, als ob sie ganz kribblig wäre. Oder sie lacht und zappelt mit ihren dünnen Beinchen, als spielte sie den anderen schon mit ihrem hohen Alter einen Streich.

In La Cruz weiß jeder, daß sie es weiß. Als sie den Jesuiten in den Wäldern von Misiones beim Vergraben ihres Schatzes half, war sie zwar ein kleines Mädchen, aber sie hat nichts vergessen.

Einmal öffneten die Nachbarn, als sie gerade weg war, die alte Truhe, auf der sie tagaus, tagein saß. Sie fanden keinen Beutel mit Goldunzen darin, sondern nur die vertrockneten Nabelschnüre ihrer elf Kinder.

Nun liegt sie doch in den letzten Zügen. Das ganze Dorf steht am Fußende ihres Bettes. Ihr Mund schnappt auf und zu wie bei einem Fisch, der sprechen will.

Sie stirbt mit Gottes Segen. Das Geheimnis war alles, was sie im Leben besessen hat. Das gibt sie auch im Tod nicht her.

(147)

1853, PAITA

Zu dritt

Sie trägt keine Feldherrenuniform mehr, schießt nicht mehr mit Pistolen und reist nicht mehr zu Pferde. Die Beine versagen ihr den Dienst, ihr Körper quillt vor Fett über. Dennoch sitzt sie auf ihrem Behindertensessel wie auf einem Thron und schält ihre Apfelsinen und Guajaven mit den schönsten Händen der Welt.

Von Tonkrügen umstellt, regiert Manuela Sáenz in dem überdachten Zwielicht vor ihrem Haus. Der Blick schweift über die todesgraue Bucht von Paita, ihrem Verbannungsort. In der peruanischen Hafenstadt Paita lebt Manuela davon, daß sie Marmelade und Kompott kocht. Die Schiffe halten an, um sich bei ihr einzudecken. An der hiesigen Küste sind ihre Süßspeisen berühmt. Die Walfänger lecken sich nach einem Teelöffel davon die Lippen.

Wenn die Nacht hereinbricht, vergnügt Manuela sich damit, den streunenden Hunden, die sie auf die Namen von Bolívars abtrünnigen Generalen getauft hat, Küchenabfälle vorzuwerfen. Wenn Santander, Páez, Córdoba, Lamar und Santa Cruz sich um die Knochen balgen, strahlt sie übers ganze Mondgesicht, hält sich den Fächer vor den zahnlosen Mund und prustet los. Ihr ganzer Körper und ihre vielen Spitzenvolants lachen mit.

Aus dem Dorf Amotape kommt manchmal ein alter Freund zu ihr zu Besuch. Der vielgereiste Simón Rodríguez setzt sich neben Manuela in den Schaukelstuhl, und beide rauchen, reden und schweigen. Kommt einem von ihnen zufällig der Name ihres Helden über die Lippen, wechseln sie, die Bolívar am liebsten hatte, sein Lehrer und seine Liebste, schnell das Thema.

Sobald Don Simón wieder fort ist, verlangt Manuela nach ihrer silbernen Schatulle. Sie schließt sie mit dem Schlüssel aus ihrem Ausschnitt auf und streichelt die vielen Briefe, die Bolívar seiner *einzigen Frau* geschrieben hat. Auf dem vergilbten Papier steht immer noch: *Ich möchte dich wieder und wieder sehen, dich anfassen, dich riechen, dich schmecken …* Danach greift Manuela zum Spiegel und bürstet lange ihr Haar – es könnte ja sein, daß er im Traum zu ihr kommt. (295, 298 und 343)

1854, AMOTAPE

Ein Augenzeuge berichtet, wie Simón Rodríguez sich von der Welt verabschiedet

Kaum sah Don Simón den Dorfpfarrer von Amotape in seine Kammer treten, richtete er sich auf, setzte sich zurecht, ließ den Pfarrer auf seinem einzigen Stuhl Platz nehmen und hielt ihm eine Art Vortrag in Sachen materialistische Weltsicht. Der Pfarrer war verblüfft und wagte Don Simón nicht einmal mit zwei Sätzen ins Wort zu fallen …

(298)

1855, NEW YORK

Whitman

In Ermangelung eines Verlags finanziert der Dichter die Herausgabe seiner *Grashalme* aus eigener Tasche.
Ralph Waldo Emerson, der Theologe der Demokratie, spricht seinen Segen über das Buch, die Presse aber attackiert es als obszön und prosaisch.
In Walt Whitmans weit ausholender Elegie brüllen die Massen und die Maschinen. Der Dichter umarmt alles, Gott und die Sünder, die Indianer und die sie liquidierenden Pioniere, Sklaven und Herren, Opfer ebenso wie Henker. Die Ekstase vor der neuen Welt erlöst von jedem Verbrechen. Amerika hat Muskel- und Überzeugungskraft, Amerika schuldet der Vergangenheit nichts, der Wind des Fortschritts macht den Menschen zum Kameraden des Menschen und setzt Männlichkeit und Schönheit in ihm frei. (358)

1855, NEW YORK

Melville

Der bärtige Seemann ist ein Autor ohne Leser. Vor vier Jahren hat er die Geschichte von dem Kapitän, der einem weißen Wal über alle Weltmeere nachjagt wie eine nach dem Bösen abgeschossene blutige Harpune, veröffentlicht, aber niemand hat sie sonderlich beachtet.
Herman Melvilles Stimme paßt nicht in die euphorische Zeit und nicht in das alle Grenzen sprengende Land. Seine Bücher atmen Mißtrauen gegenüber einer Zivilisation, die den Wilden als Teufel hinstellt und ihn zwingt, die Rolle auch zu spielen – wie Ahab mit Moby Dick im unendlichen Ozean. Seine Bücher lehnen es ab, daß einige wenige Männer, die sich für erwählt halten, den anderen eine einzige, obligate Wahrheit aufzwingen sollen. Seine Bücher zweifeln an den leeren Schattenbegriffen Laster und Tugend und lehren statt dessen, daß die einzige vertrauenswürdige Lichtquelle die Sonne ist.
(211 und 328)

1855, WASHINGTON

Warnung Häuptling Seattles: »Eines Tages erstickt ihr noch in eurem eigenen Unrat«

Die Erde ist dem weißen Mann keine Schwester, sondern eine Feindin. Hat er sie einmal erobert, zieht er auf ihr weiter. Alle Dinge hängen aber zusammen. Was der Erde zustößt, stößt auch den Kindern der Erde zu ...
Das Dröhnen der Städte beleidigt meine Ohren ...
Die Luft ist dem roten Mann kostbar. Wir teilen uns nämlich alle in denselben Atem – Tiere, Bäume, Menschen. Wer tagelang stirbt, riecht bald seinen eigenen Gestank nicht mehr ...
Wo wir die uns verbleibenden Tage verbringen, ist nicht wichtig. Es sind ohnehin nicht mehr viele. Ein paar Stunden noch, ein paar Winter. Die Weißen vergehen ebenfalls. Vielleicht sogar noch vor anderen Stämmen. Beschmutzt ihr nur weiter euer Bett; eines Nachts erstickt ihr an eurem eigenen Unrat. (229)

Im Wilden Westen

Hört dem Häuptling Seattle überhaupt jemand zu? Die Indianer sind zum Tode verurteilt, genauso wie die Büffel und die Ahornwälder. Wer nicht erschossen wird, verhungert und verkümmert. Der alte Häuptling siecht im Reservat vor sich hin und brabbelt einsam etwas von Landraub, Ausrottung und dem Gedächtnis eines Volkes, das wie der Saft in den Bäumen aufsteigt.
Die Colts krachen. Die weißen Pioniere bewegen sich mit der Sonne nach Westen. Ihr Wegweiser ist das diamantklare Licht über den Bergen. Das gelobte Land verjüngt jeden, der es unter den Pflug nimmt und urbar macht. Straßen und Häuser schießen aus dem öden Boden, auf dem bisher nur Kakteen, Indianer und Schlangen wuchsen. Und das Klima ist hier so gesund, daß man, um die Friedhöfe überhaupt irgendwann einmal einzuweihen, jemanden über den Haufen knallen muß.

Wo immer der angriffslustige und gefräßige junge Kapitalismus hinfaßt – nichts bleibt beim Alten. Wald ist nur dazu da, von der Axt gefällt, Wüste nur dazu, von der Eisenbahn durchfahren zu werden. Ein Fluß ist der Rede wert, wenn er Gold enthält, und ein Berg, wenn Kohle oder Eisenerz in ihm lagern. Niemand hat Zeit; alles hetzt und hechelt hinter der mal hier, mal da lockenden Pracht und Macht hinterher. Der Raum ist nur noch dazu da, von der Zeit unterworfen, und die Zeit nur noch dazu da, auf dem Altar des Fortschritts geopfert zu werden. (218)

1856, GRANADA IN NICARAGUA

Walker

Der Mann aus Tennessee mäht alles um sich nieder, und die Toten bekommen keinen Grabstein. Seine Augen sind aschgrau. Er lacht und trinkt nicht. Er ißt nur, weil man essen muß. Eine Frau wurde bei ihm seit dem Tode seiner taubstummen Braut nicht mehr gesehen, und der einzige Freund, dem er vertraut, ist Gott. Er läßt sich mit *Begnadeter* ansprechen, geht in Schwarz und haßt es, angefaßt zu werden.
Der noble Südstaatler William Walker läßt sich zum Präsidenten von Nicaragua ausrufen. In Granada ist die Plaza Mayor ganz mit roten Teppichen ausgelegt. In der Sonne blitzen Trompeten. Die Kapelle spielt Marschmusik aus den Staaten, als Walker niederkniet und zum Schwur die Hand auf die Bibel legt. Einundzwanzig Salutschüsse, Antrittsrede auf Englisch. Danach hebt er ein Glas Wasser und trinkt auf seinen Landsmann und geschätzten Amtskollegen, den Präsidenten der USA. US-Botschafter John Wheeler setzt Walker mit Christoph Kolumbus gleich.
Walker ist im vergangenen Jahr an der Spitze der *Phalanx der Unsterblichen* in Nicaragua einmarschiert. *Ich lasse jeden erschießen, der sich dem eisernen Vormarsch meiner Truppen widersetzt.* Walkers Seeräubertruppe, an den Kais von San Francisco und New Orleans angeworben, stößt in Nicaragua vor wie das Messer ins Fleisch.

Der neue Präsident führt die in Mittelamerika seit dreißig Jahren aufgehobene Sklaverei wieder ein und läßt Negerhandel, Leibeigenschaft und Frondienst wieder zu. Ein Erlaß macht Englisch in Nicaragua zur Amtssprache, und für jeden einreisewilligen weißen US-Amerikaner stehen Grundstücke und Arbeitskräfte bereit. (154, 253 und 314)

1856, GRANADA

Here was

Five or none. Nicaragua war nicht genug. William Walker wollte ganz Mittelamerika.
Die fünf Teilstücke von Morazáns einstigem Bundesstaat schließen sich gegen den Landräuber zusammen und reiben seine Truppen auf. Viele US-Amerikaner sterben im Volkskrieg, noch mehr sterben an der Cholera, von der man verrunzelt, verfällt und schließlich umfällt.
Verfolgt von Enten und Seuchen übertragenden Moskitos, setzt der Messias der Sklavenhalter über den Nicaraguasee. Wenigstens der Stadt Granada will er es vor seinem Abzug in die USA noch heimzahlen. Nichts soll in ihr mehr leben. Nicht die Menschen, nicht die lehmziegelgedeckten Häuser, nicht die mit Apfelsinen übersäten Sandwege.
Die Flammen lodern zum Himmel.
Am Ende der zertrümmerten Kais ist eine Lanze in den Boden gerammt. Ein Lederstreifen hängt an der Stange, eine triste Fahne. Rot eingestanzt steht darauf: *Here was Granada.*
(154 und 314)

Walkers »Verteidigung der Sklaverei«

Die Feinde der amerikanischen Zivilisation – denn solche sind die Feinde der Sklaverei – scheinen vorerst gewitzter als ihre Freunde.
Die Südstaaten müssen etwas tun zum Andenken an die tapferen Männer, die in Nicaraguas Erde ruhen. Zur Verteidigung

der Sklaverei haben sie Heim und Herd verlassen, den Gefahren eines tropischen Klimas gelassen und ausdauernd getrotzt und zuletzt gar ihr Leben hingegeben ... Bleibt den Südstaaten noch Tatkraft, den Kampf gegen die Widersacher der Sklaverei fortzuführen – und wer wollte es bezweifeln? –, so müssen sie ihre lähmende Trägheit abschütteln und sich zu neuen Kämpfen rüsten.
Das tropische Amerika ist so recht geeignet für die Sklavenarbeit. Hier ist ihr angestammtes Herrschaftsgebiet, hier kann sie sich bei geringer Mühe voll entfalten ... (356)

1858, QUELLEN DES GILA-FLUSSES

Heiliges Apachenland

Hier in dem Tal, in dem der Fluß entspringt, steht zwischen Arizonas hohen Felsen der Baum, der Geronimo vor dreißig Jahren unter seine Fittiche nahm. Er war gerade aus dem Mutterbauch gekrochen und in eine Decke gewickelt worden. Die Decke wurde an einen Ast gehängt. Der Wind schaukelte das Kind, und eine uralte Stimme bat den Baum:
– *Daß er lebe und groß werde und oft erlebe, wie du Frucht trägst.*
Wo der Baum steht, ist der Mittelpunkt der Welt. In seinem Schatten kann Geronimo nie Norden mit Süden und Gut mit Böse verwechseln.
Ringsum erstreckt sich weithin Apachenland. Die Apachen wohnen in dieser unwirtlichen Gegend, seit der erste von ihnen, der Gewittersohn, sich in die Federn des Adlers, der die Feinde des Lichts besiegt hat, kleidete. Hier hat es nie an Jagdtieren oder an Heilpflanzen für die Kranken oder an Felsenhöhlen für die Ruhe nach dem Tod gefehlt.
Da kommen seltsame Männer angeritten und haben lange Seile und viele Stöcke mit sich. Ihre Haut ist blutleer, und ihre Sprache hat niemand je gehört. Sie rammen bunte Markierungszeichen in den Boden und beratschlagen sich mit einem weißen Medaillon, in dem zur Antwort eine Nadel zittert.
Geronimo weiß nicht, daß die Männer das Apachenland vermessen wollen, um es zu verkaufen. (24 und 91)

1858, KASKIYEH

Geronimo

Unbewaffnet waren die Apachen in das südlich, zwischen Sonora und Casas Grandes, gelegene Kaskiyeh gezogen, um auf dem Markt Büffel- und Hirschhäute gegen Lebensmittel einzutauschen. Die mexikanischen Soldaten rissen ihre Zelte nieder und führten ihre Pferde fort. Unter den Toten liegen auch Geronimos Mutter und Geronimos Frau und seine drei Kinder.

Geronimo sagt kein Wort, als seine Gefährten zusammensitzen und niedergeschlagen abstimmen. Sie sind ja umstellt und waffenlos, sie können nur abziehen.

Starr sitzt Geronimo am Fluß und sieht den Seinen nach, wie sie hinter Häuptling Mangas Coloradas hertrotten. Die Toten lassen sie liegen. Endlich reißt auch Geronimo sich los. Eine ganze Weile schaut er noch zurück. Er folgt seinen Leuten *im richtigen Abstand, so, daß er gerade noch das Geräusch der Füße der abziehenden Apachen hört.*

Während der ganzen langen Wanderung nordwärts macht er den Mund nicht auf. Zu Hause verbrennt er seine Fellhütte und die Hütte seiner Mutter, verbrennt all seinen Besitz und den Besitz seiner Frau und seiner Mutter und verbrennt auch das Spielzeug seiner Kinder. Danach setzt er sich mit dem Rücken zum Feuer, wirft den Kopf zurück und stimmt ein Kriegslied an. (24)

1858, SAN BORJA

Tod dem Tod

Sein Körper schmerzte nur noch und wollte in amerikanische Erde eingehen. Daß er in ihr enden und in ihr weiterleben würde, wußte Aimé Bonpland, seit er einst an Humboldts Seite an der karibischen Küste gelandet war.

Bonpland stirbt seinen Tod gelassen in einem strohgedeckten Lehmhaus. Er weiß, die Sterne vergehen nicht, Ameisen und Menschen werden immer neu geboren, neuer Klee wird

wachsen und neue Apfelsinen werden wie Sonnen in den Zweigen hängen. Die neugeborenen Fohlen werden, kaum daß sie sich auf ihren Stelzenbeinen hochgestemmt haben, den Hals nach den Zitzen der Stute recken. So nimmt der alte Mann Abschied von der Welt wie ein Kind beim Schlafengehen vom Tage.
Danach bohrt noch ein Säufer seinen Dolch in den Leichnam. Aber obskure menschliche Dummheit ist nebensächlich. Nicht weiter von Belang.

1860, CHAN SANTA CRUZ

Das kultische Zentrum der Rebellen in Yukatan

– Mein Vater hat mich nicht zu den Reichen und nicht zu den Generalen geschickt. Er hat mich weder zu denen geschickt, die Geld besitzen, noch zu denen, die es zu besitzen behaupten. So sprach einmal die Mutter der Kreuze in Yukatan, die aus dem Mahagonibaum an der Quelle Gesprossene. Als die Soldaten den Baum umhackten und das – von den Indianern eingekleidete – kleine Kreuz verbrannten, hatte sie schon mehrere Kinder. Ein Kreuz sagte es dem anderen weiter:
– Mein Vater hat mich zu den Armen geschickt, weil ich arm bin.
Rund um das eine Kreuz und die vielen Kreuze ist Chan Santa Cruz entstanden, der große Wallfahrtsort der aufständischen Mayas im Urwald von Yukatan.
Oberst Aceretos Soldaten stoßen bei ihrem Feldzug auf keinen Widerstand. Auch auf keinen Indianer. Dennoch bleibt ihnen der Mund offenstehen: Die Mayas haben da eine mächtige Kirche errichtet, das Haus Gottes, das Haus ihres Tigergottes, mit dicken Wänden und hohen Kuppeln, und auf dem Turm hängen die in Bacalar abgenommenen Glocken.
Alles in der ausgestorbenen heiligen Stadt ist furchteinflößend. Oberst Acereto verbietet, aus den Brunnen zu trinken, obwohl in den Feldflaschen kaum noch Wasser ist. Vor sechs Jahren haben sich andere Soldaten nach dem Trinken hier erbrochen und sind, während die Indianer aus dem Wald brüllten, ob das Wasser auch schmecke, elendiglich gestorben.

Die Soldaten warten bis zur Hoffnungslosigkeit, und so vergehen Tage. Aus hundert Dörfern und von tausend Maisfeldern kommen unterdessen Indianer. Jeder bringt ein Gewehr oder ein Buschmesser und ein Säckchen gemahlenen Mais mit. So ziehen sie im Dickicht ihre Truppen zusammen, und als Oberst Acereto abzuziehen beschließt, wird seine Einheit im Handumdrehen hinweggefegt.
Seine Kapelle gerät vollständig in Gefangenschaft. Ab jetzt unterrichtet sie die Kinder in Musik und spielt Polkas in der Kirche, in der das Kreuz inmitten von Maya-Göttern wohnt und spricht. In derselben Kirche empfängt die Bevölkerung in Form von Maisfladen und Honig die Kommunion und wählt einmal im Jahr seine Kreuzesdeuter und Kriegsherren, die zwar goldene Ringe im Ohr tragen, ansonsten aber wie alle anderen auch Mais anbauen. (273 und 274)

1860, HAVANNA

Dichter in der Krise

Dreizehn Tote kommen in Kuba auf jeden Kilometer ausgebaute Bahnstrecke. Die Bahn befördert Zucker von den Plantagen um Güines in den Hafen von Havanna. Die Toten sind Afrikaner, Iren, Kanarier und Makaochinesen und wurden als Sklaven oder elend entlohnte Handlanger von Menschenhändlern herangeschafft. Und der Zuckerboom verlangt immer noch mehr.
Auch die erste Ladung Yukataner Maya-Sklaven wurde vor zehn Jahren nach Kuba geliefert. Hundertvierzig kriegsgefangene Indios – zu fünfundzwanzig Pesos das Stück. Kinder gab es gratis dazu. Danach verlieh Mexikos Staatspräsident Santa Ana dem Oberst Manuel María Jiménez das Menschenhandelsmonopol, und der erhöhte die Preise: Ein Mann kostete jetzt hundertsechzig, eine Frau hundertzwanzig und ein Kind achtzig Pesos. Der Maya-Krieg ging eben weiter und dementsprechend auch die kubanischen Darlehen und Waffenlieferungen. Für jeden verkauften Sklaven kassiert die Yukataner

Provinzregierung eine Steuer und finanziert ihren Krieg gegen die Indianer also mit Indianern.
José Zorilla, der spanische Dichter, hat in der Hafenstadt Campeche – zwecks Weiterverkauf auf Kuba – eine Partie Indianer aufgekauft. Alles war schon zur Verschiffung bereit – da raffte das Gelbfieber seinen Partner in Havanna, Cipriano de las Cacigas, hinweg. Nun tröstet sich der Autor von *Don Juan Tenorio* mit Verseschmieden auf einer Kaffeeplantage.

(222 und 273)

1861, HAVANNA

Kulis für den Zucker

Demnächst hält die Stadt Havanna einen Dichterwettbewerb ab. Die Intellektuellen im Gelehrtenverein Athenäum schlagen ein zentrales Thema vor: Die literarische Veranstaltung soll dem in Spanien gestellten Antrag auf sechzigtausend neue Sklaven Nachdruck verleihen. Die Dichter würden damit den Negerimport-Plan unterstützen, für den bereits der *Diario de la Marina* wirbt und der den gesetzlichen Segen des Fiskals am Oberlandesgericht hat.
Es fehlt eben an Kulis für das Zuckerrohr. Die über die Strände von Mariel, Cojímar und Batabanó eingeschmuggelten Neger sind knapp und teuer. Drei Zuckermühlenbesitzer haben den Antrag abgefaßt – *Kuba liegt ausgelaugt und wüst darnieder* – und ersuchen die Behörden in Spanien, *ihr Wehklagen zu erhören und die Insel mit Negern,* mit den gefügigen und verläßlichen Sklaven, *zu beliefern, denen Kuba seinen wirtschaftlichen Wohlstand verdanke.* Es sei ein Leichtes, sie in Afrika zu beschaffen. *Sie springen doch freudig auf die spanischen Schiffe,* heißt es, *kaum daß sie nahen.*

(222 und 240)

Reden vom Zucker

Die Fenstergitter in Havanna prunken mit schmiedeeisernen Schnörkeln, die Säulen mit Stuckvoluten, die hölzernen Schwingtüren mit filigranfein durchbrochenen Mustern und die Scheiben mit gläsernen Pfauenrädern. Verschnörkelt ist auch die Sprechweise der Juristen und Kirchenmänner. Die Dichter ringen um nie gebrauchte Reime und die Prosaschriftsteller um klingende Adjektive. Die Redner laufen dem Punkt, dem irrlichternden Springinsfeld, hinterher. Sooft der Punkt sich hinter einem Verb oder einer Klammer zeigt, zielt der Redner und schießt mit Worten und nochmals Worten. Die Rede wird lang und länger in dem Wunsch, ihn einzuholen, der Punkt aber hüpft wieder ein Stück weiter, und so nimmt das lustige Fangen kein Ende.
Die Geschäftsbücher hingegen sprechen die rauhe Sprache der Realität. In den Zuckerfabriken auf ganz Kuba wird Geburt oder Ankauf eines Negersklaven als Eingang eines beweglichen Guts registriert und seine Wertminderung mit drei Prozent jährlich veranschlagt. Erkrankt ein Mensch, wird das einem defekten Ventil gleichgesetzt, und endet jemandes Leben, kommt das dem Verlust eines Stück Viehs gleich: *Ungeschlachtete Rinder waren Bullen. Sau unterm Kapokbaum verendet. Neger Domingo Mondongo verstorben.* (222)

1861, BULL RUN

Grauröcke gegen Blauröcke

Das erste Gefecht im Bürgerkrieg wird bei Washington ausgetragen. Publikum ist zahlreich angefahren und angeritten, um dem Schauspiel beizuwohnen. Kaum fließt das erste Blut, stiebt die Menge brüllend vor Angst auseinander, und die Pferde werden scheu. Bald liegen die Straßen der Hauptstadt voller Verstümmelter und Sterbender.
Zwei ganz und gar entgegengesetzte Länder hatten bisher die Seite im Atlas, die Fahne und die Bezeichnung Vereinigte Staaten von Amerika gemeinsam. Eine Zeitung in den Südstaaten

brachte die Nachricht von Lincolns Wahlsieg in der Spalte *Meldungen aus dem Ausland.* Einen Monat danach gründeten die Südstaaten ihren eigenen Staat, und der Krieg brach aus.
Der neue Präsident Lincoln ist die Verkörperung der Nordstaatler-Ideale. In seiner Wahlkampagne hat er verkündet, man könne nicht länger halb frei, halb versklavt sein, und Farmen statt Latifundien und höhere Schutzzölle gegen die Konkurrenz der europäischen Industrie zugesagt.
Nordstaaten und Südstaaten – zweierlei Räume, zweierlei Zeiten. Im Norden produzieren die Fabriken schon mehr als die Landwirtschaft, entwickeln rastlose Erfinder Telegraphen und Näh- und Mähmaschinen, entstehen überall neue Städte, hat New York eine Million Einwohner und liegen die Kais voller Schiffe, aus denen sich die Einwanderer ergießen, die dringend eine neue Heimat suchen. Im Süden hält man auf Stammbaum und Altgewohntes, baut man Tabak und Baumwolle an, produzieren vier Millionen Negersklaven das Rohmaterial für die Spinnereien in Lancashire und Manchester, duellieren sich Gentlemen wegen der befleckten Ehre ihrer Schwester oder des guten Namens ihrer Familie und fahren Damen in blühenden Feldern spazieren und fallen bei Einbruch der Dämmerung auf den Veranden ihrer Landhäuser in Ohnmacht. (70)

1862, FREDERICKSBURG

Der Kriegszeichner

Ein junger Soldat lehnt mit übergeschlagenen Beinen an der Mauer und starrt vor sich hin. Der Bart, den er seit Monaten wachsen läßt, drückt auf den Uniformkragen. Mit einer Hand krault er einem auf seinen Knien schlafenden Hund den Kopf.
Der in Pennsylvanien eingezogene John Geyser zeichnet sich und seine Kameraden, solange der Krieg seine Opfer fordert.
Er hält sie fest zu Momentaufnahmen: Soldaten unterwegs zu ihrem Grab, dem Bombentrichter; Soldaten beim Laden oder Reinigen ihrer Gewehre; Soldaten, die ihre Ration Zwieback

und Speck herunterwürgen, oder Soldaten, die traurig dreinschauen.
Traurig sehen sie vor sich hin, aber vielleicht sehen sie ja auch hinter das, was sie sehen. (69)

1863, MEXIKO

Das Algerien Amerikas

heißt Mexiko neuerdings in der Pariser Presse. Die Armee Napoleons III. bestürmt und erstürmt alle großen mexikanischen Städte.
Der Papst in Rom vollführt Freudensprünge. Die Regierung des von den Invasoren gestürzten Benito Juárez hatte sich an Gott und seinen mexikanischen Besitztümern vergriffen. Juárez hatte die Kirche aller Mittel entblößt: ihres frommen Zehnten, ihrer weiten, wie der Himmel weiten Latifundien und der liebenvollen Obhut des Staates.
Die Konservativen schließen sich den Invasoren an. Zwanzigtausend mexikanische Soldaten unterstützen die dreißigtausend Franzosen, die eben von der Eroberung der Krim, Algeriens und Senegals kommen. Napoleon III. beruft sich bei der Annexion Mexikos auf romanische Sinnesart, romanische Kultur und romanische Rasse – und verlangt ganz nebenbei dic Zahlung eines ominösen Darlehens.
Das höchste Amt in der neuen Kolonie übernimmt Maximilian von Österreich, einer der vielen arbeitslosen Prinzen in Europa – zusammen mit seiner aufsehenerregenden Frau. (15)

1863, LONDON

Marx

Napoleon III. werde sich an der Mexiko-Affäre das Genick brechen, wenn er nicht vorher aufgehängt werde, sieht ein in London auf Pump lebender, kluger und bettelarmer Prophet voraus.
Während Karl Marx die Rohfassung eines Werks, das die Welt verändern soll, korrigiert und poliert, läßt er sich von dem, was

in der Welt geschieht, nichts entgehen. In Briefen und Artikeln nennt er den dritten Napoleon einen imperialen Lazarillo de Tormes und die Mexiko-Invasion ein infames Unternehmen. England und Spanien prangert er an, weil sie den Staat Mexiko zusammen mit Frankreich wie eine Kriegsbeute unter sich aufteilen wollen, und alle übrigen Annexionsländer, weil sie zur Erweiterung des Betätigungsfelds von Schacherern und Schiebern viele Tausende von Menschen auf die Schlachtbank treiben.

Marx glaubt inzwischen nicht mehr, daß die imperialistische Expansion höherentwickelter Länder ein Sieg des Fortschritts über den Rückschritt sei. Fünfzehn Jahre früher fand er noch nichts dabei, als Engels die Intervention der USA in Mexiko beklatschte. Der wähnte damals, die mexikanischen Bauern würden damit zu Proletariern und die Bischöfe und Feudalherren fielen von ihren Podesten. (129 und 201)

1865, LA PAZ

Belzu

Eine Flut aufständischer Indios hat Belzu an die Macht zurückgeschwemmt. Manuel Isidoro Belzu, der väterliche *Tata Belzu,* der die Habenichtse rächt und die gelehrten Herren henkt, zieht, von der Menge umjubelt, wieder in La Paz ein. In seiner Regierungszeit, bis vor ein paar Jahren, befand sich die Hauptstadt Boliviens jeweils da, wo er gerade entlangritt. Die Herren des Landes putschten über vierzigmal gegen ihn und konnten ihn doch nicht aus dem Sattel heben. In der ausländischen Geschäftswelt war er verhaßt, weil er ihr den einheimischen Markt versperrte und die Handwerker in Cochabamba vor der Überflutung durch Ponchos *made in Britain* schützte. Die Winkeladvokaten, die Tinte oder Wasser in den Adern haben, zitterten vor ihm, und die Bergwerksbesitzer, die ihm nie eine Verordnung verordnen konnten, konspirierten gegen ihn.

Belzu, der hagere schöne Belzu, ist wieder da. Ins Regierungsgebäude reitet er gemächlich, geradezu schwebend. (172)

Aus einer Ansprache Belzus an das bolivianische Volk

Es ist nun an der Zeit, daß wir vom Adel seine Urkunden und vom Privatbesitz seine Legitimation einfordern ... Vornehmlich dem Privateigentum entspringen die meisten Vergehen und Verbrechen in Bolivien, das Privateigentum ist die Ursache der ständigen Kämpfe zwischen Bolivianern, und das Privateigentum ist das beherrschende Prinzip jenes Egoismus, den die weltweit gültige Moral doch längst auf ewig verdammt. Fort mit dem Eigentum, fort mit den Eigentümern, fort mit dem Erbrecht! Nieder mit dem Adel! Der Boden soll allen gehören! Schluß mit der Ausbeutung des Menschen durch den Menschen! (213)

1865, LA PAZ

Melgarejo

Belzus verbissenster Gegner, Mariano Melgarejo, ist ein Hüne, der ein Pferd auf die Schultern heben kann. Geboren wurde er in Tarata, dem mit hohem Gras bewachsenen Hochland, und sein Vater war einer von denen, die lieben und sogleich fliehen. Melgarejos Geburt fiel auf einen Ostersonntag:

– *Gott hat mich dazu erkoren, am Tag seiner Auferstehung zur Welt zu kommen.*

Noch bevor er laufen konnte, galoppierte er, kaum zeigte sich ein Pferdekopf im Grün, übers Land. Noch bevor er an der Mutterbrust sog, schlürfte er Chicha, von der man sich wälzt oder fliegt, trank er *Tarata-Milch,* die beste Chicha in Bolivien, gebraut aus Mais, den alte Frauen mit gepfefferter Spucke kauen und wieder ausspucken. Noch bevor er seinen Namen schreiben konnte, ritt er schon Attacken wie der leibhaftige Teufel, focht mit zerfetztem Kittel von Mann zu Mann und wirbelte Menschen mit der Faust in die Luft oder hieb sie mit der Lanze oder dem Säbel in Stücke.

Viele hat er auf dem Gewissen. Mal tötet er am hellichten Tag, mal in mondloser Nacht. Er ist ein ewiger Aufrührer und Streithahn und war zweimal zum Tode verurteilt. Er feiert und er zecht, war dazwischen aber auch im Exil und an der Macht.

Vorgestern nacht ist er auf dem Regierungssessel eingeschlafen, gestern nacht an einem Berghang. Gestern ist er mit fahnenrotem flatterndem Poncho an der Spitze seines Heers auf einer dicken Kanone in La Paz eingeritten, und heute reitet er mit düsterer Miene allein über den Platz. (85)

1865, LA PAZ

Der kürzeste Staatsstreich in der Geschichte

Jetzt ist Belzu an der Reihe. Der unterlegene Melgarejo kommt, um zu kapitulieren. Melgarejo wandert über den Platz, quer durch die Schreier:
– *Es lebe Belzu!*
Belzu wartet im ersten Stock im großen Saal. Melgarejo betritt den Regierungssitz. Ohne aufzublicken, steigt er, den schwarzen Bart auf seine Stierbrust gedrückt, treppauf. Auf dem Platz brüllt die Menge:
– *Viva Belzu! Tata Belzu!*
Melgarejo geht auf Belzu zu. Der Präsident steht auf und breitet die Arme aus.
– Ich verzeihe dir.
Durch die offenen Fenster grölt es herein:
– *Tata Belzu!*
Melgarejo läßt sich umarmen und drückt ab. Der Schuß kracht; der Tote kracht auf den Boden.
Der Überlegene tritt auf den Balkon. Er zeigt den Leichnam vor:
– *Belzu ist tot. Wer soll nun leben?* (85)

1865, APPOMATTOX

General Lee legt seinen rubinbesetzten Degen ab

Unaufhaltsam sind die Soldaten aus dem Norden vorgerückt, sie warten nur noch auf den Befehl zum letzten Angriff. Da erhebt sich in den Reihen des Feindes eine Staubwolke und kommt näher. Ein einzelner Reiter löst sich aus dem Heer der abgerissenen und hungrigen Grauröcke. Er hat ein weißes Tuch an einem Stock.

Vor den letzten Gefechten schrieben sich die Südstaatler ihren Namen auf den Rücken, um als Tote identifiziert werden zu können. Der Süden war vernichtend geschlagen, der Krieg verloren, die Soldaten kämpften zuletzt nur noch aus verbissenem Ehrgefühl weiter.

Der besiegte General Lee händigt mit behandschuhter Hand seinen rubinverzierten Degen aus. General Ulysses Grant, der Sieger, trägt weder Säbel noch Rangabzeichen; mit aufgeknöpfter Uniformjacke zieht und kaut er an seiner Zigarre. Der Krieg ist vorüber, mit der Sklaverei ist es aus. Zusammen mit der Sklaverei fallen auch die Schranken, die die Industrie in ihrer vollen Entwicklung und den nationalen Markt an seiner Ausweitung innerhalb der USA gehindert haben. Sechshunderttausend junge Männer sind dafür gefallen. Unter anderem die Hälfte der Neger, die die blaue Uniform der Nordstaaten-Bataillone angelegt hatten. (70)

1865, WASHINGTON

Lincoln

Abe kommt aus Kentucky, wo sein Vater die Axt und den Hammer schwang, so daß die Hütte Wände, Dach und Laubbetten bekam. Jeden Tag wurde Brennholz gehackt und eines Tages auch das Holz für den Sarg, in dem Abes Mutter unterm Schnee begraben werden sollte. Abe war noch sehr klein, als die hölzernen Nägel eingeschlagen wurden. Nie mehr sollte seine Mutter samstags Weißbrot backen, nie mehr mit ihren stets verwunderten Augen zwinkern. Also fällte man Holz für

den Bau eines Floßes, und der Vater stakte mit den Kindern stromab nach Indiana.
Abe kommt aus Indiana, wo er mit einem verkohlten Holzscheit die ersten Buchstaben krakelte und der beste Holzfäller im Bezirk wurde.
Abe kommt aus Illinois. In Illinois liebte er eine Frau namens Ann und heiratete eine andere namens Mary. Mary konnte Französisch und hatte als erste in Springfield moderne Reifröcke getragen. Mary befand, Abe müsse Präsident der Vereinigten Staaten werden. Während sie Söhne gebar, schrieb er Reden und gelegentlich ein Gedicht: über die Erinnerung, die in flüssiges Licht getauchte, magisch-traurige Insel.
Abe kommt aus dem Kapitol in Washington, wo er aus dem Fenster auf den Sklavenmarkt hinabsah, eine Art Stall, in dem die Neger wie Pferde in Boxen standen.
Abe kommt aus dem Weißen Haus. Bevor er ins Weiße Haus einzog, versprach er eine Bodenreform und Schutzmaßnahmen für die Industrie und erklärte, wer andere ihrer Freiheit beraube, verdiene sie selber nicht. Bei seinem Einzug ins Weiße Haus schwor er, so zu regieren, daß er, auch wenn er sonst keine Freunde mehr hätte, wenigstens sich selbst noch ein Freund sein könnte. Er regierte im Krieg, und im Krieg hielt er alle seine Versprechen. Frühmorgens stand er immer in Pantoffeln an der Tür des Weißen Hauses und wartete auf die Zeitung.
Abe kommt ohne Eile daher. Abraham Lincoln hatte es nie eilig. Wie eine Ente watschelt er auf seinen riesengroßen Plattfüßen, und wie ein Turm ragt er über die ihm zujubelnde Menge. Er geht ins Theater; bedächtig steigt er die Treppe zur Präsidentenloge hinauf. Im Dunkel der Loge ist sein kantiger Schädel auf dem Stiernacken gut sichtbar vor dem Arrangement aus Blumen und Fahnen. Im Dunkel schimmern auch seine sanftmütigen Augen und Amerikas melancholischstes Lächeln.
Abe kommt vom Siegen und vom Träumen. Heute ist Karfreitag, und vor fünf Tagen hat General Lee kapituliert. Gestern nacht träumte Lincoln von einem geheimnisvollen Meer, auf dem ein sonderbares Schiff nebligen Ufern zusteuerte.

Lincoln kommt aus seinem ganzen Leben, als er sich pünktlich, aber ohne Hast auf seinen Logenplatz im Schauspielhaus der Stadt Washington setzt.
Und da ist sie, die Kugel, die ihn in den Kopf trifft.

(81 und 188)

1865, WASHINGTON

Hommage

Wieviel Neger sind wohl gehenkt worden, weil sie eine Hose gestohlen oder einer weißen Frau in die Augen gesehen haben? Welche Namen trugen die Sklaven, die vor mehr als hundert Jahren New York in Brand steckten? Wieviel Weiße sind Elijah Lovejoy nachgefolgt, dessen Druckerei zweimal in den Fluß gekippt wurde und der in Illinois ermordet werden konnte, ohne daß jemand dafür verfolgt oder bestraft wurde? Um die Abschaffung der Sklaverei in den USA haben sich zahllose Menschen, Schwarze und Weiße, verdient gemacht. Darunter:

– John Russwurm und Samuel Cornish. Sie gaben die erste Negerzeitung heraus. Theodore Weld; er eröffnete die erste höhere Lehranstalt, in der auch Frauen und Neger angenommen wurden.

– Daniel Payne. Er konnte seine Schule für Neger in Charleston sechs Jahre lang halten. Prudence Crandall, Quäkerin und Lehrerin. Sie verlor ihre weißen Schülerinnen, als sie ein Negermädchen in ihrer Schule aufnahm. Sie wurde beschimpft, gesteinigt und verhaftet, und bald ging auch ihre Schule in Rauch auf.

– Gabriel Prosser. Er trachtete nach Freiheit für seine Brüder in Virginia und kam an den Galgen. David Walker; auf seinen Kopf setzten die Behörden in Georgia zehntausend Dollar aus. Er zog umher und predigte, einen Menschen umzubringen, der einem ans Leben wolle, sei, wie wenn man Wasser trinke, weil man Durst habe. Nach solchen Reden verschwand er schließlich, oder man ließ ihn verschwinden.

– Nat Turner. Er sah in einer Sonnenfinsternis die Verheißung, daß die Letzten die Ersten sein würden; daraufhin wurde er zum rasenden Mörder. John Brown, mit Wildtöterbart und flammenden Augen. Er überfiel ein Waffenarsenal in Virginia, hielt die Marines von einem Lokomotivdepot aus in Schach, weigerte sich danach, sich von seinem Anwalt für geistesgestört erklären zu lassen, und ging erhobenen Hauptes zum Galgen.

– William Lloyd Garrison, ein fanatischer Gegner derer, die sich andere Menschen aneignen. Er bekam eine Schlinge um den Hals und wurde am Strick durch Boston geführt. Henry Garnet. Er predigte in der Kirche, wenn ein Sklave sich in sein Schicksal ergebe, versündige er sich an Gott. Henry Ward Beecher, ein Geistlicher aus Brooklyn. Er äußerte, unter bestimmten Umständen sei ein Gewehr nützlicher als die Bibel; von da an hießen die Waffen, die den Sklaven in den Südstaaten zugeschmuggelt wurden, darum die *Beecher-Bibeln.*

– Harriet Beecher-Stowe. Sie schrieb *Onkel Toms Hütte,* in der sie viele Weiße für die Sache gewann. Frances Harper, Dichter; er fand die nötigen Worte zur Verdammung von Macht und Geld. Solomoon Northup, ein Sklave aus Louisiana. Ihm gelang es, den Tagesablauf auf einer Baumwollplantage vom Hornstoß vor Tagesanbruch bis zum Abend bekanntzumachen.

– Frederick Douglass, ein aus Maryland geflohener Sklave, der in New York die Eröffnungsrede zum Unabhängigkeitstag in eine Anklagerede umfunktionierte und rief, Freiheit und Gleichheit seien nur hohle Phrasen.

– Harriet Tubman, eine des Lesens und Schreibens unkundige Bäuerin. Sie organisierte die Flucht, immer dem Polarstern nach, von über dreihundert Sklaven nach Kanada.

(12 und 210)

1865, BUENOS AIRES

Dreierallianz – Verbrechertanz

Während in Nordamerika die Geschichte gerade einen Krieg gewinnt, bricht in Südamerika der nächste Krieg aus, den die Geschichte verliert. Dieselben drei Hafenstädte – Buenos Aires, Rio de Janeiro und Montevideo –, die fünfzig Jahre zuvor José Artigas erledigt haben, gehen nun daran, Paraguay aufzurollen.

Nach drei Diktaturen, in denen jeweils ein Caudillo – Gaspar Rodriguez de Francia, Carlos Antonio López und danach dessen Sohn Francisco Solano – unumschränkt herrschten, ist Paraguay zu einem bedrohlichen Beispiel geworden. Höchste Gefahr, daß es auf die Nachbarländer übergreift. In Paraguay regieren nicht die Grundbesitzer, die Geschäftsleute dürfen nicht spekulieren, und kein Kredithai wuchert dort mit dem Zins. Durch die Blockade zwar von der Außenwelt abgeschnitten, gedeiht das Land doch im Innern und gehorcht dabei weder dem Markt noch dem ausländischen Kapital. Während die Länder ringsum im Würgegriff ihrer Gläubiger zappeln, schuldet Paraguay niemandem einen Centavo und steht auf eigenen Füßen.

Bei dem mörderischen Ritual zur Austreibung des bösen Geistes fungiert der britische Botschafter in Buenos Aires, Edward Thornton, als oberster Priester. Brasilien, Argentinien und Uruguay werden dem stolzen Satan zur Abschreckung demnächst ihre Bajonette in die Brust bohren. (47, 60 und 83)

Spinnenfäden, zur Allianz gesponnen

Wie eine groteske kleine Baumkrone zierte der auf eine Stange gespießte Kopf von Chacho Peñaloza mit den langen Haaren und dem Stirnband den Platz. Chacho und sein Pferd waren ein einziger Nervenstrang gewesen. Darum konnte Chacho auch nur ohne sein Pferd gefaßt und heimtückisch umgebracht werden. *Zur Beruhigung des Packs* wurde der Kopf des Gauchokriegers aus dem Flachland La Rioja dann zur

Schau gestellt, und Domingo Faustino Sarmiento gratulierte den Henkern.
Der Paraguay-Krieg ist nur die Fortsetzung eines anderen Krieges, den das blutsaugende Buenos Aires schon seit fünfzig Jahren gegen die argentinischen Provinzen führt. Der Uruguayer Venancio Flores hilft Mitre und Sarmiento bei der Ausrottung der rebellischen Gauchos und bekommt zum Lohn das Präsidentenamt in Uruguay. Brasilianische Schiffe und argentinische Waffen sorgen dafür, daß er es auch antritt. Nach dem Bombardement der wehrlosen Stadt Paysandú steht Uruguay den Invasoren offen. Paysandú hielt sich einen Monat lang – bis auch der Chef der Abwehr, Leandro Gómez, von einer Gewehrkugel getroffen, auf den rauchenden Trümmern fiel.
Damit wurde aus der Zweier- eine Dreierallianz. Mit englischem Segen und englischen Krediten gehen die Regierungen Brasiliens, Argentiniens und Uruguays nun an die Befreiung Paraguays. Sie schließen ein Abkommen. Ihr Krieg dient, so steht es in dem Abkommen, der Herstellung des Friedens. Paraguay muß die Kosten für seine eigene Hinrichtung tragen, und die Sieger verpassen ihm eine angemessene Regierung. Im Namen von Paraguays territorialer Unverletzlichkeit schanzt das Abkommen Brasilien ein Drittel der Landesfläche zu und vermacht Argentinien ganz Misiones und das gesamte Chaco-Gebiet. Außerdem ist der Krieg ein Dienst an der Freiheit. Brasilien, mit seinen zwei Millionen Sklaven, verspricht Paraguay die Freiheit, wo es keinen einzigen Sklaven gibt.

(47, 244 und 291)

1865, SAN JOSÉ

Urquiza

Er steht in dem Ruf, daß er einer Frau nur die Hand zu küssen braucht, und schon ist sie schwanger. Er ist eben ein Sammler – von Kindern und Ländereien. Kinder hat er hundertfünfzig – die unklaren Fälle nicht mitgerechnet –, und seine Quadratmeilen Land überblickt schon keiner mehr. Spiegel, brasilia-

nische Orden, französisches Porzellan und klingende Silberpesos sind seine große Liebe.
Justo José de Urquiza, der alte Caudillo von der argentinischen Küste, der vor Jahren Juan Manuel de Rosas geschlagen hat, hat seine Bedenken, ob der Paraguay-Krieg gut ist. Um sie zu zerstreuen, verkauft er der brasilianischen Armee zu einem Vorzugspreis dreißigtausend Pferde aus seinen Estanzias und sichert sich die Lieferung von Pökelfleisch an die alliierten Truppen. Somit unbeschwert von Zweifeln, läßt er jeden, der sich weigert, Paraguayer totzuschlagen, erschießen.

(271 und 291)

1865, CURUPAYTÍ

Mitre

Planken, die einmal Schiffe waren, treiben im Wasser. Die paraguayische Flotte ist nicht mehr, und trotzdem kommt die alliierte Flotte auf dem Fluß nicht weiter. Sie wird von den Kanonen in Curupaytí und Humaitá gestoppt, den beiden Festungen, zwischen denen, quer über den Strom, Korbflaschen gespannt sind, die auch Minen sein können.
Unter dem Kommando des Präsidenten von Argentinien, zugleich Oberbefehlshaber der Dreierallianz, Generalissimus Bartolomé Mitre, rennen die Soldaten mit gefälltem Gewehr gegen die Mauern von Curupaytí an. Mit jedem Fanfarenstoß geht eine neue Welle Soldaten zum Angriff über. Nur wenige schaffen es bis zum Festungsgraben, keiner bis an die Schanze. Die Paraguayer schießen ihre Feinde, die sich unbedingt auf offenem Feld und am hellichten Tag zeigen müssen, reihenweise ab wie Treibwild. Auf Kanonendonner und Trommelwirbel folgt Gewehrgeknatter. Aus der Festung der Paraguayer züngeln Flammen. Als der dicke Qualm sich zu dünnen Schwaden lichtet, liegen Tausende Tote im Schlamm, erlegt wie Kaninchen. In vorsichtigem Abstand besichtigt Bartolomé Mitre, in schwarzem Gehrock, einen Künstlerhut auf dem Kopf, mit dem Fernglas, was sein militärisches Genie vollbracht hat.

Bewundernswert aufrichtig hatte er den Invasionstruppen vorgelogen, spätestens in drei Monaten sei man in Asunción.

(61 und 272)

1866, CURUPAYTÍ

Der Kriegsmaler

Cándido López ist Soldat unter Mitre und wird das Fiasko von Curupaytí und die vorangegangenen Schlachten, in denen er mitgekämpft hat, und auch den Kriegsalltag der Soldaten in den Lagern später malen. Er malt dann mit der linken Hand; die Rechte wurde ihm in Curupaytí von einer Granate abgerissen.

Cándidos Malerei ahmt niemanden nach, und niemand wird ihn auch je nachahmen. In der Woche ist er Verkäufer in einem Schuhgeschäft von Buenos Aires, und sonntags sagt er mit Bildern: *Das war der Krieg.* Seine unbeholfene linke Hand soll es, den Erinnerungen zuliebe, mit der Zeit zu großem Geschick bringen, und dennoch wird er von keinem Künstler beachtet, von keinem Kritiker ernst genommen und findet niemanden, der am Kauf der Ausgrabungen eines verkrüppelten Soldaten interessiert wäre.

– *Ich mache Reportagen mit dem Pinsel.*

Cándido López, der Einsame, malt Unmengen Menschen.

Auf seinen Bildern blitzen allerdings keine Säbel und schnauben keine Pferde im Vordergrund, halten keine Helden, die Hand auf die blutende Brust gepreßt, Reden für die Nachwelt, und auch die Göttin Gloria mit ihren nackten Brüsten kommt bei ihm nicht vor. Vor seinen Kinderaugen ziehen zahllose Bleisoldaten und Spielzeugpferdchen vorbei und spielen in schöner Schlachtordnung das grausige Spiel des Kriegs.

(100)

1867, GEGEND VON CATAMARCA

Felipe Varela

In fünf argentinischen Provinzen erheben sich berittene Guerilleros. Mit Schafscheren, die an Lanzen gebunden sind, stellen sie sich den Kanonen der Linientruppen, suchen den Körperkontakt, und aus der Staubwolke über dem Getümmel ruft es: *Viva Paraguay!*

Von den Anden bis in die Tiefebene reißt Felipe Varela die Landbevölkerung mit zum Sturm auf die Hafenstadt Buenos Aires, die sich ganz Argentinien unterwerfen und von Amerika nichts wissen will. Der Caudillo aus Catamarca zeigt auf, wie sich der Staat mit Schulden in Millionenhöhe in den Bankrott manövriert hat, nur weil er einen anderen Staat ausradieren wollte. Varelas wilde Reiter tragen ein Spruchband um die Stirn, *Union Amerika,* und einen uralten Zorn im Herzen, *in der Provinz steht man ohne Vaterland da und bettelt.* Auf dem Pferd groß geworden, ein hagerer Gaucho, ganz Bart und Backenknochen, spricht Varela mit seiner heiseren Stimme auch für die Habenichtse, die für andere über die Klinge springen müssen. Die *Freiwilligen* trotten mit Pferdestricken aneinandergefesselt aus den Provinzen ins paraguayische Schwemmland. Dort werden sie in Pferchen gehalten und bei Meuterei oder Fahnenflucht kurzerhand abgeknallt. (239)

1867, PAMPA IN LA RIOJA

Folter

Oberst Pablo Irrazábal verhört aufständische *Llaneros* aus La Rioja. Verhören heißt sie in den Block schließen oder sie auf wund gepeitschten Füßen laufen lassen oder ihnen mit einem stumpfen Messer stückchenweise die Kehle durchschneiden. Die *Porteños* aus Buenos Aires bedienen sich diverser Mittel, um die aufständischen Provinzen zu bekehren. Eines der effektvollsten heißt der *Kolumbianerblock.* Dazu spannt man den Gefangenen mit feuchten Rohlederriemen zwischen zwei in den Boden gerammte Gewehre. Zieht das Leder sich beim Trocknen dann zusammen, knirscht die Wirbelsäule und bricht auseinander. (214)

1867, LA PAZ

Diplomatie – die Kunst der Gestaltung auswärtiger Beziehungen

Präsident Melgarejo reitet auf Holofernes, der ihn in Krieg und Wohlleben begleitet, in die Kathedrale von La Paz. Beim feierlichen Gottesdienst sitzt er in seinem Samtsessel unterm Baldachin. Er legt dazu die Generalsuniform der chilenischen Armee an, und auf seiner Brust prangt das kaiserlich-brasilianische Ordensband.

Nach all dem Rumjagen und Totschlagen traut Melgarejo nicht einmal mehr seinem eigenen Hemd über den Weg. Manchmal reißt er es sich vom Leib, sagt man, hängt es auf und schießt sein Magazin darauf leer.

– Wer zu bestimmen hat, bestimmt auch – den Finger immer schön am Abzug.

Zwei Wesen, nur zwei Wesen auf der Welt, sieht der knallharte General nicht scheel an: seinen Hengst Holofernes und die schöne Juana Sánchez. Der Rappe braucht nur am Präsidententisch aufzutauchen, um unter Ministern, Bischöfen, Generalen sein Bier zu trinken, schon hebt der chilenische Botschafter sein Glas und trinkt auf das Wohl des Holofernes. Und Juana Sánchez wird vom brasilianischen Botschafter von Kopf bis Fuß mit Kolliers, Diademen und Armbändern behängt, an die sie auch in ihren kühnsten Träumen nicht zu denken gewagt hat.

Die Brust voller brasilianischer Orden, tritt Melgarejo fünfundsechzigtausend Quadratkilometer bolivianischen Amazonas-Urwald an Brasilien ab. Im Rang eines chilenischen Armeegenerals überläßt Melgarejo Chile die Hälfte der küstennahen und salpeterreichen Wüste Atacama, in der mit chilenischem und britischem Kapital das in Europa, mit seinen ausgelaugten Böden, begehrteste Düngemittel abgebaut wird.

Mit der abgeschnittenen Wüste Atacama beginnt es: Von da an verliert Bolivien Stück für Stück seinen Zugang zum Meer. (85, 107 und 172)

Graffiti an einem Felsblock in der Wüste Atacama

– *Antonia, vor Sehnsucht nach dir sterb ich noch.*
– *Du weißt schon, wer.*
– *Der Richter von Chañarcillo steckt's in die eigene Tasche.*
– *Zahl mir meine drei Unzen, Ramón!*
– *Der Gouverneur ist ein Hornochse.*
– T. P. behauptet, er sei kein Mulatte. (256)

1867, BOGOTÁ

Ein Roman mit dem Titel »María«

Damen schaukeln in Hängematten, daß die Löckchen im elfenbeinweißen Nacken fliegen; angestoßen werden sie von Herren in Begräbnisanzügen mit Suppenhühnermienen. In gebührendem Abstand zieht eine Negerkolonne mit Körben auf dem Kopf vorüber, lautlos, als entschuldigte sie sich für ihre Existenz und für die Störung. Im Park der Plantage – Kaffeearoma und Gardenienduft – drückt Jorge Isaacs die Tinte für den Federkiel aus seiner Tränendrüse.
Ganz Kolumbien schluchzt: Efraín kommt zu spät. Während sein Schiff noch das Meer pflügt, liegt seine Base María an einer unheilbaren Erbkrankheit darnieder, haucht ihren letzten Seufzer aus und kommt jüngferlich in den Himmel. Efraín steht am Grab seiner Liebsten und drückt Marías Hinterlassenschaft an die Brust. Als Pfand ihrer Liebe bleiben ihm nur ein Taschentuch, von ihr bestickt und von ihr naßgeweint, ein paar Lilienblüten, so welk und so rein wie sie, ein Ring, der der einst duftenden Rose von Kastilien von der erstarrten Hand geglitten ist, und ein paar Flechten ihres Haars in einem Medaillon, das ihre Jasminlippen noch küssen konnten, bevor die Kälte des Todes sie erfaßte. (167 und 208)

1867, QUERÉTARO

Maximilian

Juárez' Armee und die tausend vom mexikanischen Volk aufgestellten Partisanentrupps jagen die Franzosen vor sich her. Kaiser Maximilian schreit noch einmal *Viva Mexiko!* und kippt in den Dreck.

Zuletzt war ihm von Napoleon III. das Heer weggenommen worden, war er beim Papst verhaßt und hieß bei den Konservativen der *Maxischludrian.* Napoleon hatte ihm aufgetragen, Frankreichs neueste Kolonie zu verwalten, aber Maximilian gehorchte nicht. Der Papst erhoffte sich von ihm die Rückgabe seiner irdischen Güter, und die Konservativen glaubten, er werde den Dämon des Liberalismus aus Mexiko vertreiben, aber Maximilian führte Krieg gegen Juárez und erließ zugleich Gesetze wie Juárez.

Es regnet, als eine schwarze Kutsche in Querétaro einrumpelt. Präsident Juárez, der Sieger über die Invasoren, beugt sich über den offenen Sarg ohne Blumen. Da liegt der schmachtend blauäugige junge Erzherzog, der gern im Mexikanerkostüm, mit Sombrero und Pailletten, die Alameda entlangritt.

(94 und 143)

1867, PARIS

Sein oder kopieren, das ist die Frage

Auf der Pariser Weltausstellung treffen die Exponate aus Ecuador ein, Ölgemälde auf Leinwand. Sämtliche Bilder sind exakte Kopien der berühmtesten europäischen Malkunstwerke. Der Katalog lobt die ecuadorianischen Künstler, weil sie, *wenn schon nicht viel Originalität, so doch wenigstens das Verdienst aufweisen können, die Meisterwerke aus der italienischen, spanischen, französischen und flämischen Schule bemerkenswert detailgetreu wiedergegeben zu haben.*

In Ecuador blüht auf Indianermärkten und in Vorstädten inzwischen eine andere Kunst. Geschickte Hände gehen da der geschmähten Arbeit nach, Lehm, Holz und Stroh, Federn,

Muscheln und Brotteig in Schönheit zu verwandeln. Die Kunst bittet hier für sich selber um Entschuldigung, indem sie sich Kunsthandwerk nennt. Hergestellt wird sie nicht von Akademieschülern, sondern von Habenichtsen, die selbst an Flohherzen und Mückenmägen noch etwas Eßbares finden. (37)

Armeleutelied aus Ecuador

– Hast nichts im Magen?
– Nein.
– Dann friß deinen Kragen.
Schlacht eine Mücke,
kau die besten Stücke,
Hals und Gekröse
reichen morgen noch für Klöße. (65)

1869, MEXIKO-STADT

Juárez

Der mexikanische Indianer, der den Papst in Rom und den dritten Napoleon besiegt hat, hat ein Gesicht wie aus Oaxaca-Stein gemeißelt. Immer in Frack und steifem Kragen, immer in Schwarz, ist der nie lächelnde, nie viel sprechende Benito Juárez ein Felsblock, um den ein Reigen redegewandter und gelbgefiederter Akademiker parliert, deklamiert und rezitiert. In Mexiko gab es mehr Pfarrer als Lehrer, und die Hälfte aller Güter war in kirchlicher Hand, als Juárez an die Macht kam und die Liberalen dem vor Unbildung und Rückständigkeit kranken Land ihre zivilisatorische Arznei verschrieben. Zur Modernisierungstherapie braucht es Ruhe und Ordnung. Juárez will also Schluß machen mit den Kriegen, die mehr Menschenleben kosten als Malaria und Lungenentzündung, aber die Kriege lassen ihm keine Atempause, als wären es Seuchen. Zuerst ging es gegen Pfaffen und Konservative, dann gegen die französischen Eindringlinge, und bis heute geht es gegen die Profikämpfer, die Kriegshelden, die nicht abtreten wollen, und

gegen die Indios, die sich mit dem Verlust ihres Gemeindelands nicht abfinden wollen.
In Mexiko haben die Liberalen blindes Vertrauen zum allgemeinen Wahlrecht und zur Meinungsfreiheit, auch wenn nur wenige wählen dürfen und nur wenige ihre Meinung äußern. Heil kommt durch Bildung, glauben sie, obwohl die wenigen Schulen alle in der Stadt sind, aber Liberale verstehen sich mit den Musen nun einmal besser als mit den Indios. Während die Latifundien größer werden, träumen sie von einem bäuerlichen Mittelstand, der das Brachland bestellt, und von wundertätigen Eisenbahnstrecken mit qualmenden Lokomotiven, von rauchenden Schornsteinen, Ideen, Menschen und Kapitalanlagen, die den Fortschritt aus Europa herüberholen.
Selbst der Zapotekensohn Juárez ist überzeugt, wenn Mexiko sich dieselben Gesetze wie die USA gebe, werde es auch wie die USA wachsen, und wenn es englische Waren konsumiere, werde es auch eine Industrienation wie England. Und mit dem Import französischen Gedankenguts, meint der Besieger Frankreichs, werde aus Mexiko eine aufgeklärte Nation.

(142, 143 und 316)

1869, SAN CRISTÓBAL DE LAS CASAS

Erde und Zeit sind nicht stumm

Der Boden vibriert vom lauten Reden der Toten drunten. Im Grab geht es zu wie auf dem Wochenmarkt. Sie haben Neuigkeiten zu besprechen, die Mayas, die in Chiapas bei längst vergangenen Aufständen gefallen sind. Gekämpft wurde hier – mit Speer und Axt –, seit der erste, von einer Frau und einem Hund gezeugte, Beutejäger sich auf das Land der Indianerdörfer stürzte. Die Toten schwatzen über die freudigen Nachrichten, und durch die Träume beglückwünschen sie die Lebenden und sagen ihnen Wahrheiten, die das Ohr nicht wahrnimmt. Die Indios in der Gegend wehren sich nämlich endlich wieder. Sklaven ihrer Schulden, verwüsten sie Hazienden, brennen Gefängnisse nieder und beschützen das letzte Land, das sie, der

Juárez-Regierung zum Trotz, noch gemeinsam besitzen und bebauen.
Die Berggötter freuen sich mit. Sie sind es, die den Wind umlenken, wenn er Krankheiten oder Habgier mitbringt.
(155 und 274)

1869, MEXIKO-STADT

Juárez und die Indios

Wegen Unruhestiftung, Bandenbildung und rabiaten Sozialisierens ist Julio López vor einem Jahr erschossen worden. Vor den versammelten Indios der Region Chalco schwor Julio López *Krieg den Reichen* und erhob sich mit der Forderung nach Rückgabe des geraubten Landes.
Die in Chalco gefangengenommenen Indianer wurden in Soldatenuniformen gesteckt und zum Kampf gegen die aufständischen Indios aus Yukatan gezwungen. Die *Befriedeten* des einen Krieges werden zu *Befriedern* im nächsten, geschlagene Aufrührer werden gezwungen, Aufrührer totzuschlagen. Nach dieser Methode schickt die Regierung Juárez Truppen gegen die Mayas in Yukatan, die Mayas in Chiapas, die Coras in Nayarit, die Tarasken in Michoacán, die Yaquis in Sonora und die Apachen in Nordmexiko in die Schlacht.
Um sich ihr Gemeindeland wiederzuholen, reißen die Indios die Grenzsteine auf den Hazienden aus. Es gibt die ersten Toten, und bald ist die Luft nur noch Pulverdampf. Juárez' Verfassung möchte aus den Indianern Kleineigentümer und freie Lohnarbeiter machen. Juárez' Gesetze verbieten Block und Fußeisen, Schuldsklaverei und Hungerlöhne. In Wirklichkeit werden die Indianer zur gleichen Zeit ihres letzten gemeinsamen Landes beraubt und zu Sklaven auf den Latifundien und Bettlern in den Städten gemacht.
Benito Juárez ist in der Sierra inmitten von Felsen, die ihm ähnlich sehen, am Ufer des Guelatao-Sees geboren. Die Welt lernte er in einer von Mexikos hundert Indianersprachen benennen. Danach setzte er sich mit Hilfe eines mildtätigen Mannes seinen Doktorhut auf. (142 und 274)

1869, LONDON

Lafargue

Als Paul Lafargue zur Eroberung von Laura Marx ansetzte, schloß der Begründer des wissenschaftlichen Sozialismus gerade die Korrekturarbeiten am ersten Band seines *Das Kapital* ab. Karl Marx gefielen die feurigen Vorstöße des Kubaners ganz und gar nicht, und er verlangte beim Umwerben seiner grünäugigen Tochter etwas *mehr Mäßigung und englische Manieren.* Er verlangte auch materielle Sicherheit. Aus Deutschland, Frankreich und Belgien vertrieben, hatte Marx, von Schulden gepeinigt, manchmal selbst ohne den Penny für die Zeitung, in London sehr harte Zeiten hinter sich, und das Elend des Exils hatte ihm drei Kinder genommen.
Lafargue aber konnte er nicht abschrecken. Eigentlich wußte er das ja auch seit jeher. Schon als Lafargue noch ein blutjunger Mann war, hatten Marx und er sich streiten und lieben gelernt. Dank dem Halbblut aus Kuba wird jetzt Marx' erster Enkel geboren, der Urenkel einer Mulattin aus Haiti und einer Indianerin aus Jamaika. (177 und 279)

1869, ACOSTA ÑÚ

Paraguay unter den Hufen der Pferde

Paraguay ist niedergetrampelt, wehrt sich aber noch am Boden. Kirchenglocken werden zu letzten Kanonen umgegossen, geschossen wird mit Sand und Steinen, aber die Truppen der Dreierallianz preschen weiter nach Norden. Die Verwundeten reißen sich ihre Verbände ab: lieber verbluten, als im Heer des Gegners dienen oder mit dem Brandmal des Sklaven auf die brasilianischen Kaffeeplantagen wandern.
In Asunción bleiben nicht einmal die Gräber von der allgemeinen Plünderei verschont. In Piribebuy wüten die Okkupanten in den mit Frauen, Kindern und Alten besetzten Schützengräben und verbrennen das Lazarett mitsamt den darin liegenden Verwundeten. In Acosta Ñú stoppen Kinderbataillone, die sich

mit Gras- oder Wollbärten als Erwachsene herausstaffieren, die Angreifer.

Das Schlachten aber geht weiter. Wer nicht von Kugeln getroffen wird, stirbt an den Seuchen. Und jeder Tote schmerzt. Jeder Tote scheint der letzte zu sein, ist aber in Wahrheit jedesmal der erste. (61 und 254)

1870, CERRO CORÁ

Solano López

Im Treck marschieren Tote, die noch atmen. Hinter Marschall Francisco Solano López schleppen sich Paraguays letzte Soldaten hin. Stiefel und Koppel sind sämtlich aufgegessen, aber auch Wunden oder Lumpen sind nicht zu sehen. Die durch die Wälder schleichenden Soldaten wirken wie aus Lehm und Knochen: Lehmmasken, Tonpanzer, Schlamm aus Sümpfen, roter Wüstenstaub, in der Sonne gebranntes Töpferwerk.

Marschall López ergibt sich nicht. Wie im Taumel führt er mit erhobenem Schwert diesen letzten Marsch an, der nirgendwohin führt. Mal deckt er Verschwörungen auf, mal phantasiert er sie sich zusammen, und wegen Verrats oder Schlappmachens läßt er nacheinander seinen Bruder, sämtliche Schwäger, den Bischof, einen Minister und einen General umbringen. Mangels Schießpulver werden sie mit der Lanze exekutiert. Wenn so mancher stirbt, weil López den Stab über ihn bricht – noch mehr sterben vor Erschöpfung. Alle Toten bleiben am Weg liegen. Die Erde holt sich das ihre, und an den Gebeinen erkennen die Verfolger die Spur.

Bei Cerro Corá schließt die Übermacht der feindlichen Truppen den Ring. Am Río Aquidabán wird López vom Pferd gerissen, von einer Lanze getroffen und mit dem Schwert getötet. Da er noch immer röchelt, bekommt er noch einen Genickschuß. (291)

Elisa Lynch

Von den Siegern eingekreist, gräbt Elisa mit den Fingernägeln ein Grab für Solano López.
In keine Hörner wird mehr geblasen, keine Kugeln pfeifen, keine Granaten explodieren mehr. Die Fliegen zerstechen den Marschall im Gesicht und fallen über seinen klaffenden Leichnam her, aber Elisa verschwimmt alles rot vor den Augen. Sie schaufelt Erde mit den Händen und schimpft dabei auf den unseligen Tag, und die Sonne steht heute länger am Horizont, weil der Tag, bevor Elisa sich an ihm ausgetobt hat, nicht abzutreten wagt.
Die strohblonde Irin, die als Kommandeurin von stock- und spatenbewehrten Frauenkolonnen gekämpft hat, war López' unerbittlichste Beraterin. Vorige Nacht hat er ihr nach sechzehn Jahren und vier Kindern zum ersten Mal gesagt, daß er sie liebt. (25)

Guaraní

Im ausgelöschten Paraguay überdauert die Sprache.
Der Indianersprache Guaraní, einer Sprache von Okkupierten, die von den Okkupanten übernommen wurde, wohnt eine geheimnisvolle Kraft inne. Den Verboten und Schmähungen zum Trotz ist sie die Nationalsprache dieses in Schutt und Asche liegenden Landes, und die Nationalsprache wird sie gegen alles Gesetz auch bleiben. Moskitos heißen hier immer *Teufelsklauen* und Libellen weiterhin *Teufelspferdchen.* Die Sterne bleiben *Mondfeuer* und die Abenddämmerung der *Nachtschlund.*
Solange der Krieg andauerte, haben die paraguayischen Soldaten sich ihr Losungswort auf Guaraní gesagt und sich auf Guaraní angefeuert und auf Guaraní gesungen. Auf Guaraní schweigen jetzt auch ihre Toten. (152)

1870, BUENOS AIRES

Sarmiento

Argentiniens Präsident Domingo Faustino Sarmiento nimmt die Heeresmeldung über den Sieg in Paraguay entgegen. Er befiehlt der Kapelle, Serenaden zu spielen, und schreibt: *Es war Gottes Wille, daß dies ganze Guaraní-Volk eines Tyrannen wegen umgekommen ist. Dieser menschliche Auswuchs mußte vom Erdboden getilgt werden.*

Sarmiento, der Gründer des Tierschutzvereins, predigt und praktiziert unverblümt Rassendiskriminierung, ohne daß ihm die Hand dabei zittert. Die US-Amerikaner bewundert er, weil sie *unvermischt mit minderwertigen Rassen* sind, und von Mexiko an südwärts kann er nichts als Barbarei, Aberglauben, Chaos und Wahnsinn erkennen. Die Finsternis entsetzt und fasziniert ihn. In einer Hand die Lanze, in der anderen die Laterne, geht er zum Angriff über. Als Gouverneur wie als Staatspräsident baut er viele neue Friedhöfe und Schulen und fördert die edlen Tugenden Halsabschneiden, Sparen und Lesen. Als Schriftsteller setzt er sich mit hochtalentierter Prosa für die Ausrottung von Gauchos, Indianern und Negern und ihre Ablösung durch nordeuropäische weiße Bauern und auch für das Tragen von Fracks und englischen Frisuren ein. (310 und 311)

1870, RIO DE JANEIRO

Tausend Kandelaber glitzern in den Spiegeln,

und seidene Schuhe kreisen im Walzertakt über den blanken Boden in Baron Itamaratys Schloß. Das Kaiserpaar schreitet durch Gästescharen, Handküsse entgegennehmend, mit Gläsern klirrend, von Salon zu Salon, und wo es hinkommt, bricht der Tanz ab, und es gibt Tusche und Hochrufe. Die Herren sehen aus wie Pinguine, die Damen – in Krinolinen geschnürt, ein Traum aus Spitze – wie Schmetterlinge. Manche tragen den von Madame Arthémise importierten europäischen Busen, der im Rhythmus der Atmung auf- und abwogt. Brasi-

lien feiert bei französischem Champagner und modischer Musik den vernichtenden Sieg über Paraguay.
Auf ihrem Weg zum Fest fahren die Kutschen an Negerkolonnen vorbei, die stinkende Töpfe und Zuber schleppen. Wolken von Fliegen schwirren über der dem Strand von Rio zustrebenden Prozession. Die Sklaven kippen allabendlich Kot und Jauche ihrer Herren in die schöne Bucht. (204)

Mauá

Die Feierlichkeiten zur Auslöschung Paraguays sind noch im Gang, da reißen die Siegerländer das besiegte Land schon in Stücke.
Nur einer runzelt die Stirn bei den rauschenden Festen und zuckt mit den Achseln, wenn er von der neuen Grenzziehung hört. Er mochte diesen Krieg nie: Irineo Evangelista de Souza, ein Freiherr – Baron de Mauá – von Kaiser Pedros II. Gnaden. Er ahnte von vornherein, der Krieg würde lange dauern, das Land ausbluten und auch, wer ihn gewänne, würde ihn verlieren. Lorbeeren für das Kaiserreich Brasilien? Ein von Kriegsruhm überglänzter Friede? Prosperität, als wäre nie Krieg gewesen? Baron Mauá ist ein brasilianischer Geschäftspartner der Londoner Rothschilds und weiß inzwischen, daß die Mordbrenner bei den britischen Banken doppelt so hoch verschuldet sind wie vorher. Mauá besitzt große Plantagen und weiß, daß die Kaffeepflanzungen auf den Schlachtfeldern viele tausend Negersklaven verloren haben. Mauá schießt den Siegerländern gewöhnlich ihren Etat vor und emittiert ihre Währung, er weiß darum, daß sie sich mit Anleihen eingedeckt haben, die für ganz und gar nichts gut sind. Wer weiß – vielleicht weiß er auch schon, daß der gerade zu Ende gegangene Krieg der Auftakt zu seinem eigenen Ruin ist, daß die Gläubiger ihm bald die goldene Brille von der Nase nehmen werden und daß er in seinen letzten Jahren wieder das einsame Kind sein wird, als das ihn Seeleute einst auf den Kais von Rio ausgesetzt haben. (109)

1870, VASSOURAS

Die Kaffee-Barone

Im südlichen Paraíba-Tal wird der größte Teil des Kaffees produziert, den die Welt konsumiert. Gleichzeitig kann es sich die größte Quadratmeterproduktion von Grafen, Baronen und Marquis zugute halten.
Kaiser Pedro II. belohnt auf seinem brasilianischen Thron gerade die mit Sklaven produzierenden Kaffeepflanzer für ihre vielen Zuschüsse zum Paraguay-Krieg mit neuen Adelstiteln.
Auf keiner Plantage leben weniger als hundert Sklaven. Noch in der Nacht, beim Läuten der Eisenglocke, waschen sich die Sklaven an der Tonne, danken laut dem Herrn Jesus Christus und werden von der fünfschwänzigen Peitsche bergan zur Arbeit getrieben.
Die Kinder der Pflanzer kommen mit Hilfe schwarzer Hebammen zur Welt und werden von schwarzen Ammen gestillt. Bei schwarzen Dienstmädchen lernen sie Lieder, Märchen und neue Speisen kennen, mit schwarzen Kindern lernen sie spielen, und bei schwarzen Mädchen entdecken sie die Liebe. Dennoch wissen sie von klein auf, wer der Besitzer ist und wer Besitz. Eine Heirat mit einer Cousine oder Nichte stärkt dann die Familienbande und sorgt dafür, daß das adlige Geschlecht nicht ausstirbt. (327)

1870, SÃO PAULO

Nabuco

Von den Negersklaven leben alle. Nicht nur die Kaffee-Barone und Zuckerrohrpflanzer – jeder freie Brasilianer, so arm er auch ist, hat zumindest einen Sklaven, der für ihn arbeitet.
Joaquim Nabuco hält Brandreden gegen das tief steckende Übel. Er selber stammt auch von Grundbesitzern und Berufspolitikern ab, meint aber, Brasilien werde so lange nicht ein Teil der modernen Welt, wie eine Handvoll Familien ihre

Hand auf Boden und Politik hielten und die Sklaven die ganze Last des Landes trügen.
Wortführer der Abolitionisten ist der Dichter José Bonifácio an der Universität von São Paulo. Neben Nabuco arbeiten da noch andere Intellektuelle und glänzende Redner mit wie Castro Alves, Rui Barbosa und Luis Gama. Gama war in Bahia von seinem eigenen Vater verkauft worden; er konnte der Sklaverei entfliehen, um sie anzuprangern. (74)

1870, BUENOS AIRES

Barrio Norte – der Stadtteil im Norden

Zur Warnung vor der nahenden Gefahr bläst ein Reiter in grünem Hemd ins Horn. Hufetrappeln, Schellengeläut, die Fußgänger stieben auseinander: Im rasenden Tempo von zehn Kilometern pro Stunde kommt die neue Straßenbahn auf den Schienen angebraust. Eine Zeitung will den zu erwartenden täglichen Trambahnopfern eine Spalte freihalten.
Das eine oder andere Todesopfer fordert die Bahn auch, schon um niemanden zu enttäuschen, aber bald redet niemand mehr von ihren Amokläufen. Das Gelbfieber grassiert in Buenos Aires; ihm erliegen täglich dreihundert.
Dank der Seuche entsteht der Friedhof La Chacarita, weil man sonst nicht mehr weiß, wohin mit den vielen toten armen Leuten, und dank der Seuche entsteht auch der Barrio Norte, weil die Reichen aus ihrer traditionellen Wohngegend fliehen. Bisher entschieden nämlich zehn Straßen südlich der Plaza de Mayo über das Schicksal ganz Argentiniens, und auf Kosten ganz Argentiniens lebte man dort von alters her auch im Wohlstand. Da waren sie zu Hause, die Herren, die im Café de Paris Politik machen, und die Damen, die im Warenhaus »London« einkaufen. Und von da vertreibt sie das Gelbfieber, weil es besonders in den tiefer gelegenen Stadtteilen wütet, in deren Umkreis – Nährboden für Mücken und Seuchen – Müllkippen und Schlammpfuhle liegen. Aus den verlassenen Herrenhäusern werden sofort Massenunterkünfte. Den Platz, mit

dem bis gestern noch eine Familie auskam, teilen sich nun zweihundert Menschen, so gut sie können.
Die Stadt, die sich über die Flußufer hinbreitet, ist ungeheuer gewachsen. Vor wenigen Jahrhunderten war Buenos Aires noch ein entlegenes tristes Dorf. Heute hat es hundertachtzigtausend Einwohner, davon sind die Hälfte aus dem Ausland zugewandert: Maurer, Wäscherinnen, Schuster, Bauarbeiter, Köchinnen, Nachtwächter, Zimmerleute und andere Neuzugänge, die der Passatwind aus dem Mittelmeerraum hierhergetrieben hat. (312)

1870, PARIS

Lautréamont mit vierundzwanzig Jahren

Seine Sprache war stockend, und er wurde bei der geringsten Anstrengung müde. Nachts setzte er Töne und Worte am Klavier; am Morgen konnte er einem leid tun mit seinen fiebrigen Augen.
Isidore Ducasse, der imaginäre Graf von Lautréamont, ist tot. Der im Montevideo-Krieg geboren wurde und aufgewachsen war, das Kind, das dem meerbreiten Strom Fragen stellte – in einem Pariser Hotel gestorben. Sein Verleger hatte es nicht gewagt, seine »Gesänge« an die Buchhandlungen auszuliefern.
Lautréamont hatte Hymnen auf Läuse und Liebhaber von Knaben geschrieben. Er besang die rote Laterne vor den Bordellen und die Insekten, denen Blut besser schmeckt als Wein. Er schimpfte auf den besoffenen Gott, der uns geschaffen hat, und meinte, wir wären besser aus einem weiblichen Haifisch gekrochen. Er sprang in den Abgrund, ein zu Schönheit und Wahnsinn begabtes menschliches Wrack, und er sah im Fall grausige Bilder und fand erstaunliche Wörter. Jedes Blatt, das er geschrieben hat, schreit auf, wenn man an ihm kratzt.
(181)

1871, LIMA

Juana Sánchez

Melgarejo, der Zerstörer, ist gestürzt. Die Indios warfen dem Flüchtenden Steine hinterher, und nun, in Lima im Exil, vegetiert er am Stadtrand in einem Zimmerchen dahin. Von der Macht ist ihm nur noch sein blutroter Poncho geblieben. Seinem Pferd Holofernes haben die Indianer den Garaus gemacht und die Ohren abgeschnitten.

Nacht für Nacht wimmert Melgarejo vor dem Haus der Familie Sánchez. Wenn er mit seiner wilden Stimme heult, schaudert es Lima. Juana macht die Tür nicht auf.

Als Juana ins Regierungsgebäude kam, war sie achtzehn. Melgarejo schloß sich drei Tage und drei Nächte mit ihr ein. Die Leibwächter hörten es schreien, klatschen, schnauben, ächzen, aber nicht reden. Am vierten Tag kam Melgarejo wieder zum Vorschein:

– *Die liebe ich wie meine Armee!*

Aus der Tafel für Eßgelage wurde ein Altar. Oben thronte Juana, nackt, umrahmt von Kerzen. Minister, Bischöfe und Generale huldigten der Schönen und fielen auf die Knie, wenn Melgarejo ein funkelndes Cognacglas hob und Verse der Andacht sang. Juana stand, nur mit ihrem Haar bekleidet, da wie aus Marmor und sah zur Seite.

Und schwieg. Juana schwieg. Wenn Melgarejo ins Feld ritt, sperrte er sie in La Paz in ein Kloster. Wenn er wieder in den Palast kam, trug er sie auf den Armen. Und Juana schwieg, war jede Nacht Jungfer, wurde jede Nacht neu für ihn geboren. Juana sagte auch kein Wort, als Melgarejo den Indianern ihr Gemeindeland wegnahm und ihr achtzig Hazienden und ihrer Familie eine ganze Provinz zum Geschenk machte.

Juana schweigt auch jetzt. Sie wohnt hinter zugemauerter Tür in ihrem großen Haus in Lima und zeigt sich nicht und antwortet auch nicht auf Melgarejos verzweifeltes Brüllen. Sie sagt nicht einmal: – *Du hast mich nie besessen. Ich war nie da.*

Melgarejo schluchzt und tobt und hämmert mit den Fäusten an die Tür. Auf dieser Schwelle und mit dem Namen dieser Frau im Mund ereilen ihn dann die zwei Kugeln. (85)

1873, LAGER BEI TEMPÚ

Die Mambís

Neger, glänzend im Fackellicht, wiegen, drehen sich, schwingen und halten, brüllend vor Schmerz und Lust, Zwiesprache mit den Göttern. Dem Korrespondenten des »New York Herald« ist das lärmende Wesen ebenso unverständlich wie die hiesigen Jahreszeiten, die in dem immerwährenden kubanischen Sommer alle gleichzeitig enthalten sind. Der Reporter muß zweimal hinsehen, als er auf ein und demselben Baum einen blühenden, üppig grünen Ast und einen gelb dahinwelkenden Ast entdeckt.

Hier, im Urwald auf Ostkuba, sind die Mambís zu Hause. Im Kongo bedeutet *Mambí* Bandit, Aufrührer, auf dieser Insel aber ist ein Mambí ein Sklave, der kämpfend zum Menschen wird. Bevor sie sich der Armee der Unabhängigkeitskämpfer anschlossen, waren die Mambís in den Bergen lebende entlaufene Sklaven. Nach der Schätzung des »Herald«-Korrespondenten hat der Kolonialkrieg in fünf Jahren achtzigtausend Spanier das Leben gekostet. Viele Soldaten sind durch Krankheiten oder Kugeln umgekommen – mehr noch durch die Macheten der Mambís. Im Krieg wurden die Zuckermühlen zu Festungen hochgerüstet – gegen die Überfälle der Neger draußen und die Fluchtversuche der Neger drinnen.

Hier im Lager, bei den lumpenbedeckten, halbnackten Mambís, teilen alle mit allen. Mangels Kaffee trinkt der Reporter Wasser mit Sirup, und nach wenigen Tagen hegt er einen unauslöschlichen Haß auf Süßkartoffeln – und auf Beutelratten, die man in Baumlöchern oder Felsspalten fängt und die eßbar sind. Die können den Krieg ewig durchhalten, schreibt er: Hier spenden die Lianen Wasser, wenn kein Fluß in der Nähe ist, und die Bäume Früchte, Hängematten, Sandalen und wohltuenden Schatten, in dem man, solange die Verwundeten versorgt werden, sitzen und sich Witze und Abenteuergeschichten erzählen kann. (237)

1875, MEXIKO

Martí

Sein Schnurrbart begann gerade zu sprießen, da gründete er in Havanna schon zwei - kurzlebige – Zeitungen, den »Hinkenden Teufel« und das »Freie Vaterland«. Und weil er sich für die spanische Kolonie Kuba Unabhängigkeit wünschte, wurde er zu Haft und Zwangsarbeit verurteilt. Davor, schon als Kind, wollte er Shakespeare übersetzen, entflammte Worte und schwor einem gehängten Sklaven, er werde ihn rächen. Schon in seinen frühesten Versen ahnte er, er werde auf Kuba und für Kuba sterben.

Aus dem Gefängnis entlassen, mußte er außer Landes. Die Narben, die die scheuernden Fußeisen hinterlassen haben, sind bis heute nicht verwachsen. Einen patriotischer gesinnten Kubaner als diesen Sohn eines spanischen Gefreiten im Kolonialdienst gibt es nicht. Auch keinen kindlicheren als diesen ewig fragenden Emigranten, der sich über die Welt wundert und empört.

Als Martí zweiundzwanzig ist, erlebt er in Mexiko die erste gemeinsame Kundgebung von Studenten und Arbeitern mit. Die Hutmacher sind im Streik. Ihre Solidarität beweisen ihnen der Verein »Brüderlichkeit und Ausdauer der Friseure«, der »Bruderverein der Buchbinder«, die Drucker, die Schneider und die Intellektuellen, die *Gedankenarbeiter.* Zugleich streikt erstmals die Universität, gegen die Exmatrikulation dreier Medizinstudenten.

Martí organisiert Konzerte zugunsten der streikenden Hutmacher und beschreibt in seinen Artikeln die Studenten, wie sie mit den Arbeitern, alle zusammen untergehakt und in Sonntagskleidern, durch die Straßen von Mexiko ziehen. *Diese schwärmerische Jugend ist im Recht,* schreibt er. *Aber auch wenn sie irrte, müßten wir sie doch lieben.* (129, 200 und 354)

1875, FORT SILL

Die letzten Büffel des Südens

Im Süden der USA waren die Prärien schwarz vor Büffeln, die nachwuchsen wie das hohe Gras, als aus Kansas die Weißen kamen. Jetzt stinkt der Wind nach Verwesung. Gehäutet liegen die Büffel auf der Ebene. Die Felle werden zu Millionen nach Osteuropa verschifft. Die Ausrottung der Büffel bringt nicht nur Geld, sondern ist, so erklärt General Sheridan, auch *die einzige Möglichkeit, dauerhaften Frieden und eine Ausbreitung der Zivilisation zu erreichen.*

Die Kiowas und Komantschen finden im ganzen Reservat Fort Sill keinen Büffel mehr. Auch ihr Tanzen zu Ehren des Sonnengotts mit der Bitte um gute Jagd ist umsonst. Von den kläglichen Essensrationen, die ihnen die Bundesregierung zuteilt, wird niemand satt.

Die Indianer fliehen in den Palo Duro Canyon, das letzte Weidegebiet der Büffel im flachen Süden. Da finden sie zu essen, und auch sonst fehlt es an nichts. Aus den Häuten fertigen sie Wohnungen, Decken und Kleider an, aus den Hörnern und Knochen machen sie Löffel, Messer und Pfeilspitzen, das Haar weben sie zu Stricken, aus den Sehnen weben sie Netze, und die Harnblasen verwenden sie als Wasserschläuche.

Bald kommen in Wolken dichten Staubs und Pulverdampfs die Soldaten geritten. Sie verbrennen die Hütten und Lebensmittelvorräte, schlachten tausend Mustangs ab und treiben die Indianer zurück in ihren Pferch.

Nur ein paar Kiowas können entkommen und schleppen sich durch die Prärie. Doch schließlich erliegen auch sie dem Hunger, sie stellen sich in Fort Sill. Dort treiben die Soldaten sie in ein Gehege und werfen ihnen jeden Tag rohe Fleischbrocken zu. (51 und 229)

Nach vorne, nach innen

Die Büffel der letzten Herde des Südens kommen zusammen. Sie diskutieren nicht lange. Alles ist gesagt, und die Nacht geht weiter. Die Büffel wissen, sie können die Indianer nicht länger schützen.
Als das Morgengrauen aus dem Fluß steigt, sieht eine Kiowa-Frau, wie die letzte Herde durch den Frühnebel vorüberzieht. Der Leitstier trabt bedächtig voran, hinter ihm die Kühe und Kälber und die wenigen noch lebenden Stiere. Am Fuß des Scott Mountain angelangt, warten sie mit gesenkten Köpfen reglos ab. Da tut der Berg seinen Schlund auf, und die Büffel ziehen hinein. Im Berginnern ist die Welt grün und kühl. Alle Büffel sind drinnen. Der Berg schließt sich. (198)

1876, LITTLE BIG HORN

Sitting Bull

Wenn er spricht, wird kein Wort müde, sinkt kein Wort um. *Keine Lügen mehr,* sagt er. Vor sechs Jahren sagte die US-Regierung den Sioux in einem feierlichen Vertrag zu, daß die Black Hills, ihr Mittelpunkt der Welt, wo die Krieger mit den Göttern sprechen, ihnen für immer gehören würden. Vor zwei Jahren wurde in der Gegend Gold gefunden. Vor einem Jahr befahl die Regierung den Sioux, ihre Jagdgründe zu verlassen, weil die Goldsucher dort das gelbe Metall aus Gestein und Bächen wuschen.
Ich habe genug gesagt. Keine Lügen mehr. Sitting Bull, der oberste Häuptling, hat mehrere tausend Krieger aus den Prärien, Sioux, Cheyenne und Arapahos, zusammengezogen. Drei Tage und drei Nächte lang tanzt er. Starrt unbewegt in die Sonne. Jetzt weiß er Bescheid.
Er erwacht vor Sonnenaufgang. Seine nackten Füße werden naß vom Tau und spüren den Pulsschlag der Erde.
Als der Tag anbricht, blickt er über die Hügel. General Custer naht. Es naht das Siebte Kavallerieregiment. (51 und 206)

Schwarzer Elch

Als Neunjähriger hörte er Stimmen. Er erfuhr, daß alle Wesen mit Beinen, Flügeln oder Wurzeln Kinder ein und desselben Vaters – der Sonne – und ein und derselben Mutter – der Erde, an deren Brüsten wir saugen – sind. Die Stimmen prophezeiten, dank seiner werde der heilige Stock, der ins Herz des Siouxlandes gepflanzte Lebensbaum, Blüten treiben und hoch auf einer Gewitterwolke die Dürre beenden. Außerdem prophezeiten sie Kriege und Kümmernisse.
Als Zehnjähriger begegnete Schwarzer Elch zum ersten Mal einem weißen Mann. Er meinte, er hätte einen Kranken vor sich.
Als Dreizehnjähriger badet er gerade im Little Big Horn River, als Schreie das Nahen von Soldaten melden. Schwarzer Elch klettert auf eine Anhöhe und sieht eine große Staubwolke wirbeln, aus der es erst stampft und johlt und dann zahlreiche Pferde mit leeren Sätteln hervorjagen. (51 und 230)

Custer

Der Cheyenne-Häuptling Schwarzer Kessel warnte ihn, als sie zusammen die Friedenspfeife rauchten. Wenn Custer seine Zusagen breche, müsse er sterben, und kein Indianer werde sich mit seinem Skalp die Hände schmutzig machen. Custer aber brannte das Cheyenne-Lager nieder, und Hauptling Schwarzer Kessel wurde in den Flammen von Kugeln durchsiebt.
Jetzt ist General George Armstrong Custer nur noch einer von vielen Toten des Siebten Kavallerieregiments, das die Indianer am Little Big Horn aufgerieben haben. Gestern abend hat Custer sich noch seine langen strohblonden Haare abrasieren lassen. Sein kahler Schädel ist heil, und auf seinem Gesicht liegt immer noch der dümmliche Ausdruck von Männern, die nie eine Niederlage erlitten haben. (51, 91 und 198)

1876, WAR BONNET CREEK

Buffalo Bill

Kurz nach der Niederlage am Little Big Horn fallen Soldaten über die an einem Bachufer kampierenden Cheyenne her, und in dem Schußwechsel fällt ihr Häuptling Gelbe Hand.

Buffalo Bill ist als erster da. Mit einem Schnitt skalpiert er den Cheyenne-Häuptling und galoppiert mit dem Skalp weiter zu den Bühnen in fernen Städten. Die Geschichte des Westens wird, je weiter sie vorschreitet, zu einem Bühnenereignis. Eine Schlacht ist noch nicht zu Ende, da verhökert der Skalpjäger seine Trophäe auch schon in Philadelphia, Baltimore, Washington oder New York auf dem Theater. In Mahner- und Rächerpose – es geht um General Custer – reckt Buffalo Bill vor vollem Saal die Arme. In der einen Hand blinkt das Messer, von der anderen baumelt ein Büschel bunter Federn. Der Westernheld tritt in reich verziertem Mexikanerkostüm auf, ein Paar Revolver am Gürtel, und seine fünfzehnschüssige Winchester über der Schulter. Der Auftritt bebildert dann auch den Einband der Cowboy-Heftchen, die bald im ganzen Land zirkulieren.

Buffalo Bill, der berühmteste aller Cowboys, hat noch nie im Leben eine Kuh vor sich hergetrieben. Das Wahrzeichen der Eroberung des Westens, der unsterbliche Supermann, hat seinen Ruhm durch Abschlachten von Indianern und Büffeln und pausenloses Reden von seiner eigenen Kühnheit und Schießkunst erworben. Den Namen Buffalo Bill bekam er, als er für die Kansas Pacific Railroad arbeitete und seiner eigenen Aussage zufolge in einem Jahr 4 280 Kugeln verschoß und damit 4 280 Büffel erlegte. Nur die Frauen hätten ihn daran gehindert, noch mehr Leistung zu bringen. (157)

1876, MEXIKO-STADT

Abgang

Elfmal war General Santa Ana Präsident von Mexiko. Die Treue seiner Generale erkaufte er sich mit dem stückweisen Verkauf seines Landes und der Besteuerung selbst von Hunden, Pferden und Fenstern. Oft mußte er allerdings auch, als armer Mann verkleidet, aus dem Regierungsgebäude schleichen. Experte war er zwar nur im Kriegeverlieren, aber Denkmäler ließ er sich trotzdem aufstellen – Santa Ana in Bronze, im Galopp, mit erhobenem Degen. Und seinen Geburtstag ließ er per Dekret zum Feiertag erklären.

Als er aus der Emigration wiederkam, waren alle seine Freunde und Feinde tot. Santa Ana saß, den unvermeidlichen Hahn im Arm, nur noch im Sessel, rieb alte Medaillen blank oder kratzte sich an seinem Korkbein. Blind wie er war, meinte er dennoch, Karossen mit Prinzen und Präsidenten vor seiner Tür halten zu sehen. Taub wie er war, meinte er dennoch, er höre Volksmassen eintönig leiernd um Audienzen, Huldbeweise oder Posten bitten.

– *Warten?* krächzte Santa Ana. – *Sie sollen still sein!* röhrte er, während sein letzter Diener ihm die naßgepinkelten Hosen auszog.

Jetzt wird er aus seinem verpfändeten, schon leerstehenden Haus getragen und zum Friedhof gefahren. Hähne trippeln vor dem Sarg her, glotzen die Leute an. In Kampfeshaltung.

(227 und 266)

1877, GUATEMALA-STADT

Der Zivilisationsbringer

Justo Rufino Barrios, der Präsident von Guatemala, schließt die Augen und hört, wie das Stampfen von Dampfmaschinen und Rattern von Zügen in die Stille der Klöster hereinbricht. Der Vormarsch der synthetischen Farben auf den Märkten der Welt ist nicht mehr aufzuhalten, und Guatemalas Waren Koschenille, Schellack und Indigo will keiner mehr. Kaffee ist

jetzt gefragt. Die Märkte verlangen nach Kaffee, und der Kaffee verlangt nach Arbeitskräften, Anbauflächen, Schienenwegen und Häfen. *Um das Land zu modernisieren,* wirft Barrios die schmarotzenden Geistlichen aus dem Land, nimmt der Kirche ihre riesigen Ländereien und schenkt sie seinen engsten Freunden. Das Gemeindeland der Indianer wird gleich mit enteignet. Ein Dekret hebt den kollektiven Grundbesitz auf, Tagelöhnerdienste werden obligatorisch. *Zwecks Integration der Indianer in das Volksganze* macht die liberale Regierung sie zu Knechten auf den neu angelegten Kaffeeplantagen. Das koloniale System der Frondienste ist wieder in Kraft.
Soldaten reiten von Farm zu Farm und verteilen Indianer.

(59)

1879, MEXIKO-STADT

Sozialisten und Indianer

Was ich sage, schmerzt sicher, doch es ist nötig. Auch im Gefängnis Tlatelolco weist Oberst Alberto Santa Fe noch darauf hin: Die Indianer hatten es unter dem Kolonialregime besser. *Heute nennt man sie hochtönend Freie, dabei sind sie Sklaven.*

In den Augen des Sozialisten Santa Fe, der den Indianeraufstand im Tal Texmelucan ausgelöst hat, rühren die Mißstände in Mexiko von der Not des Volkes her. Die wiederum rührt von der Konzentration des Bodens in wenigen Händen und vom Fehlen einer einheimischen Industrie her. *Weil bei uns alles aus dem Ausland kommt, wo wir's doch selber herstellen können.* Santa Fe fragt sich: *Sollen wir uns lieber den Verlust unserer Unabhängigkeit und den Status einer US-Kolonie wünschen, oder sollen wir die uns ruinierende gesellschaftliche Ordnung ändern?*

Auch Juan de Rivera verbreitet – in der Zeitung »El Socialista« –, in der Kolonie seien die Indianer besser dran gewesen, und fordert, sie müßten ihr Land zurückbekommen. Kein Gesetz verleihe Räubern einen Anspruch auf das mit Gewalt und Niedertracht Erworbene.

Gleichzeitig propagieren die Indianer in der Sierra Gorda ihren *sozialistischen Plan.* Sie werfen dem Latifundium widerrechtliche Aneignung vor, Großgrundbesitz sei die Wurzel allen Übels, und sie klagen die diversen Regierungen an, weil sie die Indios zum Dienst bei den Landbesitzern gezwungen hätten. Statt dessen, schlagen sie vor, sollten die Hazienden in *Pueblos* umbenannt werden und Äcker, Wasser, Wald und Weideland wieder den Gemeinden gehören. (129 und 274)

1879, INSEL CHOELE-CHOEL

Mit der Remington-Flinte

erobern die argentinischen Soldaten zwanzigtausend Meilen Indianerland.

Der Markt in London verlangt ein Vielfaches mehr an Rindern als bisher, also werden die Grenzen vorgeschoben. Damit die Latifundien sich in der Pampa nach Süden und Westen hin ausdehnen können, schießen die Repetiergewehre den *leeren Raum* tatsächlich leer. Mit der Säuberung Patagoniens, dem Niederbrennen von Indianerzelten, dem Abknallen von Indianern und Nandus, vollendet General Julio Argentino Roca seine rasante Offizierskarriere, die mit dem Gaucho-Krieg und dem Paraguay-Krieg begann.

Auf der Flußinsel Choele-Choel im Río Negro hören viertausend Soldaten staubbedeckt die Messe. Der Sieg wird Gott dargebracht. Der Feldzug ins Menschenleere ist abgeschlossen.

Die überlebenden Indianer und Indianerinnen, die Kriegsbeute, werden auf Estanzias, Forts und Pferdeställe, auf Küchen und Betten verteilt. Über zehntausend sind es, schätzt Oberstleutnant Federico Barbará. Und Argentiniens Damen sind so selbstlos, findet Barbará, daß sie die Kinder der Wilden in Hosen statt Lendenschurze stecken und ihnen ein menschliches Aussehen ermöglichen. (353)

1879, BUENOS AIRES

Martín Fierro und der Niedergang der Gauchos

In Buenos Aires bringt José Hernández den zweiten Teil seines »Martín Fierro« heraus. Es ist ein Gesang auf die aussterbenden Gauchos, die das Land erst freigekämpft haben und nun ohne Land dastehen. Die andere Hälfte des herrlichen Poems zirkuliert schon eine Weile in der Pampa um den Rio de la Plata, und nach seinen Versen besteht ein so grundlegender Bedarf wie nach Mate, Fleisch und Tabak.

Wenn die Knechte auf den Latifundien und die Soldaten in den Forts am Lagerfeuer die schwermütigen Verse rezitieren, wandern sie im Geist mit ihrem widerspenstigen Bruder dahin, der weder Recht noch Gesetz kennt, und holen somit die Erinnerung an ihre verlorene Freiheit zurück. (158)

1879, PORT-AU-PRINCE

Maceo

Der Emigrant Antonio Maceo kommt auf dem Weg nach Santo Domingo gerade auf den Rastplatz Belle-Air, als fünf Mörder über ihn herfallen. Es ist Nacht, Vollmondnacht, aber Maceo entkommt der Schießerei und galoppiert tief in den Busch. Die Henkersknechte sollten zwanzigtausend Goldpesos vom spanischen Konsul in Haiti bekommen. Maceo ist der populärste und gefährlichste Unabhängigkeitskämpfer Kubas. Im Krieg hat er seinen Vater und vierzehn Geschwister verloren, in den Krieg will er zurück. Wenn die Hufe donnern und die Macheten vor den Kanonenrohren durch die Luft pfeifen, reitet Maceo ganz vorn. Alle seine Beförderungen hat er sich im Kampf verdient, und manchen weißen Offizieren gefällt es gar nicht, daß ein Mann, der sozusagen ein Neger ist, Generalmajor sein soll.

Maceo kämpft für eine echte Revolution. *Es geht nicht darum, andere an die Stelle der Spanier zu setzen,* sagt er. Unabhängigkeit ist nicht das letzte, sondern das erste Ziel. Ausgehend von der staatlichen Unabhängigkeit soll Kuba verändert werden, und solange das Volk nicht bestimmt, wird aus der Kolonie nie eine Heimat. Zu Recht mißtrauen die kreolischen Großgrundbesitzer diesem Mann, der behauptet, das Recht auf Eigentum sei nichts Heiliges. (262)

1879, CHINCHA-INSELN

Guano

Purer Kot waren die Hügel auf den Inseln. Tausende von Jahren lang endeten die Verdauungsvorgänge von Millionen Vögeln vor der Südküste Perus.
Die Inkas wußten, daß dieser Vogelmist Leben in jeden noch so müden Boden bringt. Europa lernte die Wunderwirkung des peruanischen Düngers erst kennen, als Humboldt die ersten Proben mitbrachte.
Peru hatte es zwar wegen seiner Gold- und Silbervorkommen zu Weltruhm gebracht, konnte aber dank der Aktivität der Vögel seinen Ruhm noch weiter ausbauen. Schiffe voll stinkendem Guano fuhren nach Europa und brachten Marmorstatuen aus Carrara zur Zierde der Alameda in Lima zurück. In den Laderäumen stapelten sich englische Konfektionskleider, die die Webereien in den Anden ruinierten, und Weine aus Bordeaux, die die Weinberge in Moquegua liquidierten. Ganze Häuser kamen aus London nach Callao. Aus Paris komplette Luxushotels, mit Koch und allen Raffinessen.
Vierzig Jahre später sind die Inseln kahl. Zwölf Millionen Tonnen Guano hat Peru verkauft, noch einmal soviel ausgegeben, und jetzt hat es mehr Schulden als Haare auf dem Kopf.
(43, 44 und 289)

1879, ATACAMA- UND TARAPACA-WÜSTE

Salpeter

Anlaß zum Krieg ist nicht der Guano, von dem ist ohnehin nicht mehr viel da. Des Salpeters wegen zieht die chilenische Armee in den Kampf gegen die verbündeten Truppen Boliviens und Perus zur Eroberung zweier Wüsten.

Europas Täler haben ihr Grün der Dürre in den Wüsten Atacama und Tarapacá zu verdanken. In deren Einsamkeit leben nur Eidechsen, die unter den Steinen umherhuschen, und Maultierkolonnen, die den körnigen Salpeterschnee, der Europas müde Böden wieder in Schwung bringen soll, zur Verschiffung in die Pazifikhäfen transportieren. Nichts wirft einen Schatten in diesem Nichts, außer den Salpeterhalden, die einsam in der Sonne trocknen und glitzern, und den notleidenden Mineros, diesen Landsknechten der Wüste, die statt des Kettenhemds einen zerschlissenen Mehlsack, statt der Lanze eine Spitzhacke und statt des Schwerts einen Spaten tragen.

Ohne Salpeter oder Natriumnitrat ist bei Geschäften mit dem Leben und mit dem Tod nicht auszukommen. Er ist nicht nur das begehrteste Düngemittel. Mit Kohle und Schwefel versetzt, wird Salpeter zu Sprengpulver und ist sowohl in der Landwirtschaft als auch in der florierenden Rüstungsindustrie brauchbar. (35 und 268)

1880, LIMA

Die Chinesen

Chile marschiert ein und reißt nieder. Englisch uniformiert und englisch bewaffnet, läßt die chilenische Armee in Chorillos, Barranco und Miraflores, den Badeorten von Lima, keinen Stein auf dem anderen. Die peruanischen Offiziere schicken Indios ins Gemetzel und nehmen selber mit dem Ruf *Viva la patria!* Reißaus.

Viele Chinesen, Chinesen aus Peru, kämpfen auf chilenischer Seite. Es sind Latifundienflüchtlinge, und sie skandieren beim Einzug in Lima ihren Dank an den Besatzergeneral Patricio Lynch, den Roten Fürsten, den Erretter.

Ein paar Jahre zuvor waren diese Chinesen in Malao und Kanton von englischen, portugiesischen und französischen Händlern an Bord genommen worden. Ein Drittel von ihnen überlebte die Überfahrt nicht. Im Hafen Callao wurden sie dann zum Verkauf ausgeschrieben. Die Limaer Zeitungen annoncierten: *frisch eingetroffen.* Viele bekamen ein Eigentumszeichen

eingebrannt. Für Eisenbahn, Baumwolle, Zuckerrohr, Guano und Kaffee wurde Sklavenarbeit gebraucht. Auf den Guano-Inseln ließen die Aufseher sie nicht aus den Augen. Sahen sie nämlich nur einmal kurz weg, sprangen die Chinesen, diese Selbstmörder, ins Meer.
Nach der Einnahme Limas ist in ganz Peru die Hölle los. Im Tal Cañete meutern die Neger. Jahrhundertelang aufgestauter Haß entlädt sich am Aschermittwoch. Es ist ein Kreislauf der Erniedrigungen: Die Neger, bis vor kurzem noch Sklaven und nach wie vor als Sklaven behandelt, reagieren ihren uralten Groll ab, indem sie ebenfalls versklavte Chinesen mit Knüppeln und Macheten totschlagen. (45 und 329)

1880, LONDON

Vom Recht auf Faulheit

Gejagt von der französischen Polizei und vom englischen Winter, der einen Eiszapfen pinkeln läßt, gepeinigt, schreibt Paul Lafargue in London an einer neuen Argumentationshilfe. Das System sei verbrecherisch, steht da, weil es den Menschen zu einem erbärmlichen Diener der Maschine mache.
Die kapitalistische Moral sei eine klägliche Parodie auf die göttliche Moral, schreibt Marx' kubanischer Schwiegersohn. Wie die Pfaffen, so mache auch der Kapitalismus den Arbeitern weis, sie seien zum Schuften und Leiden in dieses Jammertal gekommen, und er bringe sie dazu, ihre Frauen und Kinder in die Fabrik zu schicken, wo sie zwölf Stunden täglich durch die Mühle gedreht würden. Lafargue weigert sich, die widerlichen Hymnen auf den Gott Fortschritt – *den ältesten Sohn der Arbeit* – mitzusingen, und fordert statt dessen das Recht auf Faulheit und auf vollkommenes Ausleben der menschlichen Leidenschaften ein. Faulheit sei ein Göttergeschenk. Selbst Christus rede ihr in der Bergpredigt das Wort. Irgendwann einmal, prophezeit Lafargue, würden die Geißeln des Hungers und der erzwungenen Arbeit, die so schlimm hausten wie die biblischen Heuschrecken, ein Ende nehmen, und dann würde die Erde erschauern vor Lust. (177)

1881, LINCOLN CITY

Billy the Kid

– Ich geb Ihnen mal'n Rat, Doc.
Vor einer Minute wartete Billy in seiner Zelle noch auf den Galgen. Jetzt zielt er von der Treppe aus auf den Sheriff.
– Ich werde langsam müde, Doc.
Der Sheriff wirft den Handschellenschlüssel nach oben, und als Billy sich danach bückt, kracht und blitzt es aus beiden Revolvern. Der Sheriff sackt zusammen, eine Kugel im Auge, der Sheriffstern zerschossen.
Billy ist einundzwanzig Jahre alt und hat einundzwanzig Kerben auf dem Griff seines Colts – die Apachen und Mexikaner, die er gekillt hat, nicht mitgerechnet.
– Würd ich an deiner Stelle nicht tun, Greenhorn.
Billy begann seine Laufbahn mit zwölf Jahren. Damals beleidigte ein Tramp seine Mutter. Billy ergriff in vollem Galopp die Flucht und schwang ein Messer, von dem noch das Blut tropfte. (131 und 292)

1882, SAINT JOSEPH

Jesse James

Jesse kämpfte mit seinen Jungs, den *James Boys,* in der Sklavenhalterarmee aus den Südstaaten und wurde danach zum Racheengel in der unterworfenen Heimat. Rein aus Ehrgefühl räumten sie elf Banken, sieben Postzüge und drei Postkutschen leer. Durch die Zahnlücke spuckend, beinahe lustlos, hat Jesse James, ohne den Colt aus dem Halfter zu ziehen, sechzehn Mitmenschen ins Jenseits befördert.
In Saint Joseph jagt ihm in einer Samstagnacht dann sein bester Freund eine Kugel in den Rücken.
– Hör mal, Kleine, wisch dir die Tränen ab und stell allen was von deiner Plörre hin. Ach ja, und räumt den Dreck da aus dem Weg. Ich sag euch was über den. Wißt ihr, was der war? Ein Dickschädel, sturer als alle Böcke in Arizona! (292)

1882, PRÄRIE IN OKLAHOMA

Cowboys Abgesang

Vor einem halben Jahrhundert erregte der legendäre Mustang in Oklahoma noch Washington Irvings Bewunderung und beflügelte seine Feder. Damals herrschte er – ein wilder Pfeil mit weißer Mähne – über die Prärie, heute läßt er sich geduldig reiten oder Lasten aufladen.
Auch der Cowboy, einst triumphaler Eroberer des Westens, Engel der Gerechtigkeit oder rächender Bandit, verdingt sich heute als Soldat oder Farmknecht mit fester Arbeitszeit. Die Stacheldrahtzäune rücken mit einer Geschwindigkeit von tausend Kilometern pro Tag vor, und die Kühlzüge rattern quer durch die großen Prärielandschaften der USA. Balladen und Groschenromane erinnern an die gute alte Zeit der Planwagentrecks mit ihren speckgeschmierten, knarrenden Holzachsen, der heulenden Kojoten und der Indianer, und Buffalo Bill demonstriert, wie man aus der Nostalgie ein gewinnträchtiges Gewerbe macht. Der Cowboy allerdings ist nur noch eine Maschine wie andere auch – wie die Baumwoll-Entkernungsmaschine, die Weizen-Dreschmaschine, die Reissack-Stapelmaschine oder die Stroh-Preßmaschine. (224 und 292)

1882, NEW YORK

Auch Sie können es im Leben zu etwas bringen

Der Weg zum Glück führt nicht mehr nur über die Prärien im Wilden Westen. Es wartet inzwischen auch in den großen Städten. Als wäre es eine Zauberflöte, weckt das Pfeifen der Züge die jungen Leute aus ihrem dörflichen Siestaschlaf und lockt sie in die neuen Gärten Eden aus Zement und aus Stahl. Jedes lumpige Waisenkind, lautet der Sirenengesang, kann zum wohlhabenden Geschäftsmann werden, wenn es nur tüchtig arbeitet und anständig lebt in den Büros und Fabrikhallen in den riesenhaften Gebäuden.
Ein Schriftsteller, Horatio Alger, verscherbelt solche Illusionen in Millionenauflagen. Alger ist bekannter als Shakespeare,

von seinen Romanen sind mehr Exemplare als von der Bibel im Umlauf. Seine Leser und seine Helden sind beides gefügige Lohnarbeiter, die von dem Augenblick an, da sie aus dem Zug oder dem Ozeandampfer steigen, nicht mehr aufhören, dem Erfolg hinterherzuhetzen. In Wahrheit ist nur eine Handvoll Spitzensportler der Geschäftswelt auf der Aschenbahn zugelassen, aber die US-Gesellschaft möchte das Phantasieprodukt *freie Konkurrenz* nun einmal in Massen konsumieren, und selbst Krüppel träumen, sie kämen als erster durchs Ziel. (282)

Die Erschaffung der Welt nach John D. Rockefeller

Am Anfang machte ich Licht mit einer Kerosinlaterne. Und die Finsternis, die über Talg- und Unschlittkerzen nur gelacht hatte – sie wich. So ward aus Abend und Morgen der erste Tag. Am zweiten Tag stellte Gott mich auf die Probe und führte mich mit Freunden und Frauen und sonstigen Fässern ohne Boden in Versuchung.

Und ich sprach: »Lasset das Erdöl zu mir kommen.« Und ich gründete die Standard Oil. Und ich sah, daß es gut war, und so ward aus Abend und Morgen der dritte Tag.

Am vierten Tag folgte ich dem Beispiel Gottes. Gleich Ihm drohte und fluchte ich jedem, der mir den Gehorsam verweigerte, und gleich ihm griff ich zu Erpressung und Strafe. Wie Gott seine Konkurrenten zermalmt hat, so zertrat auch ich meine Rivalen in Pittsburgh und Philadelphia. Und wer reuig war, dem gelobte ich Vergebung und ewigen Frieden.

Und ich machte ein Ende mit der Unordnung auf der Welt. Wo Chaos herrschte, dahin brachte ich Organisation. Und in nie gekannten Größenmaßstäben kalkulierte ich Kosten, setzte Preise fest und eroberte Märkte. Und ich teilte die Leistung von Millionen Arbeitskräften ein, auf daß nie wieder Zeit, Energie oder Material verschwendet würde. Und Glücks- und Zufälle verbannte ich aus der Geschichte der Menschen. Und in dem Raum, den ich mir geschaffen, war kein Platz für Schwächlinge und Versager. Also ward aus Abend und Morgen der fünfte Tag.

Und da ich meinem Werk auch einen Namen geben mußte, ersann ich das Wort *Trust.* Und sah, daß es gut war. Und stellte fest, daß sich, indes aus Abend und Morgen der sechse Tag ward, die Welt um meine immer wachen Augen drehte.
Und am siebten Tag übte ich Barmherzigkeit. Ich zählte das Geld zusammen, das Gott mir gegeben hatte, auf daß ich sein vollkommenes Werk fortsetze, und spendete davon fünfundzwanzig Cents für die Armen. Sodann ruhte ich.

(231 und 282)

1883, BISMARCK CITY

Die letzten Büffel des Nordens

Ein Büffel ist in Montana zur Sehenswürdigkeit geworden, und die Blackfeet-Indianer nagen alte Knochen und Baumstämme ab.
Sitting Bull führt die Sioux zur letzten Büffeljagd in die nördliche Prärie. Erst nach einem langen Ritt stoßen sie auf ein paar vereinzelte Tiere. Jedesmal, wenn sie eines erlegen, bitten sie getreu der Tradition den Großen Unsichtbaren Büffel um Vergebung und versprechen ihm, auch nicht ein Haar von dem toten Tier verkommen zu lassen.
Kurz danach feiert die Northern Pacific Railroad die Fertigstellung ihrer Bahnstrecke, die von Küste zu Küste reicht. Damit durchquert nun schon der vierte Schienenstrang das gesamte Gebiet der USA. Kohlenbeheizte Lokomotiven mit Luftdruckbremsen und Pullmanwagen stampfen durch ehemals indianisches Prärieland vor den Siedlern her. Rechts und links schießen neue Städte aus der Erde. Der gewaltige amerikanische Binnenmarkt vergrößert und verzweigt sich.
Die leitenden Beamten der Northern Pacific Railroad bitten Häuptling Sitting Bull, auf der großen Einweihungsfeier eine Rede zu halten. Sitting Bull reist aus dem Reservat an, in dem die Sioux nur noch dank Almosen überleben. Er steigt auf die blumenumwundene, fahnenbehangene Rednertribüne und spricht zum US-Präsidenten, zu den anwesenden Ministern und Prominenten, zur Masse der Zuhörer.

– *Ich hasse die Weißen,* sagt er. – *Ihr seid Diebe und Lügner …*
Der Dolmetscher, ein junger Offizier, übersetzt:
– *Mein sanftes rotes Herz heißt euch willkommen …*
Das Publikum applaudiert stürmisch, Sitting Bull setzt wieder ein:
– *Ihr habt uns unser Land weggenommen und uns zu Ausgestoßenen gemacht …*
Das Publikum springt auf und bringt dem Häuptling mit dem Federbusch eine Ovation dar. Dem Dolmetscher tritt der kalte Schweiß aus den Poren. (224)

1884, SANTIAGO DE CHILE

Der Finanzmagier ernährt sich von Kanonenfutter

Unsere Rechte gründen auf unserem Sieg; Siegen ist das höchste Gebot der Nationen, meint die Regierung der Sieger.
Der Pazifische Krieg, der Salpeterkrieg, ist zu Ende. Chile hat seine Gegner zu Wasser und zu Lande vernichtend geschlagen. Auf den chilenischen Landkarten werden jetzt auch die gewaltigen Wüsten Atacama und Tarapacá eingezeichnet. Peru ist seinen Salpeter und die kahlgeschaufelten Guano-Inseln los. Bolivien verliert seinen Zugang zum Meer und liegt fortan eingekesselt im Herzen Amerikas.
In Santiago de Chile wird der Sieg gefeiert. In London wird dafür kassiert. John Thomas North hat keine Kugel verschossen und keinen Penny ausgegeben und ist jetzt doch der unumstrittene Salpeterkönig. Mit den Darlehen chilenischer Banken hat er zu einem Spottpreis die Gutscheine aufgekauft, die die Regierung Perus an die Vorbesitzer der Salpeterlagerstätten ausgegeben hatte. Er tätigte den Kauf gleich bei Kriegsausbruch, und der Krieg war noch nicht zu Ende, da erkannte der chilenische Staat seine Gutscheine freundlicherweise als rechtmäßigen Eigentumsnachweis an.(268 und 269)

1884, HUANCAYO

Der Staat zahlt schon

Marschall Andrés Avelino Cáceres blickt mit seinen indianischen Guerilleros auf drei Jahre und zweihundert Meilen voll unentwegter Kämpfe gegen die chilenischen Okkupanten in der peruanischen Sierra zurück.

Die Indios aus den Dorfgemeinden nennen ihren Marschall mit den martialischen Koteletten *Taita,* Vater. Viele sind gefallen, weil sie ihm gefolgt sind und einen Staat haben hochleben lassen, der sie verachtet. Auch in Lima waren Indianer Kanonenfutter, und der Gesellschaftschronist Ricardo Palma schiebt die Schuld an der Niederlage sogar *dieser verkommenen, würdelosen Rasse* zu.

Marschall Cáceres hingegen hielt bis vor kurzem daran fest, daß Peru von seinen eigenen Geschäftemachern und Beamten geschlagen worden sei. Bis vor kurzem lehnte Cáceres auch den Friedensvertrag ab, der ein Gutteil der Fläche von Peru abschneidet. Inzwischen hat er es sich anders überlegt. Er will jetzt Präsident werden. Muß Punkte sammeln. Die bewaffneten Indios, die zwar gegen die Chilenen gekämpft, aber auch Hazienden besetzt und die heilige Latifundienordnung bedroht haben, müssen darum nach Hause geschickt werden.

Der Marschall bestellt Tomás Laimes zu sich, den Anführer der Guerilla in Colca. Laimes kommt mit eintausendfünfhundert Indios nach Huancayo. Er weiß schon, was er sagen will:

– *Befehlen Sie, Taita.*

Kaum angekommen, werden Laimes und seine Truppen entwaffnet. Kaum ist Laimes durch die Garnisonstür, wird er mit dem Gewehrkolben niedergeschlagen. Und später mit verbundenen Augen im Sitzen erschossen. (194)

1885, LIMA

»Das Übel kommt von oben«, meint Manuel González Prada

Peru ächzt unter der Herrschaft einiger weniger Privilegierter ... Diese Männer würden uns zwischen den Walzen eines Zuckerrohrmahlwerks zerpressen, uns im Destillierkolben vergären, uns im Hochofen schmelzen, wenn sie aus unseren Überresten nur ein einziges Milligramm Gold herausholen könnten ... Sie sind wie verhexter Boden: Sie nehmen den Samen auf, sie saufen das Wasser, aber Frucht tragen sie niemals ... Im Krieg mit Chile, als sie nicht einmal den Mut zur Verteidigung der Beutestücke Guano und Salpeter aufbrachten, trat ihre Feigheit offen zutage ... Wir wurden geschändet, mit Füßen getreten, mit Blut besudelt wie nie eine Nation, und doch haben wir aus dem Krieg mit Chile nichts gelernt und keine unserer Untugenden abgelegt. (145)

1885, MEXIKO-STADT

»Alles gehört allen«,

skandiert Teodoro Flores, der Mixteken-Indianer und Held dreier Kriege.
– *Sagt's nach!*
Und seine Kinder wiederholen: *Alles gehört allen.*
Teodoro Flores hat Mexiko gegen die US-Amerikaner, die Konservativen und die Franzosen verteidigt. Präsident Juárez wollte ihm zum Lohn drei Güter mit gutem Ackerland schenken. Teodoro nahm sie nicht an.
– *Das Land, das Wasser, die Wälder, die Häuser, die Ochsen, die Ernten – allen. Noch mal!*
Seine Kinder sagen es noch einmal.
Das Flachdach ist zum Himmel hin offen, darum wird man hier vom Gestank nach Kot und verbranntem Öl kaum behelligt, und es ist beinahe still. Es weht eine erfrischende Brise, und man kann sich unterhalten, während unten im Patio die Männer wegen einer Frau mit dem Messer aufeinander losgehen, jemand schrill Maria zu Hilfe ruft und die Hunde so erbärmlich jaulen, daß es bald einen Toten gibt.

– *Erzähl uns aus den Bergen,* bittet der Kleinste.
Und sein Vater erzählt, wie man in Teotitlán del Camino lebt. Wer arbeiten kann, arbeitet da, und jedem wird zugeteilt, was er benötigt. Sich mehr zu nehmen, als man braucht, ist verboten. Es gilt als schweres Delikt. Delikte jeder Art werden in den Bergen mit Schweigen, Verachtung oder Ausschluß bestraft. Das Gefängnis führte erst Präsident Juárez ein; vorher war es dort unbekannt. Juárez führte auch Richter und Besitzurkunden ein und befahl, das gemeinsam bestellte Land aufzuteilen.
– *Aber wir haben die Papiere, die er uns ausgehändigt hat, gar nicht beachtet.*
Teodoro Flores hat Spanisch erst mit fünfzehn Jahren gelernt. Jetzt will er, daß seine Kinder einmal Anwälte werden, damit sie die Indianer gegen die Schliche der Advokaten verteidigen. Deswegen hat er sie in die Stadt, in diese lärmerfüllte Bruchbude mitgenommen, deswegen sollen sie hier auf engstem Raum mit Ganoven und Bettlern auskommen.
– *Was Gott geschaffen hat und was der Mensch erschafft – alles gehört allen. Sagt's nach!*
Nacht für Nacht hören die Kinder ihm zu, bis sie vor Müdigkeit umsinken.
– *Geboren werden wir alle gleich, nämlich nackt. Wir sind alle Brüder! Sagt's nach!* (287)

1885, COLÓN

Prestán

Die Stadt Colón wurde vor dreißig Jahren gegründet, weil die Bahn, die quer durch Panama von einem Meer zum anderen fährt, eine Endstation brauchte. Die Stadt entstand an der sumpfigen Karibikküste, und dementsprechend hatte sie den Abenteurern, die wegen des kalifornischen Golds herbeiströmten, nur Fieber, Moskitos, Absteigen, Spielhallen und Bordells und den chinesischen Arbeitern, die Schienen verlegten und an Seuchen oder Trauer starben, nur elende Wohnbaracken zu bieten.

Dieses Jahr ging Colón in Flammen auf. Das Feuer fraß die hölzernen Arkaden, die Häuser, die Markthallen, und Pedro Prestán bekam die Schuld. Prestán, ein fast schwarzer Lehrer und Jurist, der immer tadellos gekleidet mit Melone und Binder durch die schlammigen Straßen lief, hatte einen Volksaufstand angeführt. Tausend Marines stürzten sich auf Panama, unter dem Vorwand, die Eisenbahn und anderes US-Eigentum schützen zu müssen. Prestán, der die Erniedrigten mit ganzer Seele, mit seinem Leben und mit seinem Hut auf dem Kopf verteidigt hat, hängt jetzt am Galgen.
Seit dem Verbrechen liegt ein Fluch auf Colón. Zur Sühne muß die Stadt bis in alle Ewigkeit alle zwanzig Jahre brennen.
(102, 151 und 324)

1886, CHIVILCOY

Zirkus

Als es Tag wird, taucht der Zirkuswagen im Nebel zwischen den dichtbelaubten Bäumen vor Chivilcoy auf.
Am Abend flattern bunte Wimpel auf dem Zelt.
Feierlicher Umzug durch die Stadt. Die *Kreolische Reit-, Turn- und Dramencompagnie* der Brüder Podestá hat eine japanische Jongleuse, einen sprechenden Hund, dressierte Tauben, ein Wunderkind und vier Clowns vorzuweisen. Im Programm steht, der Harlekin Pepino El 88 und das Trapezteam hätten *das Publikum in London, Paris, Wien, Philadelphia und Rom in Staunen versetzt.*
Aber die Glanznummer des Zirkus ist *Juan Moreira,* das erste argentinische Geschichtsdrama, eine Pantomime, in der man sich mit Reimen und mit Messern duelliert und in der die Mißgeschicke eines von Polizei, Justiz, Bürgermeister und Kneipenwirt verfolgten Gauchos erzählt werden. (34)

1886, ATLANTA

Coca-Cola

Mit seinen Liebestränken und Haarwuchsmitteln hat sich der Apotheker John Pemberton ein gewisses Prestige erworben.
Nun mixt er eine Medizin, die Kopfschmerzen und Brechreiz vertreibt. Die Grundbestandteile seines neuen Produkts sind Coca – aus den Anden importierte Kokablätter – und Cola – anregende afrikanische Kolanüsse. Nach Zusatz von Wasser, Zucker, Kandis und ein paar Geheimnissen ist die Rezeptur komplett.
Bald wird Pemberton sein Patent für zweitausend Dollar loswerden. Er ist überzeugt, daß sein Mittel gut ist. Und er wäre nicht stolz wie ein Pfau, sondern würde lachen wie die Hühner, wenn er erführe, daß er das Symbol für das kommende Jahrhundert kreiert hat. (184)

1887, CHICAGO

An jedem ersten Mai stehen sie wieder auf

Auf sie wartet der Galgen. Sie waren fünf, aber Lingg starb schon gleich am Morgen, als er eine Kapsel Dynamit zerbiß. Fischer trällert die Marseillaise und zieht sich ohne Hast an. Parsons, der Agitator, der mit Worten wie mit Peitschen oder Messern umging, drückt seinen Kameraden die Hände, bevor sie ihnen von den Wachen auf den Rücken gefesselt werden. Engel, der berühmte Schütze, verlangt Portwein und bringt die anderen mit einem Witz zum Lachen. Spies, der die Anarchie in seinen vielen Schriften als den *Eintritt ins Leben* geschildert hat, bereitet sich stumm auf den Eintritt in den Tod vor. Die Zuschauer in ihren Stuhlreihen starren gebannt zum Gerüst. *Ein Wink, ein Geräusch, die Klappe fällt … Grausiges Gezappel in der Luft, sie baumeln, da sind sie schon gestorben.*
José Martí schreibt die Reportage über die Hinrichtung der Chicagoer Anarchisten. Daß die Arbeiterklasse sie seitdem an jedem Ersten Mai wieder aufleben läßt, weiß noch keiner.

Aber Martí schreibt immer, auch wo man es am wenigsten erwartet, als vernehme er den Schrei eines Neugeborenen. (199)

1889, LONDON

North

Vor zehn Jahren war er – steinblaue Augen, feuerrot gelockter Backenbart – in Valparaíso auf den Kai gesprungen. Er hatte zehn Pfund Sterling in der Tasche und ein Bündel Kleider auf der Schulter. Auf seiner ersten Arbeitsstelle, an den Kesseln in einem kleinen Tagebau in der Wüste Tarapacá, lernte er den Salpeter kennen und fürchten; danach trieb er im Hafen von Iquique Handel. Während des Pazifischen Kriegs, als Chilenen, Peruaner und Bolivianer sich gegenseitig den Bauch aufschlitzten, vollführte John Thomas North Zauberkunststücke, die ihn zum Dirigenten des Kampfgeschehens machten.
Seitdem ist North nicht nur Salpeterkönig, sondern braut auch Bier in Frankreich, mischt Zement in Belgien, besitzt in Ägypten Straßenbahnen und in Schwarzafrika Sägewerke und wäscht Gold in Australien und Diamanten in Brasilien. In England kauft dieser Midas mit der plebejischen Kinderstube und den flinken Fingern sich den Rang eines Armeeobersten Ihrer Königlichen Majestät, steht der Freimaurerloge in der Grafschaft Kent vor und ist prominentes Mitglied der Konservativen Partei. An seinem Tisch sitzen Herzöge, Lords und Minister. Von den großen Eisentoren in dem Palast, den er bewohnt, heißt es, chilenische Soldaten hätten sie in Lima aus der Kathedrale getragen.
Am Vorabend einer Reise nach Chile gibt North im Hotel Metropole einen Abschiedsball. Tausend Engländer sind geladen. Die Salons des »Metropole« glitzern wie die Sonne, die Speisen locken, die Getränke funkeln. Auf riesigen Chrysanthemengestecken prangt in der Mitte die Initiale N. Als der allmächtige Mann im Heinrich-VIII-Kostüm die Treppe herabsteigt, brandet ihm Beifall entgegen. Am Arm führt er seine

Frau, im Gräfinnenkleid; dahinter kommen seine Tochter als persische Prinzessin und sein Sohn als Kardinal Richelieu. Der Kriegsreporter der »Times« reist mit in dem vielköpfigen Gefolge, das North in sein Reich, nach Chile, begleitet. Turbulente Tage stehen bevor. North herrscht in den für ihn freigeschossenen Wüsten zwar über Salpeter, Kohle und Wasser, Banken, Zeitungen und Bahnen, aber in Santiago ist ein Präsident so taktlos, seine *Aufmerksamkeiten* zurückzuweisen. Sein Name ist José Manuel Balmaceda. North' Reiseziel ist sein Sturz. (269 und 270)

1889, MONTEVIDEO

Fußball

Ihren siebzigsten Geburtstag begeht Königin Victoria in London. Am Rio de la Plata feiert man ihn, indem man nach einem runden Lederding tritt.
Unter den geringschätzigen Augen der Königin jagen sich die Mannschaften von Buenos Aires und Montevideo im Länderspiel auf dem Feld Blanqueada gegenseitig den Ball ab. Rechts und links Fahnen, hängt das Bild der Frau, die die Meere und ein gut Teil der Welt beherrscht, vor der Tribüne.
Buenos Aires gewinnt drei zu null. Tote sind keine zu beklagen, obwohl der Strafstoß noch nicht erfunden ist und man in der Nähe des gegnerischen Tors sein Leben riskiert. Will einer aus kurzer Entfernung ein Tor schießen, muß er durch einen Wald von Beinen, die wie Äxte zuschlagen, und mit jedem Anpfiff beginnt ein Gemetzel, zu dem man Knochen aus Stahl braucht.
Das Fußballspiel kommt aus England. Gespielt wird es von Angestellten der Bahn, des Gaswerks und der Bank of London und von durchreisenden Seeleuten. Inzwischen schmuggeln sich aber auch schon Einheimische unter die blondbärtigen Stürmer und beweisen, daß man Torhüter mit Witz und Pfiffigkeit genauso effektvoll aufs Kreuz legt. (221)

1890, RIO DE LA PLATA

Arbeitskollegen

Über fünfzigtausend neue Arbeitskräfte – von der Ausweglosigkeit an die hiesigen Gestade getriebene Europäer – treffen alljährlich am Rio de la Plata ein. In welche Piemontesenkolonie an der argentinischen Küste Edmondo De Amicis auf seiner Vortragsreise auch kommt, überall wehen ihm italienische Fahnen entgegen, und auf den Arbeiterversammlungen in Buenos Aires und Montevideo werden Brandreden auf Spanisch ebenso wie auf Italienisch, Französisch oder Deutsch gehalten.

Von zehn Arbeitern und Handwerkern sind acht Ausländer, darunter italienische Sozialisten und Anarchisten, französische Kommunarden, Spanier der ersten Republik und Revolutionäre aus Deutschland und dem übrigen Mitteleuropa.

An beiden Flußufern brechen Streiks aus. Die Straßenbahnarbeiter in Montevideo arbeiten achtzehn Stunden am Tag und die Arbeiter in den Mühlen und Nudelfabriken fünfzehn. Einen Sonntag gibt es nicht, und in Buenos Aires entdeckt ein Regierungsmitglied der Öffentlichkeit, daß Müßiggang aller Laster Anfang ist.

Der Erste Mai wird zum ersten Mal in Lateinamerika in Buenos Aires gefeiert. Hauptredner ist José Winiger. Er entbietet den Gefallenen von Chicago auf Deutsch seinen Gruß und teilt mit, es sei bald Zeit für den Sozialismus auf der Welt. Unterdessen verlangen Männer der Toga, der Feder, der Waffe und der Soutane, die ordnungsfeindlichen Ausländer müßten ausgewiesen werden. Der inspirierte Dichter Miguel Cané arbeitet an dem Entwurf zu einem Gesetz, anhand dessen die zugereisten Agitatoren aus Argentinien hinausgeworfen werden können. (140 und 290)

1890, BUENOS AIRES

Mietskasernen

Im Theater Colón zahlen während des Karnevals arm und reich dieselben Eintrittspreise. Kaum über die Schwelle, setzen sich jedoch die Handarbeiter dahin und die Hirnarbeiter dorthin, und nicht einer entweiht die Stätte, indem er sich etwa im Platz irrt. Auf dem Tanzboden drehen sich die Untenstehenden, die Oberschicht amüsiert sich in Salons und Logen. Wie im Theater, so geht es auch in Buenos Aires zu. Die Bessergestellten schlafen in den zwei- oder dreistöckigen Palais des Barrio Norte, und alte Jungfern, die lieber unberührt sterben, als daß sie sich mit einem obskuren Ausländer vermischen, schlafen eben allein. Wer mächtig ist, streicht seine noble Herkunft mit Perlenkaskaden, verschlungenen Initialen auf Tafelsilber, mit Porzellan aus Meißen, Sèvres, Limoges, mit Waterforder Kristall, Lyoner Teppichen und Brüsseler Tischdecken heraus – oder täuscht sie damit vor. Vom beschaulich dahinlebenden großen Dorf ist man mit einem Sprung im hektischen Paris Amerikas gelandet.

In der Südstadt treten die Zukurzgekommenen dieser Erde einander auf die Füße. In den verlassenen Kolonialbauten mit drei Innenhöfen und in den eigens erbauten Mietskasernen hausen aus Neapel, Vigo oder Bessarabien zugereiste Arbeiter und schlafen umschichtig. Nie werden die Betten kalt in diesen mit Kochern, Schüsseln und Kisten, die als Babybetten fungieren, vollgestellten Schläuchen. Ständig herrscht Zank in den langen Warteschlangen vor dem einzigen Abtritt, und Stille ist ein Luxus, der hier unerreichbar ist. Mitunter aber wird nachts gefeiert, und dann hören die Waschfrauen und Schneiderinnen, die Dienstmädchen ihres Arbeitgebers und ihres Mannes, dank Gitarre, Mandoline oder Dudelsack verloren geglaubte Klänge, und die Einsamkeit wird erträglicher für die Männer, die von Sonnenaufgang bis Sonnenuntergang Leder gerben, Fleisch abpacken, Holz zersägen, Säcke schleppen, Wände mauern und tünchen, Zigaretten drehen, Weizen mahlen oder Brot backen, während die Kinder schon Schuhe putzen oder den Mord des Tages ausrufen. (236 und 312)

Mann allein

Eine Feuerstelle weniger, sagen sie in den Dörfern Galiciens, wenn wieder einmal einer fortzieht.

Aber wenn er zu Hause zum Bevölkerungsüberschuß gehörte, gilt es hier auch nur, bloß nicht einer zuviel zu sein.

Arbeiten, aushalten und schweigen kann er so viel wie ein Maulesel, der Wortkarge, und in der fremden Stadt nimmt er nicht mehr Platz als ein Hund ein.

Trotzdem wird er geneppt und von oben herab behandelt. Er kann aber auch nicht einmal seinen Namen schreiben, und überhaupt, mit den Händen arbeiten doch nur Primitive. Wer die Nase hochträgt, wird hier hingegen verehrt, und beklatscht, wer mit Glück und Grips seinen Coup landet und den aufgeplusterten Gockel rupft.

Ein Mann allein, ein Einwanderer, hat nicht viel Schlaf. Legt er sich aber aufs Ohr, wird er auf moosgrünen Bergen und nebelumwallten Steilküsten von Feen und Nixen geliebt. Manchmal hat er auch Alpträume und ertrinkt dann im Fluß. Nicht in irgendeinem Fluß, sondern in dem Fluß zu Haus, in dem der Schwimmer bekanntlich das Gedächtnis verliert.

Im Tangoschritt

Der Tango, ein schwermütiger Ableger der Milonga, hat seinen Ursprung in den vorstädtischen Hinterhöfen oder innerstädtischen Mietskasernen.

Auf beiden La-Plata-Ufern hat diese Musik keinen guten Leumund. Arbeiter und Ganoven tanzen nach ihr, auf Lehmböden, Männer des Hammers und des Messers, auch Männer mit Männern, wenn die Frauen nicht mitkommen mit diesem gewagten, messerscharfen Rhythmus oder wenn sie das Engumarmt- und Dicht-an-dicht-Tanzen zu nuttenhaft finden. Das Paar gleitet dahin, wiegt und reckt sich und schwelgt in scharfen Brüchen und filigranfeinen Figuren.

Der Tango kommt von den Gaucho-Liedern im Landesinnern und vom Meer, von den Shantys. Er kommt von den Sklaven aus Afrika und von den Zigeunern in Andalusien. Aus Spanien stammt die Gitarre, aus Deutschland das Bandonion und die Mandoline aus Italien. Der Pferdebahnkutscher vermachte dem Tango sein Signalhorn und der emigrierte Arbeiter seine Mundharmonika, die in der Einsamkeit bei ihm war. Ganz allmählich rückt der Tango vor und hat so die Kasernen, Weinstuben, Wanderzirkusse und Vorstadtbordelle schon hinter sich. Jetzt rollt er mit den Drehorgeln auf den Gehsteigen in Buenos Aires und Montevideo schon auf das Zentrum zu, fährt auf den Schiffen mit und verdreht bald ganz Paris den Kopf.

(257, 293 und 350)

1890, HARTFORD

Mark Twain

Der Autor des Romans packt Hank Morgan, den Angestellten der Waffenfabrik Colt, und stellt ihn kurzerhand an König Artus' versunkenen Hof. Telefon, Fahrrad und Dynamit werden in die Zeit des Zauberers und Sir Galahads im Tal Camelot versetzt. Hank Morgan druckt da eine Zeitung und verkauft sie zu dem erschwinglichen Preis von zwei Cents, gründet eine Militärakademie wie in West Point und offenbart, daß die Welt kein auf Säulen ruhender Teller ist. Die Gesellschaft, aus der er kommt, kennt zwar schon die Monopole, er aber beglückt die feudalen Burgenbewohner noch mit der frohen Botschaft von der freien Konkurrenz, dem freien Handel und den freien Wahlen. Vergeblich versucht er, die Turniere durch Baseball, die erbliche Monarchie durch Demokratie und den Ehrenkodex durch die Kosten-Nutzen-Rechnung zu ersetzen, und am Ende verschmort er dreißigtausend englische Ritter samt Rüstung und Lanze mit Elektrodrähten, wie sie sich schon im Kampf gegen die Indianer der USA bewährt haben. Zur Krönung des Abenteuers gibt es Tote in rauhen Mengen, und Hank erstickt an den fauligen Dämpfen, die von seinen verwesenden Opfern aufsteigen.
Mark Twain schließt seinen *Ein Yankee aus Connecticut an König Artus' Hof* in seinem Hartforder Haus ab und weiß schon: »Es

ist mein Schwanengesang.« Ständig einer Million hinterher, die sich nie einholen ließ, hat er ein sprunghaftes Leben geführt. Mal war er Journalist, mal Schatzsucher, mal Werbeagent, dann wieder Goldgräber, Lotse, Spekulant, Erfinder von Maschinchen, Vorstand einer Versicherung und glückloser Unternehmer. Aber zwischen einem Bankrott und dem nächsten brachte er es immer fertig, an Tom Sawyer und Huckleberry Finn zu denken und uns auf die Floßfahrt der beiden Bengel mississippiabwärts mitzunehmen. Und er selber fuhr aus Freude am Fahren mit, nicht um anzukommen.

(149 und 341)

1890, WOUNDED KNEE

Schneesturm

Der Schöpfer erschuf die Indianer nicht – er ersang und ertanzte sie.

Singend und tanzend kündigt der Schöpfer jetzt auch an, daß der grüne Wirbelwind der neuen Erde die sterbenskranke alte Erde bald verwüsten wird. Der Prophet Wovoka ist mit seinen Worten aus der anderen Welt gekommen: Auf der neuen Erde werden die Büffel und die toten Indianer auferstehen, und ein mörderisches Hochwasser wird die Weißen ertränken. Kein einziger dieser Landräuber überlebt.

Prophet Wovokas Tänze und Gesänge nehmen von Westen her die Rocky Mountains und breiten sich in der Prärie aus. Die Sioux, die in dieser Region die meisten an der Zahl und die Mächtigsten waren, feiern die Ankündigung des Paradieses und das Ende des Hungers und der Vertreibung. Tagtäglich tanzen und singen sie vom frühen Morgen bis in die tiefe Nacht.

Vier Tage nach Weihnachten krachen Gewehrschüsse mitten in der Zeremonie im Sioux-Lager Wounded Knee. Die Soldaten schießen Frauen, Kinder und ein paar wenige Männer wie Büffel ab. Der Schneesturm peitscht über die Toten; sie gefrieren im Schnee. (51, 91 und 230)

Prophetischer Gesang der Sioux

Donner ist das Volk, das ich bin, hugh.
Donner ist das Volk, das ich bin, hugh.
Du wirst leben.
Du wirst leben.
Du wirst leben.
Du wirst leben. (38)

1891, SANTIAGO DE CHILE

Balmaceda

José Manuel Balmaceda wollte die chilenische Industrie fördern, *aus eigener Kraft leben, uns selber einkleiden,* denn er ahnte, der Salpeterboom würde vorübergehen und Chile nichts als sein schlechtes Gewissen zurücklassen. Anreize und Schutzmechanismen sollten geschaffen werden, wie es auch England, Frankreich, Deutschland und die USA in ihren industriellen Anfängen gehalten hatten. Balmaceda erhöhte die Arbeiterlöhne und eröffnete überall im Land neue Schulen. Chiles langem schmalen Körper pflanzte er ein Rückgrat aus Bahnstrekken und Straßen ein. In seiner Amtszeit war das sakrosankte britische Kapital nahe daran, entweiht zu werden: Balmaceda wollte die Eisenbahn verstaatlichen, dem Bankenwucher ein Ende setzen und die Gefräßigkeit der Salpeterfirmen bremsen. Balmaceda wollte viel und vermochte auch einiges. Mehr aber vermochte der gewaltige Fonds, mit dem John Thomas North fremde Gewissen einkaufte und Recht verdrehte. Die Presse wetterte gegen *den machttrunkenen Caesar, den despotischen Feind der Freiheit und der ausländischen Unternehmen,* und nicht weniger schrill wüteten die Bischöfe und die Abgeordneten. Der Aufstand der Militärs nahm ihr Geschrei nur auf, aber nun floß Blut.

Das »South American Journal« meldet den erfolgreichen Putsch: *Chile wird es wieder so gut haben wie vorher.* Auch der Bankier Eduardo Matte frohlockt: *In Chile sind wir die Herren, wir*

besitzen Kapital und Boden. Alles andere ist formbare Masse und verkäuflich.
Balmaceda jagt sich eine Kugel in den Kopf. (270)

1891, WASHINGTON

Ein anderes Amerika

Zehn Jahre lebt José Martí jetzt in den USA. Vieles bewundert er an dem vielschichtigen, kraftvollen Land, in dem man vor nichts Neuem zurückschreckt. In seinen Artikeln kritisiert er aber auch schon die imperialen Gelüste der jungen Nation, die Aufwertung der Besitzgier zu einem gottgesegneten Anspruch und den furchtbaren Rassismus, der Neger niederhält und auf *Latins* herabblickt.

Südlich des Río Bravo, schreibt Martí, liegt *ein anderes,* noch *stammelndes* Amerika, *unser Amerika.* Es sieht sich im europäischen und im US-amerikanischen Spiegel und erkennt: Es fehlt etwas. Unsere große Heimat Spanisch-Amerika, meint Martí, verlangt nach Kuba – aber um vollständig zu sein und nicht, wie die USA, um uns zu verschlucken. Die Interessen des einen Amerikas stimmen mit denen des anderen nicht überein. *Ist ein politischer und wirtschaftlicher Zusammenschluß mit den USA für Spanisch-Amerika überhaupt ratsam?* Und Martí antwortet sich selber: *Der Zusammenschluß zweier Kondore oder zweier Schafe ist ungefährlicher als der eines Kondors mit einem Schaf.*

Ein Jahr davor hat in Washington eine erste panamerikanische Konferenz stattgefunden, und heute nimmt Martí als Delegierter Uruguays am zweiten Teil der Gespräche teil. *Wer von wirtschaftlichem Zusammenschluß spricht, meint auch politischen Zusammenschluß. Ein Volk, das kauft, hat Macht. Ein Volk, das verkauft, dient ... Ein Volk, das untergehen will, verkauft nur an ein Volk, eines, das sich retten will, verkauft an mehrere ... Ein Volk, das frei sein will, muß mit mehreren gleich starken Ländern Geschäfte abschließen. Will es eines bevorzugen, so bevorzuge es dasjenige, welches es am wenigsten braucht, welches am wenigsten auf es herabsieht ...*

Martí lebt ganz diesem *anderen* Amerika. Er möchte es in allem, was seit der Conquista abgetötet wurde, wiederer-

wecken, und er möchte es aufdecken und aufschrecken, weil seine verborgene und verratene Identität solange nicht zutage tritt, wie Amerika seine Fesseln nicht zerreißt.
– *Welches Versäumnis kann meine große Mutter Amerika mir wohl vorwerfen?*
Martí ist das Kind von Europäern und doch ein Kind Amerikas, er ist Kubaner und will doch eine größere Heimat, er fühlt regelrecht, wie in seinen Adern das Blut der todwunden Völker fließt, die aus Palmsamen und Maiskörnern gekeimt sind und zur Milchstraße *Seelenweg* und zum Mond *nächtliche* oder *schlafende Sonne* gesagt haben. Darum schreibt er dem in alles Ausländische vernarrten Sarmiento in einem Antwortbrief: *Nicht Zivilisation und Barbarei bekämpfen sich, sondern falsche Bildung und Natur.* (112 und 354)

1891, NEW YORK

Die Gedanken kommen allmählich aus Amerika, findet Martí

... Erkennen heißt einwirken. Sein Land erkennen und es der Erkenntnis gemäß regieren ist die einzige Methode, es von Despotien freizuhalten. Die europäisch geprägte Universität muß der amerikanisch geprägten weichen. Die Geschichte Amerikas muß, von den Inkas an, vorwärts und rückwärts gelernt werden, auch wenn dann womöglich die griechischen Archonten wegfallen. Unser eigenes Griechenland ist einem fremden Griechenland immerhin vorzuziehen. Wir bedürfen seiner dringender. Einheimische Politiker müssen an die Stelle der fremdländischen treten. Man pfropfe getrost die Welt in unsere Republiken, wenn unsere Republiken nur weiterhin den Stamm bilden. Und der ohnehin unterlegene Bildungsprotz schweige still, hat doch in keinem Land der Mensch mehr Grund zum Stolz als in unseres Amerikas leidgeprüften Republiken ...
Wir waren ein Popanz, angetan mit englischen Hosen, Pariser Weste, nordamerikanischem Rock und spanischer Mütze ... In Ländern, die bei der Geburt Hanfschuhe an den Füßen und gewebte Bänder um die Stirn hatten, trugen wir Epauletten und Togen ... Weder das Buch

Europa noch das Buch USA enthielten den Schlüssel zum spanisch-amerikanischen Rätsel ...
Doch die Völker erheben sich und entbieten den Gruß. »Wie sind wir?« fragen sie sich und sagen einander, wie sie sind. Wenn in Cojímar ein Problem auftaucht, suchen sie die Lösung nicht in Danzig. Der Frack kommt noch aus Frankreich, aber die Gedanken stammen allmählich aus Amerika ... (199)

1891, GUANAJUATO

Calle Cantaranas 34 – Schnappschuß

Der schwarz vermummte Schütze bückt sich und zielt. Das Opfer, ein ahnenstolzer Herr aus Guanajuato, wagt nicht zu lächeln, nicht zu blinzeln, nicht zu atmen.
Der Fluchtweg ist ohnehin versperrt: hinter ihm eine Gipswand, bemalt mit üppig grüner Landschaft, neben ihm eine Freitreppe, aber die führt ins Leere. Eingekreist von Papierblumen, umstellt von Balustraden und Säulen aus Pappe, bleibt der vornehme Herr, eine Hand auf der Stuhllehne, ernst und todesmutig vor dem bedrohlichen Lauf der Balgenkamera sitzen.
Ganz Guanajuato läßt sich in der Calle Cantaranas 34 im Studio abschießen. Romualdo García fotografiert hochwohlgeborene Herren, deren Gattinnen und ihre Kinder: Liliputanerjungen, die in zu großen Jacketts mit Taschenuhren stecken, und großmütterlich strenge Mädchen unter seidenschweren schleifenumwundenen Hüten. Er fotografiert Pfarrer mit Schmerbauch und Offiziere in Galauniform, Firmlinge und Hochzeitspaare, aber auch arme Leute, die von weither kommen und ihr Letztes hergeben, um in Sonntagskleidern vor der Kamera des in Paris prämierten mexikanischen Künstlers schön frisiert und gebügelt zu posieren.
Romualdo García ist ein Zauberer: Menschen verwandelt er in Denkmäler, und Sterblichen verleiht er ewiges Leben.

(58)

1891, PURÍSIMA DEL RINCÓN

Lebensläufe

Gelernt hat er's von niemandem, er ist Sonntagsmaler. Hermenegildo Bustos nimmt Naturalien oder vier Realen für das Porträt. In Purísima del Rincón gibt es keinen Fotografen, aber dafür einen Maler.

Vor vierzig Jahren hat Hermenegildo die Dorfschönheit Leocadia López gemalt und sie genau getroffen. Seitdem wurde in Purísima del Rincón oft mit Erfolg geheiratet oder beerdigt, wurden Ständchen gegeben, wurde hin und wieder einer in der Kneipe abgestochen, brannte ein Mädchen mit dem Clown vom Wanderzirkus durch, bebte mehrmals die Erde, wurden mehrere neue Bezirksamtsvorsteher aus Mexiko-Stadt geschickt, verstrichen die Tage langsam, gab es mal Sonne, mal Regen, und während all dem malte Hermenegildo allmählich jeden Lebenden, den er vor sich sah, und jeden Toten, dessen er sich entsinnen konnte.

Außerdem ist Hermenegildo Gärtner und Eisverkäufer und überhaupt ein Hansdampf in allen Gassen. Er sät Mais und Bohnen auf seinem eigenen Land oder in fremdem Auftrag. Er liest Raupen von den Feldern, fabriziert Eis aus Rauhreif, den er von den Agavenblättern kratzt, und wenn die Kälte nachläßt, kandiert er Orangen. Daneben bestickt er mexikanische Fahnen, repariert Dächer, wenn es durchregnet, dirigiert zu Ostern das Trommelkonzert, dekoriert Paravents, Betten und Särge und malt fein säuberlich Doña Pomposa López, wie sie Maria dankt, weil die sie nochmal aus dem Sterbebett geholt hat, und Doña Refugio Segovia unter besonderer Hervorhebung ihrer Reize. Er vergißt auch nicht ein Haar auf ihrer Stirn und nicht die Brosche mit der Aufschrift *Refugito* an ihrem Kragen.

Er malt auch sich selber: im Soldatenrock, frisch rasiert, mit Kurzhaarfrisur, vorstehenden Backenknochen und strengen Brauen. Auf die Rückseite schreibt er: *Hermenegildo Bustos, Indianer hierselbst, im Dorf Purísima del Rincón, geboren am 13. April 1832 und am 19. Juni 1891 von mir selber gemalt, um zu sehen, ob ich's kann.* (333)

1892, PARIS

Der Panama-Skandal

Ein französisches Gericht erklärt die Panama-Gesellschaft für bankrott. Die Bauarbeiten werden eingestellt, der Skandal ist perfekt. Mit einem Schlag lösen sich die Ersparnisse Tausender französischer Bauern und Kleinbürger in nichts auf. Die Firma, die zwischen Ozean und Ozean einen Graben ziehen und den von den Konquistadoren gesuchten und erträumten Verbindungsweg herstellen wollte, hat einen ungeheuren Betrug begangen. Millionenbeträge wurden verschleudert, so wird bekannt, um Politiker zu kaufen und Presseleute zum Schweigen zu bringen. Aus London schreibt Friedrich Engels, an der Panama-Affäre werde sich der ganze bourgeoise Haufen womöglich das Genick brechen. Das Wunder sei vollbracht worden, aus dem Kanal ein Faß ohne Boden zu machen …
Niemand gedenkt der Arbeiter aus den Antillen, aus China, aus Indien, von denen auf jedem Kilometer des durchs Gebirge gegrabenen Kanals siebenhundert von Gelbfieber und Malaria hinweggerafft wurden. (102, 201 und 324)

Vorhersage eines jungen Dichters aus Nicaragua namens Rubén Darío

Im kommenden Jahrhundert wird die größte aller Revolutionen stattfinden, die je die Erde mit Blut besudelt haben. Der große Fisch frißt immer den kleinen? Und sei es; bald kommt dafür die Rache. Die Massen verelenden, und auf dem Rücken der Arbeitenden lastet ein Fluch, schwer wie ein Berg. Nichts gilt mehr außer dem schnöden Gold. Die Herde der Enterbten trottet wie seit eh und je zur ewigen Schlachtbank …

Aber den reißenden Strom der Vergeltung wird keine Macht der Welt aufhalten können. Eine neue Marseillaise muß dann gesungen werden, von der die Wohnstatt der Infamen einstürzt wie einst Jericho von den Posaunen … Mit banger Freude wird der Himmel im Tosen der erlösenden Katastrophe dann dem Gericht über die hoffärtigen Übeltäter zusehen, der erhabenen, schrecklichen Rache der trunkenen Elenden. (308)

1893, CANUDOS

Antonio Conselheiro

Seit langem schon pilgern Propheten über Nordostbrasiliens glühendheißen Boden. Sie prophezeiten, König Sebastian werde von der Nebelinsel wiederkehren, die Reichen bestrafen und die Neger weiß und die alten Leute wieder jung machen. Wenn das Jahrhundert zu Ende gehe, werde die Wüste zum Meer und das Meer zur Wüste, und Feuersbrünste würden die Geld und Sünde anbetenden Küstenstädte verheeren. Auf der Asche Recifes, Bahias, Rios und São Paulos werde ein neues Jerusalem entstehen, worin Christus tausend Jahre lang herrschen werde. Die Stunde der armen Leute sei nah, wissen die Propheten. Nur noch sieben Jahre, und der Himmel steige herab auf die Erde. Niemand werde dann mehr krank, niemand sterbe, und alles Unrecht werde in dem neuen Erd- und Himmelreich behoben.

Der fromme Antonio Conselheiro wandert von Dorf zu Dorf, ein hageres, staubiges Gespenst, gefolgt von einem Chor der Litaneien. Die abgewetzte Haut spannt über den Knochen, der Bart ist ein Gestrüpp, das Kleid ein zerschlissenes Sargtuch. Er ißt nicht und er schläft nicht. Almosen, die er erhält, verteilt er unter die Jammergestalten. Frauen dreht er im Gespräch den Rücken zu. Der gottlosen Regierung der Republik verweigert er den Gehorsam, und auf dem Dorfplatz in Bom Conselho wirft er die Steuerverordnungen ins Feuer.

Da die Polizei nach ihm fahndet, flieht er in die Steppe. Mit zweihundert Jüngern gründet er an einem zumeist ausgetrockneten Flußbett die Gemeinde Canudos. Die Luft flirrt und flimmert hier vor Hitze über dem Boden. Der Regen kommt wegen der Hitze gar nicht bis zur Erde. Auf den kahlen Anhöhen entstehen aus Lehm und Stroh die ersten Hütten. In diesem unwirtlichen gelobten Land, der ersten Sprosse auf der Himmelsleiter, stellt Antonio Conselheiro triumphierend die Christusfigur auf und prophezeit die Apokalypse: *Vertilgt werden die Reichen, die Ungläubigen und die Hoffärtigen. Das Wasser wird rot vor Blut. Ein einziger Hirt wird sein und nur noch eine Herde. Viele Hüte und wenig Köpfe ...* (80 und 252)

1895, KEY WEST

Die Freiheit reist in einer Zigarre

Nie schläft er, selten ißt er. José Martí sammelt Geld, versammelt Menschen, hält Reden und Vorträge, liest Gedichte vor, diskutiert, organisiert und kauft Waffen. Über zwanzig Jahre Exil haben ihn nicht brechen können.

Schon immer wußte er, ohne Revolution würde Kuba nicht zu sich kommen. Vor drei Jahren gründete er an der Küste Floridas die Revolutionspartei, die Partido Revolucionario Cubano. Die Partei entstand in den Zigarrenmanufakturen von Tampa und Key West dank der emigrierten kubanischen Arbeiter, die Martí mit eigenen Ohren oder im bedruckten Papier gehört haben.

In den Manufakturen geht es zu wie an Arbeiterhochschulen. Es ist Tradition, daß einer den anderen, die still arbeiten, Bücher und Artikel vorliest. So erfahren die Zigarrendreher täglich neue Ideen und Nachrichten und reisen während der Arbeit durch die Weltgeschichte und das erstaunliche Land der Phantasie. Und so dringen menschliche Worte aus dem Mund des Vorlesers wie Geschosse in die Frauen, die Tabakblätter entrippen, und die Männer, die auf dem Schoß oder auf dem Tisch Zigarren wickeln.

In Absprache mit den Generalen Máximo Gómez und Antonio Maceo gibt Martí Befehl zum Losschlagen. In einer Havanna versteckt, gelangt der Wortlaut des Befehls aus den Manufakturen in Florida nach Kuba. (165, 200 und 242)

1895, PLAYITAS

Landung

Vierzig Jahre danach wird Marcos del Rosario sich erinnern:

– *Auf den ersten Blick mochte General Gómez mich nicht. Er meinte: »Was wollen Sie eigentlich auf Kuba? Was haben Sie da verloren?«*

Marcos wird sich die Erde von den Händen klopfen:

– *General Gómez war ein toller Alter. Stark, unheimlich stark. Und agil. Sehr laut redete er immer, und manchmal ging er die Wände hoch*

und hätte einen am liebsten gefressen ...
Marcos geht durch seinen Garten zu einer schattigen Stelle:
– Endlich trieben wir ein Schiff auf, das uns bis vor die kubanische Küste brachte.
Er zeigt auf die Eisenösen an seiner Hängematte:
– Die sind noch von dem Kahn damals.
Er schaukelt und steckt sich eine Zigarre an.
– Das Schiff setzte uns auf See ab, und es war eine unheimlich starke Brandung.
In einem Boot sitzen zwei Männer aus Santo Domingo und zwei aus Kuba. Der Sturm wirft sie umher. Sie haben geschworen, Kuba werde frei sein.
– Es war stockfinstere Nacht.
Nichts zu sehen.
Ein roter Mond kommt zum Vorschein, kämpft mit den Wolken. Die Männer im Boot kämpfen mit dem gefräßigen Meer.
– Der Alte saß im Bug. Er hielt das Steuer und Martí den Kompaß. Ein Brecher riß dem General das Steuer aus der Hand ... War das ein Kampf mit dem Meer; es wollte uns verschlingen und nicht nach Kuba lassen ...
Wie durch ein Wunder zersplittert das Boot nicht an den Klippen. Es schießt über die Wellen, taucht unter und wieder auf, dreht sich um sich selber. Plötzlich geben die Wellen den Blick frei, und eine Bucht liegt vor ihnen, ein winziges sandiges Hufeisen.
– Und General Gómez sprang ans Ufer, und als er sah, daß wir auf festem Land waren, küßte er den Boden und krähte wie ein Hahn.

(258 und 286)

1895, ARROYO HONDO

In die Sierra

Nicht niedergeschlagen, sondern beifällig, ja, strahlend wird Marcos del Rosario von Martí erzählen:
– Als ich den sah, dachte ich erst, der ist zu schwach. Dann merkte ich, der war ganz gut beieinander, sprang mal hierhin, mal dahin ...

Martí bringt Marcos das Schreiben bei. Martí hält seine Hand fest, als er das A malt:
– *Er war in Schulen groß geworden. Richtig geistig war der.*
Marcos paßt auf Martí auf. Er stopft ihm Matratzen aus welkem Laub, er bringt ihm Kokosmilch zum Trinken. Aus den sechs Männern, die in Playitas gelandet sind, werden hundert, werden tausend. Mit Rucksack und umgehängtem Gewehr klettert Martí die Sierra hinauf und reißt die Ortsansässigen mit.
– *Als wir so die Berge raufstiefelten, alle schwer beladen, fiel er manchmal hin. Ich half ihm auf, und dabei sagte er: »Nein, nein. Danke.« Er hatte einen Ring an, der war aus einem Glied der Ketten geschmiedet, in die ihn die Spanier gelegt hatten, als er noch ein Kind war.*

(286)

1895, LAGER DOS RÍOS

Martís Testament

In Hemdsärmeln schreibt Martí im Lager einen Brief an seinen geliebten Freund, den Mexikaner Manuel Mercado. Sein Leben sei jeden Tag in Gefahr, schreibt er, aber es lohne sich, es in Erfüllung der Pflicht hinzugeben, mit der Eigenstaatlichkeit Kubas *gerade noch rechtzeitig zu verhindern, daß die Vereinigten Staaten sich so gestärkt auf die Antillen ausbreiten und über die Länder unseres Amerikas herfallen. Alles, was ich getan habe und noch tue, dient dazu. Still mußte es getan werden …* Und die Kubaner, schreibt Martí weiter, verhinderten mit ihrem Blut *die Annexion der Völker unseres Amerikas durch das wilde, brutale Nordamerika … Ich habe im Bauch des Ungeheuers gelebt, ich kenne sein Inneres – und meine Schleuder ist die Davids.* Und ein Stück weiter: *Es geht hier um Leben oder Tod, wir dürfen das Ziel nicht verfehlen.*
Danach wechselt Martí den Tonfall. Er hat noch anderes zu erzählen: *Und jetzt zu mir …* Aber weil die Nacht hereinbricht oder weil er zu zurückhaltend ist, bricht er gleich nach dieser Ankündigung eines Blicks in seine Seele wieder ab: *Es gibt Gefühle, so empfindlich ehrlich …,* setzt er hin, und das ist das letzte, was er schreibt.
Am nächsten Mittag reißt eine Kugel ihn vom Pferd. (199)

1895, NIQUINOHOMO

Das Kind Sandino

Vor der Tür des Lehmziegelhauses stehen die Menschen, angezogen von dem Wimmern, dicht an dicht.

Wie eine umgedrehte Spinne zappelt das Neugeborene mit Armen und Beinen. Die Weisen kommen zwar nicht aus dem Morgenland, um ihn willkommen zu heißen, aber immerhin geben ein Bauer, ein Zimmermann und eine Gemüsefrau auf dem Weg zum Markt Geschenke für ihn ab.

Die Hebamme reicht der Mutter Lavendeltee und träufelt dem Kind, als ersten Geschmack von dieser Welt, Honig in den Mund.

Danach vergräbt sie die einer Wurzel ähnliche Nachgeburt in einer Ecke im Garten. Sie vergräbt sie an der richtigen Stelle, wo viel Sonne hinkommt, damit sie hier in Niquinohomo zu Erde wird.

In ein paar Jahren wird auch das Kind, das sich bis vor kurzem noch von diesem Mutterkuchen ernährt hat, zu Erde – zu Nicaraguas ganzer, rebellischer Erde. (8 und 317)

1896, PORT-AU-PRINCE

Deckmäntel

Haitis Verfassung zufolge wird in der Negerrepublik Französisch gesprochen und der christliche Glaube praktiziert. Aber die Juristen müssen sich schämen, denn fast alle Haitier sprechen weiterhin *Kreolisch,* und fast alle bekennen sich zu den Wodu-Göttern, die durch die Wälder und die Körper streifen.

Die Regierung verlangt von den Bauern einen öffentlichen Eid:

– Ich schwöre, daß ich Fetische und andere Gegenstände des Aberglaubens vernichten will, falls ich sie bei mir trage oder im Haus oder auf meinem Anwesen verwahre. Ich schwöre, daß ich mich nie zu einer abergläubischen Kulthandlung hergeben will … (68)

1896, BOCA DE DOS RÍOS

Requiem

– *War es hier?*
Es ist ein Jahr her, und Máximo Gómez erzählt es Calixto García. Die alten Unabhängigkeitskämpfer Kubas bahnen sich vom Rio Contramaestre her einen Weg. Hinter ihnen kommen ihre Truppen. General Gómez erzählt, Martí habe mit Appetit Mittag gegessen und danach wie üblich Verse rezitiert. Dann seien vereinzelte Schüsse gefallen, auf die ganze Salven folgten. Alles sei nach seinen Pferden gerannt.
– *War es hier?*
An einem dichten Gebüsch zweigt der Weg nach Palo Picado ab.
– *Hier,* zeigt jemand mit dem Finger.
Die *Macheteros* hauen ein Viereck frei.
– *Er hat nie geklagt und hat auch nie schlappgemacht,* sagt Gómez.
Und ärgerlich knurrt er noch:
– *Ich hab ihm befohlen ..., empfohlen, zu bleiben.*
Ein Viereck, so groß, wie der Mensch war.
General Gómez wirft einen Stein hin. General Calixto García einen zweiten. Einer nach dem anderen gehen die Offiziere und Soldaten vorbei, und die fallenden Steine scheppern. So häufen sich die Steine, bis für Martí ein steinerner Grabhügel wächst und in der gewaltigen Stille auf Kuba nur noch dieses Scheppern zu hören ist. (105)

1896, PAPEETE

Flora Tristan

Die große nackte Leinwand bietet sich an und fordert heraus. Paul Gauguin malt, jagt, setzt die Farbe hin, als nehme er von der Welt Abschied, und besessen schreibt er: *Woher kommen wir, was sind wir, wohin gehen wir?*
Vor über fünfzig Jahren stellte sich seine Großmutter in einem ihrer Bücher dieselbe Frage und wollte es ergründen und starb darüber. Flora Tristans peruanische Familie erwähnte ihren

Namen nie, als brächte sie Unglück oder sei irre oder ein Gespenst. Wenn Paul in seinen fernen Kinderjahren nach ihr fragte, erhielt er zur Antwort:
– Geh schlafen, es ist spät.
Flora Tristan hatte sich ihr kurzes Leben lang bemüht, Revolution zu predigen: die Revolution der Proletarier und die Revolution der Frauen, die Sklavinnen bei ihrem Vater, ihrem Arbeitgeber und ihrem Mann sind. Krankheit und Polizei richteten sie zugrunde. Sie starb in Frankreich. Arbeiter in Bordeaux zahlten ihren Sarg und trugen sie auf Händen zum Friedhof. (21)

1896, BOGOTÁ

José Asunción Silva

Er liebt seine Schwester – Lavendelduft, Räucherharz, flüchtige Küsse von Bogotás bleichster Sylphide. Für seine Schwester schreibt er auch seine besten Verse. Nacht für Nacht besucht er sie auf dem Friedhof. An ihrem Grab fühlt er sich wohler als in literarischen Zirkeln.
José Asunción Silva trägt beinahe von Geburt an Schwarz und eine Blume im Knopfloch. So welkt der Gründer des kolumbianischen Modernismus seit dreißig Jahren durch alle Schicksalsschläge. Seit der Seiden- und Parfümhandel seines Vaters bankrott gegangen ist, fehlt es am Nötigsten, und in einem Schiffbruch sind auch noch Silvas gesammelte Werke versunken.
Bis in die tiefe Nacht diskutiert Silva – zum letzten Mal – den Rhythmus eines Alexandriners. Mit einer Laterne in der Hand verabschiedet er an der Tür seine Freunde. Danach raucht er seine letzte türkische Zigarette und bemitleidet sich zum letzten Mal vor dem Spiegel. Kein Brief aus Paris, der ihn retten könnte. Die Gläubiger setzen ihm zu und die Spitzzüngigen, die ihn »keusche Susanne« nennen. Der Dichter knöpft sein Hemd auf und setzt den Revolver auf das Kreuz, das ein befreundeter Arzt ihm auf die Brust gezeichnet hat. (319)

1896, MANAUS

Der Baum, der Milch weint

Die Indianer nennen ihn Caucho. Sie ritzen ihn an, und Milch fließt. Die Milch wird in Schalen aus zurechtgebogenen Bananenblättern aufgefangen, und während menschliche Hände sie formen, wird sie in der Hitze von Sonne oder Rauch allmählich hart. Seit undenklichen Zeiten stellen die Indianer aus dieser *Waldmilch* lang brennende Fackeln, unzerbrechliche Gefäße, regendichte Dächer und springende Bälle her.

Der König in Portugal bekam schon vor über fünfzig Jahren kolbenlose Spritzen und wasserdichte Kleidung aus Brasilien, und davor hatte schon der gelehrte Franzose La Condamine die Eigenschaften des unerhörten Gummis studiert, das sich nicht an die Schwerkraft hält.

Tausende und Abertausende Schuhe waren aus dem Amazonasurwald schon nach dem Bostoner Hafen verschifft worden, als Charles Goodyear und Thomas Hancock vor einem halben Jahrhundert herausfanden, wie man das Gummi unzerbrechlich und unaufweichbar macht. Von da an produzierten die USA jährlich fünf Millionen Paar Schuhe, denen Kälte, Nässe und Schnee nichts anhaben konnten, und auch in England, Deutschland, Frankreich entstanden große Fabriken.

Bei Schuhen bleibt es nicht. Das Gummi zieht eine ganze Produktkette nach sich und schafft neue Bedürfnisse. Das moderne Leben kreist in atemberaubendem Tempo um den Baumriesen, der Milch weint, wenn er verwundet wird. Vor acht Jahren gewann John Dunlops Sohn in Belfast ein Dreiradrennen, weil er statt mit den üblichen Vollgummireifen mit luftgepumpten Reifen gefahren war, die sein Vater erfunden hatte. Vor einem Jahr kreierte Michelin dann abschraubbare Reifen für die Teilnehmer am Paris-Bordeaux-Rennen.

Der ungeheure Amazonasurwald, der nur für Affen, Indianer und Irre dazusein schien, wird zum Jagdrevier der United States Rubber Company, der Amazon Rubber Company und anderer entlegener Firmen, die da an seinem Euter schmatzen.

(334)

Glanzzeit des Gummis

Feierlich hebt sich der Vorhang zu den ersten Akkorden von Ponchiellis Oper *La Gioconda.* Die heutige Nacht in Manaus gehört dem Prunk und dem Gepränge und den Moskitos. Opernsänger aus Italien weihen das riesige neuerbaute Amazonas-Theater ein, dessen Marmor aus demselben europäischen Land wie die Sänger in den tiefsten Urwald geschafft wurde.

Manaus und Belem do Pará sind Brasiliens Kautschukmetropolen. In Peru ist es die Urwaldstadt Iquitos. Alle drei Städte pflastern ihre Straßen mitten im Amazonasgebiet mit Kopfsteinen aus Europa und beleben ihre Nächte mit Mädchen aus dem horizontalen Gewerbe, die dazu aus Paris, Budapest oder Bagdad oder auch den hiesigen Tropen angereist sind. Orchester werden mit goldenen Stäben dirigiert, Goldbarren dienen als Briefbeschwerer, ein Hühnerei hingegen ist unerschwinglich. *Important Persons* trinken *imported drinks,* kurieren sich in den Heilbädern von Vichy und schicken ihre Kinder zum Studium – auf Schiffen den schlammigen Amazonas hinunter – nach Lissabon oder Genf.

Wer arbeitet dann überhaupt in den Kautschukwäldern? In Brasilien die von der Dürre gestraften Bauern des Nordostens. Sie kommen aus ihren ausgedörrten Landstrichen hierher, wo es so naß ist, daß man zum Fisch wird, lassen sich per Kontrakt in ein grünes Gefängnis sperren und werden aus ihrem Sklavenleben und ihrer entsetzlichen Einsamkeit früh durch den Tod erlöst. In Peru sind die Arbeitskräfte Indianer. Ganze Stämme sterben in der Zeit des Gummis aus, die hoffentlich ewig währt. (299, 325 und 334)

1897, CANUDOS

Euclides da Cunha

Tagsüber schwelt, lodert, dehnt sich der Boden. Wenn eisig die Nacht hereinbricht wie eine Axt, schaudert und schrumpft er. Im Morgengrauen zerspringt er in Stücke.
Trümmer von Erdbeben, notiert Euclides da Cunha in seinem Heft. *Eine Landschaft zum Davonlaufen,* notiert er. Er wandert in den Schründen der Erde und den Windungen des *Flusses* – einem bei den Indianern *roter Honig* genannten staubigen Hohlweg – und findet auch unter den kümmerlichen Sträuchern keinen Schatten. Ein Soldat liegt da mit ausgebreiteten Armen auf dem Rücken und ruht sich aus. Wäre nur nicht der schwarze Schorf auf der Stirn. Vor drei Monaten in einem Kampf bis aufs Messer umgekommen, ist er inzwischen sein eigenes Denkmal. In der Ferne, vom frommen Canudos her, krachen Schüsse. Seit Tagen, seit Monaten wird da monoton hin und her geschossen, meist feuern Büchsen, hin und wieder aber auch Kanonen oder automatische Gewehre. Euclides möchte wissen, woher die mystisch beseelten Bauern die Kraft nehmen, dem Ansturm von dreißig Bataillonen unerschütterlich standzuhalten. Viele Tausende Landarbeiter und Bauern lassen sich aus Treue zu ihrem Heiland Antonio Conselheiro abschlachten. Wie können sie, fragt sich der Berichterstatter in diesem heiligen Krieg, die Wüste hier mit dem Himmelreich und ihren Geistesgestörten – der nur nicht im Irrenhaus sitzt, weil kein Platz frei war – mit Christus verwechseln?
Euclides schwankt zwischen Widerwillen und Bewunderung. Er kommt aus dem Staunen nicht heraus und beschreibt für die Leser seiner Zeitung in São Paulo alles, was er sieht. Sein Sozialismus ist europäisch geprägt, er ist ein Mestize, der Mestizen verachtet, ein Brasilianer, der sich Brasiliens schämt, zugleich aber auch einer der brillantesten Intellektuellen der Republik, auf deren nagelneuer Fahne der Wahlspruch *Ordnung und Fortschritt* steht. Über die ganze Dauer des Schlachtens bemüht sich Euclides, hinter das Geheimnis des nordostbrasilianischen Sertão, der Heimat von Glaubenseiferern, zu kommen, in der

man sich Ressentiments und Objekte der Verehrung vererbt, Kühe, die am *Mal Triste,* der Kummerkrankheit, leiden, mit Gebeten kuriert und den Tod eines Kindes mit Gitarrenspiel feiert. (80)

Die Toten haben mehr Kugeln im Leib als Knochen,

und trotzdem singen die letzten Verteidiger Canudos' in Erwartung der nahen Erzengel noch immer hinter ihrem Holzkreuz.
Der Kommandeur der ersten Kolonne läßt Antonio Conselheiros grauenhaft entstellten Leichnam fotografieren. *Damit Gewißheit über seinen Tod besteht.* Die hat er selber nötig. Ängstlich hockt der Kommandeur auf seinem Stuhl und schielt nach dem Häuflein lumpenbedeckter Knochen.
Mit ihren eigenen Leibern bildeten vom Pech verfolgte Bauern jedes Alters und jeder Hautfarbe eine Mauer um ihren Methusalem mit den Schwären und dem Haß auf die Republik und die sündhaften Städte. Fünf Feldzüge waren nötig, fünftausend Soldaten mußten Canudos einkreisen, zwanzig Kanonen es von den Anhöhen beschießen – ein nie dagewesener Krieg zwischen Plunderbüchsen und MGs, Marke Nordenfeldt.
Auch als die Schützengräben nur noch staubige Gräber sind, ergibt die Gemeinde Canudos sich nicht. In ihrem Utopia ohne Besitz und Gesetz teilten die Elenden den kargen Boden, das spärliche Brot und den Glauben an den weiten Himmel miteinander.
Um jede Hütte, jede Handbreit Boden wird gekämpft.
Die vier letzten Kämpfer fallen: drei Männer und ein Kind. (80)

1897, RIO DE JANEIRO

Machado de Assis

Die brasilianischen Schriftsteller sind in Sekten gespalten, die einander hassen, aber im Café Colombo, in Konditoreien und Büchereien spenden sie sich gegenseitig die Sakramente und den Segen. Da verabschieden sie in Gottes Namen die Kollegen, die nach Paris fahren, um Maupassant Blumen aufs Grab zu legen, und in diesen Tempeln heben sie – in den klingenden Gläsern erlesene Tropfen – die Brasilianische Literaturakademie aus der Tiefe. Deren erster Präsident heißt Machado de Assis.

Assis ist der große lateinamerikanische Romancier des Jahrhunderts. In seinen Büchern entlarvt er mit Liebe und mit Hieben die bessere Nichtstuergesellschaft, in die er, der Mulattensohn, sich vorgearbeitet hat und die er kennt wie keiner. Der Autor reißt die Tapeten mit den aufgemalten Fenstern, aus denen man auf europäische Landschaften sieht, von den Wänden und zwinkert den Lesern zu, während er das Lehmgemäuer darunter freilegt. (62 und 190)

1898, KÜSTE KUBAS

Die Frucht ist reif

General William Shafters hundertfünfundvierzig Kilo gehen in Ostkuba an der Küste an Land. Sie kommen aus dem kalten Norden, wo der General Indianer umlegte, und hierzulande zerfließen sie in der engen Uniform aus Wollstoff. Shafter hievt seine Massen mit Hilfe einer Leiter aufs Pferd und sucht oben mit dem Fernglas den Horizont ab.

Er ist hier, um Ordnung zu schaffen. Wie einer seiner Stabsoffiziere, General Young, sagt, *sind die aufständischen Kubaner ein Haufen verkommenes Pack, genauso unfähig, sich selber zu regieren, wie die Wilden in Afrika.* Die spanische Armee bricht unter dem gnadenlosen Ansturm der Patrioten gerade zusammen, da beschließen die USA, auch für die Freiheit in Kuba zu sorgen.

Wenn sie einmal mitmischen, kriegt sie keiner mehr weg, hatten Martí und Maceo gewarnt. Und sie mischen mit.
Spanien hatte sich geweigert, die Insel *zu einem vernünftigen Preis* zu verkaufen, und mit der gut getimten Explosion des Panzerkreuzers *Maine,* der mit Kanonen und Mannschaft vor Havanna sank, hatten die USA ihr Alibi für die Intervention.
Offiziell beruft sich die Invasionsarmee auf den Schutz amerikanischer Bürger und deren vom verheerenden Krieg und der zusammenbrechenden Wirtschaft bedrohte Interessen. In Privatgesprächen erläutern hohe Offiziere, sie verhinderten, daß vor Floridas Küsten eine Neger-Republik entstehe. (114)

1898, WASHINGTON

Zehntausend Fälle von Lynchjustiz

Im Namen der Neger in den USA macht Ida Wells Präsident McKinley darauf aufmerksam, daß es in den letzten zehn Jahren zehntausend Fälle von Lynchjustiz gegeben hat. Wenn die Regierung ihre Bürger nicht in den eigenen Grenzen schütze, mit welchem Recht, fragt Ida Wells, behaupte sie dann, sie besetze andere Länder, um US-Bürger zu schützen? Seien die Neger etwa keine US-Bürger? Verbürge ihnen die Verfassung etwa nur das Recht, verbrannt zu werden?
Von Presse und Kirche bis zur Raserei aufgehetzte Massen holen die Neger aus den Gefängnissen, fesseln sie an Bäume und verbrennen sie lebendig. Danach feiern die Henker ihre Heldentat in den Wirtshäusern und prahlen damit auf den Straßen.
Als Alibi für die Negerjagd dienen Vergewaltigungen weißer Frauen – in demselben Land, in dem die Vergewaltigung von Negerinnen als ganz normal gilt. In den meisten Fällen sind die gelynchten Neger allerdings keines anderen Vergehens schuldig, als sich einen schlechten Ruf erworben, den Verdacht des Diebstahls zugezogen oder respektlos verhalten zu haben.
Präsident McKinley verspricht, sich der Sache anzunehmen. (12)

1898, SAN-JUAN-BERG

Teddy Roosevelt

Den Hut schwenkend galoppiert Teddy Roosevelt seinen *rauhen Reitern* voran; als er den Berg San Juan hinunterreitet, zerknüllt er eine spanische Fahne in der Hand. Er ist es, der in dieser Schlacht, durch die der Weg nach Santiago de Cuba frei wird, den ganzen Ruhm davonträgt. Die mitkämpfenden Kubaner kommen bei keinem Reporter vor.

Teddy glaubt an die Berufung der USA zum Weltreich und an die Kraft seiner Fäuste. Das Boxen hat er in New York zum Schutz vor Prügel und Demütigungen lernen müssen, denen er als schwächliches, asthmakrankes und kurzsichtiges Kind ausgesetzt war. Als Erwachsener mißt er sich mit Boxmeistern, jagt Löwen, fängt Bullen mit dem Lasso, schreibt Bücher und faucht Ansprachen. In Aufsätzen und auf Rednerpulten feiert er die Vorzüge zum Herrschen geborener, starker, kampflustiger Rassen wie der seinen und verkündet, in neun von zehn Fällen sei ein toter Indianer der beste Indianer – den zehnten müsse man sich noch genauer anschauen. Er, der als Freiwilliger in allen Kriegen war, ist hingerissen von den erhabenen Tugenden des Soldaten, der in der Euphorie der Schlacht zum Wolf wird, und verachtet sentimentale Generale, denen der Verlust von ein paar tausend Mann den Schlaf raubt.

Um mit dem Kuba-Krieg schnell fertig zu werden, lautete ein Vorschlag Roosevelts, solle ein Geschwader der USA Cádiz und Barcelona zerschießen, aber das von dem langen Krieg mit den Kubanern erschöpfte Spanien kapituliert in weniger als vier Monaten. Roosevelt gibt seinem Pferd die Sporen und beeilt sich, vom Berg San Juan ins Rathaus von New York und auf den Präsidentenstuhl der USA zu kommen. Der glühende Verehrer eines Gottes, der lieber Pulverdampf als Weihrauch riecht, gönnt sich nur eine kurze Pause und schreibt, kein friedlich errungener Sieg sei so großartig wie der erhabene Sieg im Kriege.

Ein paar Jahre später wird ihm der Friedensnobelpreis verliehen. (114 und 161)

1898, KÜSTE VON PUERTO RICO

Die Frucht fällt vom Baum

Ramón Emeterio Betanes – langer weißer Bart, melancholische Augen – liegt im Pariser Exil im Sterben.

– *Ich will keine Kolonie,* sagt er. – *Nicht unter Spanien und nicht unter den Staaten.*

Während der große alte Mann der puertoricanischen Unabhängigkeitsbewegung dem Tod ins Auge sieht, gehen General Miles' Truppen an der Küste bei Guánica singend an Land. Mit umgehängtem Gewehr und an den Hut gesteckter Zahnbürste marschieren die Soldaten an den ungerührt dreinblickenden Arbeitern auf den Zuckerrohr- und Kaffeefeldern vorbei.

Vom Deck eines Schiffes sieht Eugenio María de Hostos, der auch einen eigenen Staat wollte, zu den Hügeln von Puerto Rico zurück und trauert und schämt sich, daß sie auf diese Weise den Besitzer wechseln. (141 und 192)

1898, WASHINGTON

Präsident McKinley zufolge befiehlt Gott persönlich den USA, die Philippinen zu behalten

Nacht für Nacht lief ich bis Mitternacht durchs Weiße Haus, und ich schäme mich nicht zuzugeben, daß ich dabei des öfteren auf die Knie fiel und zum Allmächtigen um Licht und Weisung betete. Eines Nachts, es war spät, wies er mir dann den Weg; ich weiß nicht, wie, aber er wies ihn mir. Wir sollten erstens die Philippinen nicht an Spanien zurückgeben, es wäre feig und ehrenrührig, zweitens, sie auch nicht unseren Handelskonkurrenten im Osten, Frankreich oder Deutschland, abtreten, das wäre würdelos und geschäftlich nachteilig; drittens sollten wir sie auch nicht den Filipinos überlassen, die seien nicht dafür gerüstet, sich selbst zu regieren, und würden nur in noch schlimmere Unordnung und Anarchie als unter Spanien verfallen, und viertens hätten wir gar keine andere Wahl, als sämtliche Filipinos zu sammeln und sie zu erziehen, zu bilden, zu zivilisieren und zu christianisieren und mit Gottes Segen alles für sie zu tun, was in unserer Macht stehe, seien doch auch sie unsere Nächsten und sei Christus auch für sie gestorben. Daraufhin ging ich wieder zu Bett und lag alsbald in tiefem Schlaf. (168)

1899, NEW YORK

Mark Twain schlägt vor, die Fahne umzugestalten

Ich erhebe meine Lampe vor dem goldenen Tor. Die Freiheitsstatue heißt die unzähligen *Pilgrims* – Europäer auf der Suche nach dem gelobten Land – willkommen. Jahrtausende habe der Mittelpunkt der Welt nämlich gebraucht, so heißt es, sich vom Euphrat zur Themse zu verlagern, und jetzt liege er am Hudson River. In ihrer neuen Weltherrschereuphorie feiern die USA den Zugewinn der Inseln Hawaii, Samoa, Philippinen, Kuba und Puerto Rico und eines Eilands mit dem beredten Namen Diebesinsel. Pazifik und Karibisches Meer sind sozusagen US-amerikanische Binnengewässer, die United Fruit Company wird aus der Taufe gehoben, und nur Mark Twain, der alte Spielverderber, schlägt vor, die US-Fahne umzugestalten: Die weißen Streifen sollten lieber schwarz sein, und passender als die Sterne sei ein Totenkopf mit gekreuzten Knochen.

Der Gewerkschaftsvorsitzende Samuel Gompers verlangt die Anerkennung des unabhängigen Kubas und rügt jene, die die Freiheit den Hunden zum Fraß vorwerfen, sobald eine Entscheidung zwischen Freiheit und Profit gefragt ist. Für die großen Zeitungen sind die Kubaner mit ihrem Unabhängigkeitsstreben hingegen undankbare Geschöpfe. Kuba ist besetzt. Statt der spanischen weht – ohne schwarze *Stripes* und Totenköpfe – die US-amerikanische Fahne. In einem Jahr hat sich die Zahl der Okkupanten verdoppelt. An den Schulen ist Englisch Unterrichtsfach, und in den neuen Geschichtsbüchern ist von Washington und Jefferson, nicht aber von Maceo und Martí die Rede. Die Sklaverei ist zwar abgeschafft, dafür tauchen an den Cafés von Havanna Schilder auf: *Nur für Weiße.* Der Markt steht dem auf Zucker und Tabak erpichten Kapital ohne Einschränkungen offen. (114 und 224)

1899, ROM

Calamity Jane

Während sie schläft, heißt es, hängen ihre Revolver über der Bettstange, und im Pokern, Trinken, Fluchen übertrifft sie jeden Mann. Seit sie mit General Custer in Wyoming gekämpft und beim Schützen der Goldsucher in den Black Hills, die den Sioux gehörten, Indianer abgeknallt hat, soll sie so manchen Kerl mit einem Uppercut auf die Matte gelegt haben. In Rapid City soll sie auf einem Stier durch die Hauptstraße geritten sein, Züge hat sie ausgeraubt, heißt es, und in Fort Laramie, heißt es, hat sie den schönen Sheriff Wild Bill Hickok verrückt nach sich gemacht und sich von ihm ein Kind machen und einen Hengst, Satan, schenken lassen, der niederkniete, um ihr das Absteigen zu erleichtern.
Sie hat immer Hosen angezogen – und oft auch ausgezogen –, heißt es, und keine Frau hat es in den Saloons mit der Liebe und der Wahrheit weniger genau genommen.
Heißt es. Vielleicht war sie's auch nie. Vielleicht tritt sie heute abend auch gar nicht in der Wildwestshow auf, und Buffalo Bill reibt niemandem seine alten Tricks unter die Nase. Wenn nicht das Publikum klatschen würde, wäre nicht einmal Calamity Jane sich sicher, daß sie es ist: diese schlaksige, uncharmante Frau von vierundvierzig, die anderen Leuten ihren Stetson-Hut vom Kopf schießt und ihn in der Luft mit Kugeln durchlöchert. (169)

Das angehende Weltreich zeigt seine Muskeln

In einer aufwendigen Zeremonie nimmt Buffalo Bill aus den Händen des italienischen Königs eine diamantenbesetzte goldene Uhr entgegen.
Die Wildwestshow tingelt durch Europa. Die Eroberung des amerikanischen Westens ist abgeschlossen, jetzt wird die Welt erobert. Buffalo Bill befehligt eine fünfhundert Mann starke Vielvölkerarmee. Nicht nur Cowboys arbeiten in seinem Zirkus mit: auch echte Ulanen des Prinzen von Wales, Jäger der

französischen Republikanergarde, Kürassiere des deutschen Kaisers, russische Kosaken, arabische Reiter, mexikanische Charros und Gauchos aus dem La-Plata-Becken. Angehörige des Fünften Kavallerieregiments spielen sich selber in der Siegerrolle, und aus den Reservaten geholte besiegte Indianer führen als Statisten in der Arena noch einmal ihre Niederlagen vor. Eine Büffelherde – rare Museumsstücke – verleiht den Blauröcken und Federhäuptern zusätzlichen realistischen *Touch.* Teddy Roosevelts *rauhe Reiter* geben vor Publikum ihre Theaterfassung der Eroberung Kubas, und Abteilungen von Kubanern, Hawaiianern und Philippinern ehren demütig die Fahne der Sieger.
Im Programm wird die Eroberung des amerikanischen Westens in Darwinschen Termini erklärt: Sie folgt einfach *einem unausweichlichen Gesetz: der Fähigere überlebt.* Im Tonfall der Heldenepen lobt Buffalo Bill die Bürger- und Soldatentugenden seiner Nation, die halb Mexiko nebst einer Anzahl Inseln verdaut hat und gerade im Großmachtschritt ins zwanzigste Jahrhundert stampft. (157)

1899, SAINT LOUIS

Fern

Flammen schlagen aus Mündern, Kaninchen hoppeln aus Zylinderhüten, aus dem Wunderhorn wachsen gläserne Pferdchen. Ein Wagen überrollt eine liegende Frau, die munter wieder aufspringt, eine andere tanzt mit einem Degen im Bauch. Ein mächtiger Bär führt komplizierte Anweisungen aus, die ihm auf Englisch gegeben werden.
Geronimo wird in ein vierfenstriges Häuschen gewinkt. Plötzlich ruckt das Häuschen an und erhebt sich in die Luft. Entsetzt starrt Geronimo hinaus: Die Leute unten sind ameisenklein. Seine Bewacher lachen und reichen ihm Sehgläser gleich denen, die er gefallenen Offizieren abgenommen hat. Durch die Gläser wird das Ferne nah. Geronimo peilt die Sonne an, und vom gleißenden Licht brennen seine Augen. Die Bewacher lachen, und weil sie lachen, lacht er mit.

Geronimo, der Kriegsgefangene der USA, ist eine der Attraktionen auf dem Rummel in Saint Louis. Die Massen drängeln sich vor der gezähmten Bestie. Der Apachen-Häuptling aus Arizona verkauft Pfeile und Bögen, posiert für ein paar Cents vor der Kamera und krakelt die Buchstaben seines Namens hin. (24)

1899, RIO DE JANEIRO

Die Kunst, durch Töten zu heilen

Der Kaffeepreis ist verhext, Brasilien kann die London-and-River-Plate-Bank und andere ungeduldige Gläubiger nicht auszahlen.

Leider müssen Opfer gebracht werden, offenbart Finanzminister Joaquim Murtinho. Der Minister glaubt an *Naturgesetze* in der Wirtschaft. Per *natürlicher Auslese* belasteten sie die Schwachen, also die Armen, also die meisten Brasilianer. Der Staat müsse den Spekulanten den Kaffeehandel entreißen? Damit würden ja die Naturgesetze verletzt, empört sich Murtinho, und ein bedrohlicher Schritt auf den Sozialismus zu getan. Die europäischen Arbeiter schleppten diese verheerende Seuche in Brasilien ein, der Sozialismus verneine die Freiheit und mache den Menschen zur Ameise.

Die einheimische Industrie habe, so Murtinho, nichts mit *Natur* zu tun. Selbst wenn sie noch so unscheinbar sei, die nationale Industrie entziehe den Plantagen Arbeitskräfte und treibe deren Preis hoch. Murtinho, der Wächter über die Latifundistenordnung, sorgt schon dafür, daß die Herren über Menschen und Boden, die schon die Abschaffung der Sklaverei und die Ausrufung der Republik mit heiler Haut überstanden haben, jetzt nicht die Krise bezahlen. Um die englischen Banken zufriedenzustellen und die Finanzen auszubilanzieren, verbrennt der Minister jeden Geldschein, dessen er habhaft wird, streicht staatliche Dienstleistungen, wo er kann, und läßt die Steuern auf die armen Leute nur so hageln.

Murtinho ist Ökonom aus Berufung und Arzt von Beruf. Als solcher führt er auch interessante physiologische Versuche durch. In seinem Labor entnimmt er Ratten und Kaninchen die Hirnmasse und köpft Frösche, um zu studieren, wie ihr Körper sich zuckend weiterbewegt, als hätte er noch einen Kopf. (75)

1900, HUANINI

Patiño

Der Reiter kommt aus trostlosen Gegenden und reitet durch trostlose Gegenden. Mühsam arbeitet er sich gegen den eisigen Wind in der kahlen Mondlandschaft vor. Hinter ihm ein Maulesel, bepackt mit Steinen.
Der Reiter hat lange Zeit Bohrungen ins Gestein vorgetrieben und Höhlen in den Fels gesprengt. Er kennt das Meer nicht, ja, nicht einmal La Paz, aber er ahnt, daß die Welt jetzt im Industriezeitalter lebt und daß die Industrie bisher beiseitegeworfene Erze schluckt. Darum sucht er im Berg nicht wie so viele andere nach Silber, sondern drang, wie sonst keiner, des Zinnes wegen bis ins Innerste, bis zur Seele des Berges vor. Und wurde fündig.
Simón Partiño, der frostklamme Reiter, der von Einsamkeit und Schulden erdrückte Erzsucher, kommt ins Dorf Huanini, in den Satteltaschen seines Maultiers Brocken von der reichsten Zinnader der Welt. Durch diese Steine wird er einmal der ungekrönte König von Bolivien. (132)

1900, MEXIKO-STADT

Posada

Er illustriert Couplets und aktuelle Nachrichten. Seine Blätter verkaufen sich auf Märkten, vor Kirchentüren und wo immer ein Bänkelsänger die Weissagungen des Nostradamus, die haarsträubenden Details des Zugunglücks bei Tematla, die letzte Erscheinung der Maria von Guadalupe oder die Gruselstory der Frau, die hier in der Stadt vier Echsen geboren hat, zum besten gibt.

Dank José Guadalupe Posadas wunderwirkender Hand bleiben die Dramen und Ereignisse der *Corridos* und *Sucedidos* im Gespräch. Auf Posadas Blättern werden die Messer der *Fieros* und die Zungen der *Comadres* nicht stumpf, tanzt und lodert für immer der Teufel, lacht der Tod, benetzt der Pulque Schnauzbärte und *zerschmettert der unglückselige Eleuterio Mirafuentes seinem greisen Erzeuger mit einem gewaltigen Steinbrocken den Schädel.* Ein Posadascher Holzschnitt hat dieses Jahr die Jungfernfahrt der elektrischen Straßenbahn in Mexiko gefeiert. Ein anderer berichtet gerade, daß die Bahn vor dem Friedhof mit einem Trauerzug zusammengestoßen ist, wobei die Skelette nur so fliegen. Die auf Packpapier gedruckten Abzüge sind für einen Centavo das Stück zu haben, mit Versen dazu, damit man auch lesen und weinen kann.
Posadas Atelier ist ein Gewirr von Papierrollen, Töpfen, Zinkplatten und Bildstöcken, alles unter einem Geflatter zum Trocknen aufgehängter Blätter rings um die Druckmaschine aufgestapelt. Posada stichelt vom Morgen bis zum Abend an seinen Wunderwerken – *Krakeleien* nennt er sie selber. Von Zeit zu Zeit tritt er vor die Tür und macht eine Zigarrenpause – nicht ohne vorher die Melone aufgesetzt und die dicke dunkle Weste über seinen ausladenden Bauch gezogen zu haben.
An Posadas Ateliertür ziehen täglich die Professoren der nahegelegenen Kunstakademie vorbei. Sie schauen nie herein und sagen auch nicht guten Tag. (263 und 357)

Porfirio Diaz

Groß geworden ist er in Juárez' Schatten. *Der Mann, der beim Töten weint,* nannte ihn Juárez.
– Der weint auch noch, wenn er mich aus Versehen erschießt.
Inzwischen ist Porfirio Diaz in Mexiko seit einem Vierteljahrhundert an der Macht. Seine beamteten Biographen halten jedes Gähnen und jeden Ausspruch für die Nachwelt fest. Sie schreiben allerdings nicht mit, wenn er sagt:
– Der beste Indio liegt vier Meter unter der Erde.

– *Leg sie ohne Federlesens um.*
– *Scheucht mir meine Gäule nicht auf.*
Die *Gäule* sind die Gesetzgeber, die im Parlament ihr Nickerchen halten und immer mit Ja stimmen und ihren Don Porfirio den *Einzigartigen,* den *Unersetzlichen* nennen. Die Bevölkerung nennt ihn nicht Don Porfirio, sondern *Don Perfidio* und macht sich über seine Höflinge lustig:
– *Wie spät ist es?*
– *So spät, wie Sie befehlen, Herr Präsident.*
Der hält den kleinen Finger hoch und sagt: *Mir tut Tlaxcala weh.* Er zeigt auf sein Herz und sagt: *Schmerzen in Oaxaca.* Mit der Hand auf der Leber sagt er: *Au. Michoacán.* Kurz danach stehen zitternd drei Gouverneure vor ihm.
Aufrührer und Neugierige werden *auf der Flucht* erschossen. In *Porfirios Frieden* macht Mexiko aber auch Fortschritte. Nachrichten, die vorher mit Maultieren, Pferden und Brieftauben übermittelt wurden, fliegen jetzt per Telegraph im Nu siebzigtausend Kilometer weit. Fünfzehntausend Kilometer Eisenbahnschienen sind gelegt, wo vorher Postkutschen entlangrumpelten. Die Nation zahlt ihre Schulden pünktlich und beliefert den Weltmarkt mit Erzen und Nahrungsmitteln. Auf jedem Latifundium steht eine Festung: Hinter deren Zinnen bewachen Wachposten die Indios, die nicht einmal ihren Herrn wechseln dürfen. Ausbildungsstätten für Volkswirte gibt es nicht, aber Don Porfirio umgibt sich beim Regieren mit *Wissenschaftlern,* die Experten im Aufkauf der Ländereien sind, in denen der nächste Schienenstrang verlegt wird. Das Kapital kommt unverbraucht aus den USA; Ideen und Moden werden aus zweiter Hand in Frankreich eingekauft. Die Hauptstadt Mexiko nennt sich gern das *Paris Amerikas,* obwohl auf ihren Straßen immer noch mehr weiße Baumwollhosen als Bügelfalten herumlaufen. Und die Dichter taufen die Abenddämmerung zu Ehren von Mussets Absinth die *grüne Stunde* und nicht wegen des Lichts im Laub. (33 und 142)

Die Brüder Flores Magón

Die Bevölkerung schwimmt in Pulque, die Glocken läuten, Raketen knallen, und im Blitzen des Feuerwerks blitzen auch die Messer auf. Die Massen wälzen sich in die Alameda und in andere verbotene, für Damen im Korsett und Männer im Cutaway reservierte Straßen. Sie tragen die geflügelte Jungfrau; die gewährt ihnen von ihrem lichterglänzenden schwankenden Schiff herab Schutz.

Heute ist der Tag der Madonna von den Engeln, der in Mexiko eine festliche Woche lang andauert, und am Rande der überschäumenden Volksbelustigung entsteht eine neue Zeitung, als wolle sie auf ihrer Höhe sein. Die Zeitung heißt *Regeneration* und übernimmt den Eifer und die Schulden ihrer von der Diktatur geschlossenen Vorgängerin, des *Demokraten.* Geschrieben, herausgegeben und verkauft wird sie von Jesús, Ricardo und Enrique Flores Magón.

Die Brüder Flores Magón wachsen mit jeder Heimsuchung. Seit dem Tod ihres Vaters sitzen sie abwechselnd im Gefängnis, studieren Jura, erledigen Gelegenheitsjobs und betreiben kämpferischen Journalismus. Oder sie werfen auf Demonstrationen Steine gegen Kugeln.

– *Alles gehört allen,* hatte ihr Vater, der Indio Teodoro Flores, mit seinem kantigen Gesicht unter den Sternen gepredigt. Und dazu hatte er tausendmal gefordert: – *Sagt's nach!* (287)

1900, MÉRIDA DE YUKATAN

Sisal

Jeder dritte Maya-Indianer ist eine Geisel und ein Sklave der Sisal-Agave, und ebenso versklavt sind schon jetzt seine Kinder, die seine Schulden einmal erben. Anbauflächen werden mit allem, was darauf ist, samt Indianern, verkauft, aber die großen Agavenplantagen arbeiten inzwischen auch mit modernen Maschinen und wissenschaftlichen Methoden, bekommen ihre Aufträge telegraphisch zugeleitet und werden von New Yorker Banken aus finanziert. Dampfbetriebene

Raspelmaschinen trennen die Fasern vom fleischigen Teil der Blätter, und Züge der International Harvester rasen zu einem Hafen namens Progreso, Fortschritt. Zugleich sperren Aufseher die Indianer, wenn es Nacht wird, in Baracken und treiben sie bei Tagesanbruch hoch zu Roß wieder in die Agavenreihen mit den langen Stacheln.
Alles, was auf der Welt nur schnürbar ist, wird mit Sisalhandstricken zusammengebunden, und Sisaltaue gehören zur Ausrüstung jedes Schiffes auf dem Meer. Dank der Sisalproduktion bringt es Yukatan zu einer der reichsten Regionen Mexikos. In Mérida, der Hauptstadt, hindern vergoldete Gitter Maultiere und Indianer am Betreten der Versailles nachempfundenen Gärten. Die Karosse des Bischofs ist der des Papstes in Rom zum Verwechseln ähnlich, und Architekten aus Paris stellen originalgetreue französisch-mittelalterliche Burgen in die Landschaften, obwohl die heutigen Recken nicht hinter gefangenen Prinzessinnen, sondern hinter freien Indianern her sind.
General Ignacio Bravo – schneidender Blick, weißer Schnauzbart, verkniffener Mund – rückt in Mérida ein, um die Mayas zu vernichten, die noch immer die Kriegstrommel rühren. In San Benito gibt es Salutschüsse für den Befreier. Auf dem Exerzierplatz überreichen die Herren von Yukatan unter üppig grünen Lorbeerbäumen General Bravo den silbernen Degen, der auf den Eroberer der heiligen Urwaldrebellenstadt Chan Santa Cruz wartet.
Danach sinkt träge wie ein Augenlid die Nacht hernieder.

(273)

Aus dem mexikanischen Corrido »Achtundzwanzigstes Bataillon«

Ich geh, ich geh jetzt nach Hause,
ich pack beruhigt meine Sachen,
denn den Maya-Indianern
sitzt die Angst im Nacken.

Ich geh, ich geh jetzt nach Hause,
ich fahre über die Bucht,
denn den Maya-Indianern
bleibt nicht einmal mehr die Flucht.

Ich geh, ich geh jetzt nach Hause,
mach's gut, meine Braune, mach's besser,
denn die Maya-Indianer
kommen jetzt unters Messer.

Ich geh, ich geh jetzt nach Hause,
den Rest kann ich mir ersparen,
ich laß die Maya-Indianer
allein zur Hölle fahren. (212)

1900, TABI

Die eiserne Schlange

Ganz vorn rollen die Geschütze, reißen Barrikaden nieder und überfahren Sterbende. Hinter den Geschützen brennen die Soldaten – fast durchweg Indianer – die Maisfelder der Dorfgemeinschaften ab und schießen mit Mausergewehren gegen veraltete Vorderlader. Hinter den Soldaten legen die Streckenarbeiter – fast durchweg Indianer – die Schienen für die Bahn und stellen Masten für die Telefonleitung und zum Erhängen auf.
Der Schwanz der schuppenlosen Schlange Eisenbahn liegt in Mérida, ihr langgestreckter Körper schlängelt sich auf Chan Santa Cruz zu. Ihr Kopf schießt vor nach Santa María, schnellt weiter nach Hobombich und von Hobombich nach Tabi. Rasch, gefräßig zerteilt sie mit ihrer gespaltenen Eisenzunge Urwald, wühlt sich in die Erde, jagt, greift an, beißt zu und würgt, während sie sich schwarz glänzend vorschiebt, Indianer herunter, um Sklaven wieder auszuscheiden.
Über das heilige Chan Santa Cruz ist der Stab gebrochen. Dabei war es erst fünfzig Jahre vorher entstanden – aus dem

kleinen Mahagonikreuz, das im Wald gewachsen war und gesagt hatte:

– Mein Vater hat mich geschickt, damit ich spreche mit euch, die ihr aus Erde seid. (273)

Der Prophet

Hier war es, vor mehr als vierhundert Jahren.

Der Jaguar-Priester von Yukatan hatte rücklings auf seiner Matte gelegen und die Botschaft der Götter vernommen. Die hatten rittlings auf seinem Haus gesessen und mit ihm in einer Sprache, die sonst keiner verstand, durchs Dach gesprochen. Chilam Balam, der Mund der Götter, hatte sich an Dinge erinnert, die noch nicht geschehen waren, und vorausgesagt, was sein würde:

– Holz und Stein werden zum Kampf aufstehen … Die Hunde werden ihre Herren beißen … Herrscher auf Thronen, die ihnen nicht gehören, werden erbrechen müssen, was sie heruntergewürgt haben. Gut geschmeckt hat es, lecker war es, aber sie müssen es erbrechen. Die Landräuber gehen dann bis ans Ende des Wassers … Niemand wird mehr Menschen verschlingen … Sobald es keine Besitzgier mehr gibt, löst sich auch das Gesicht, lösen sich die Hände, lösen sich die Füße auf der Welt aus ihren Fesseln. *(23)*

Quellenverzeichnis

1. Abreu y Gómez, Ermilo, *Canek. Historia y leyenda de un héroe maya,* México, Oasis, 1982.
2. Acevedo, Edberto Oscar, *El ciclo histórico de la revolución de mayo,* Sevilla, Escuela de Estudios Hispanoamericanos, 1957.
3. Acuña de Figueroa, Francisco, *Nuevo mosaico poético,* prólogo de Gustavo Gallinal, Montevideo, Claudio García, 1944.
4. Adoum, Jorge Enrique, »Las Galápagos: el origen de *El origen* ...«, y artículos de Asimov, Pyke y otros en *Darwin,* »El Correo de la Unesco«, París, mayo de 1982.
5. Aguirre, Nataniel, *Juan de la Rosa,* La Paz, Gisbert, 1973.
6. Ajofrín, Francisco de, *Diario de viaje,* Madrid, Real Academia de la Historia, 1958.
7. Alcáraz, Ramón, y otros, *Apuntes para la historia de la guerra entre México y los Estados Unidos,* México, Siglo XXI, 1970.
8. Alemán Bolaños, Gustavo, *Sandino, el libertador,* México/Guatemala, Ed. del Caribe, 1951.
9. Anderson Imbert, Enrique, *Historia de la literatura hispanoamericana,* México, FCE, 1974.
10. Anson, George, *Voyage autour de monde,* Amsterdam/Leipzig, Arkstée et Merkus, 1751.
11. Antonil, André João, *Cultura e opulencia do Brasil por suas drogas e minas,* comentado por A. Mansuy, París, Université, 1968.
12. Aptheker, Herbert (Ed.), *A documentary history of the negro people in the United States,* Nueva York, Citadel, 1969.
13. Arciniegas, Germán, *Los comuneros,* México, Guarania, 1951.
14. Arnold, Mayer, *Del Plata a los Andes. Viaje por las provincias en la época de Rosas,* Buenos Aires, Huarpes, 1944.
15. Arriaga, Antonio, *La patria recobrada,* México, FCE, 1967.
16. Arzáns de Orsúa y Vela, Bartolomé, *Historia de la Villa Imperial de Potosí* (Ed. de Lewis Hanke y Gunnar Mendoza), Providence, Brown University, 1965.
17. Astuto, Philip Louis, *Eugenio Espejo, reformador ecuatoriano de la Ilustración,* México, FCE, 1969.
18. Atl, Dr., *Las artes populares en México,* México, Instituto Nal. Indigenista, 1980.
19. Aubry, Octave, *Vie privée de Napoléon,* París, Tallandier, 1977.
20. Ayestarán, Lauro, *La música en el Uruguay,* Montevideo, SODRE, 1953.
21. Baelen, Jean, *Flora Tristán: Feminismo y socialismo en el siglo XIX,* Madrid, Taurus, 1974.
22. Barnet, Miguel, *Akeké y la jutía,* La Habana, Unión, 1978.
23. Barrera Vásquez, Alfredo, y Silvia Rendón (Versión e introducción), *El libro de los libros de Chilam Balam,* México, FCE, 1978.

24. Barrett, S.M. (Ed.), *Gerónimo, historia de su vida* (Notas de Manuel Sacristán), Barcelona, Grijalbo, 1975.
25. Barrett, William E., *La amazona,* Barcelona, Grijalbo, 1982.
26. Basadre, Jorge, *La multitud, la ciudad y el campo en la historia del Perú,* Lima, Treintaitrés y Mosca Azul, 1980.
27. Bastide, Roger, *Les religions africaines au Brésil,* París, Presses Universitaires, 1960.
28. – *Les Amériques noires,* París, Payot, 1967.
29. Bazin, Germain, *Aleijadinho et la sculpture baroque au Brésil,* París, Du Temps, 1963.
30. Beck, Hanno, *Alexander von Humboldt,* México, FCE, 1971.
31. Benítez, Fernando, *Los indios de México* (tomo II), México, Era, 1968.
32. – *Los indios de México* (tomo IV), México, Era, 1972.
33. – *El porfirismo. Lázaro Cárdenas y la revolución mexicana,* México, FCE, 1977.
34. Benítez, Rubén A., *Una histórica función de circo,* Buenos Aires, Universidad, 1956.
35. Bermúdez, Oscar, *Historia del salitre, desde sus orígenes hasta la guerra del Pacífico,* Santiago de Chile, Universidad, 1963.
36. Bermúdez Bermúdez, Arturo, *Materiales para la historia de Santa Marta,* Bogotá, Banco Central Hipotecario, 1981.
37. Beyhaut, Gustavo, *America centrale e meridionale. Dall'indipendenza alla crisi attuale,* Roma, Feltrinelli, 1968.
38. Bierhorst, John, *In the trail of the wind. American indian poems and ritual orations,* Nueva York, Farrar, Straus and Giroux, 1973.
39. Bilbao, Francisco, *La revolución en Chile y los mensajes del proscripto,* Lima, Imprenta del Comercio, 1853.
40. Bolívar, Simón, *Documentos* (Selección de Manuel Galich), La Habana, Casa de las Américas, 1975.
41. Boorstin, Daniel J., *The lost world of Thomas Jefferson,* Chicago, University of Chicago, 1981.
42. Bonilla, Heraclio, *La independencia del Perú* (con otros autores), Lima, Instituto de Estudios Peruanos, 1981.
43. – *Nueva historia general del Perú* (con otros autores), Lima, Mosca Azul, 1980.
44. – *Guano y burguesía en el Perú,* Lima, Instituto de Estudios Peruanos, 1974.
45. – *Un siglo a la deriva. Ensayos sobre el Perú, Bolivia y la guerra,* Lima, Instituto de Estudios Peruanos, 1980.
46. Botting, Douglas, *Humboldt and the Cosmos,* Londres, Sphere, 1973.
47. Box, Pelham Horton, *Los orígenes de la guerra de la Triple Alianza,* Buenos Aires/ Asunción, Nizza, 1958.

48. Boxer, C. R., *The golden age of Brazil (1695/1750)*, Berkeley, University of California, 1969.
49. Brading, D. A., *Mineros y comerciantes en el México borbónico (1763/1810)*, México, FCE, 1975.
50. Brooke, Frances, *The history of Emily Montague*, Toronto, McClelland and Stewart, 1961.
51. Brown, Dee, *Bury my heart at Wounded Knee. An indian history of the american West*, Nueva York, Holt, Rinehart and Winston, 1971.
52. Brunet, Michel, *Les canadiens après la conquête (1759/1775)*, Montréal, Fides, 1980.
53. Busaniche, José Luis, *Bolívar visto por sus contemporáneos*, México, FCE, 1981.
54. – *San Martín vivo*, Buenos Aires, Emecé, 1950.
55. – Historia argentina, Buenos Aires, Solar/Hachette, 1973.
56. Cabrera, Lydia, *El monte*, La Habana, CR, 1954.
57. Calderón de la Barca, Frances Erskine de, *La vida en México durante una residencia de dos años en ese país*, México, Porrúa, 1959.
58. Canales, Claudia, *Romualdo García, Un fotógrafo, una ciudad, una época*, Guanajuato, Gobierno del Estado, 1980.
59. Cardoza y Aragón, Luis, *Guatemala: las líneas de su mano*, México, FCE, 1965.
60. Cardozo, Efraím, *Breve historia del Paraguay*, Buenos Aires, EUDEBA, 1965.
61. – *Hace cien años. Crónicas de la guerra de 1864/1870*, Asunción, Emasa, 1967/1976.
62. Carlos, Lasinha Luis, *A Colombo na vida do Rio*, Río de Janeiro, s/e., 1970.
63. Carpentier, Alejo, *El reino de este mundo*, Barcelona, Seix Barral, 1975.
64. Carrera Damas, Germán, *Bolívar*, Montevideo, Marcha, 1974.
65. Carvalho-Neto, Paulo de, *El folklore de las luchas sociales*, México, Siglo XXI, 1973.
66. – »Contribución al estudio de los negros paraguayos de Acampamento Loma«, en la revista *América Latina*, Río de Janeiro, Centro Latinoamericano de Pesquisas em Ciencias Sociais, enero/junio de 1962.
67. Casarrubias, Vicente, *Rebeliones indígenas en la Nueva España*, México, Secretaría de Educación Pública, 1945.
68. Casimir, Jean, *La cultura oprimida*, México, Nueva Imagen, 1980.
69. Catton, Bruce, *Reflections on the Civil War*, Nueva York/Berkeley, 1982.
70. – *Short history of the Civil War*, Nueva York, Dell, 1976.

71. Césaire, Aimé, *Toussaint Louverture,* La Habana, Instituto del Libro, 1967.
72. Clastres, Hélène, *La terre sans mal. Le prophetisme tupi-guarani,* París, Seuil, 1975.
73. Clavijero, Francisco Javier, *Historia antigua de México,* México, Editoría México, 1958.
74. Conrad, Robert, *Os últimos anos da escravatura no Brasil,* Río de Janeiro, Civilização Brasileira, 1975.
75. Corrêa Filho, Virgilio, *Joaquim Murtinho,* Río de Janeiro, Imprensa Nacional, 1951.
76. Cortesão, Jaime, *Do Tratado de Madri à conquista dos Sete Povos,* Río de Janeiro, Biblioteca Nacional, 1969.
77. Coughtry, Jay, *The notorious triangle. Rhode Island and the african slave trade, 1700/1807,* Filadelfia, Temple, 1981.
78. Craton, Michael, *Testing the chains. Resistance to slavery in the British West Indies,* Ithaca, Cornell University, 1982.
79. Crowther, J. G., *Benjamín Franklin y J. Willard Gibbs,* Buenos Aires, Espasa-Calpe, 1946.
80. Cunha, Euclides da, *Os sertões,* San Pablo, Alves, 1936.
81. Current, Richard N., *The Lincoln nobody knows,* Nueva York, Hill and Wang, 1981.
82. Cháves, Julio César, *El Supremo Dictador,* Buenos Aires, Difusam, 1942.
83. – *El presidente López. Vida y gobierno de don Carlos,* Buenos Aires, Ayacucho, 1955.
84. – *Castelli, el adalid de Mayo,* Buenos Aires, Ayacucho, 1944.
85. Daireaux, Max, *Melgarejo,* Buenos Aires, Andina, 1966.
86. Dallas, Robert Charles, *Historia de los cimarrones,* La Habana, Casa de las Américas, 1980.
87. Dalton, Roque, *Las historias prohibidas del Pulgarcito,* México, Siglo XXI, 1974.
88. Darwin, Charles, *Mi viaje alrededor del mundo,* Valencia, Sampere, s/f.
89. Davidson, Basil, *Black mother: Africa and the atlantic slave trade,* Londres, Pelican, 1980.
90. Debien, Gabriel, »Le marronage aux Antilles Françaises au XVIIIe. siècle«, en *Caribbean Studies,* vol. 6, núm. 3, Río Piedras, Institute of Caribbean Studies, octobre de 1966.
91. Debo, Angie, *A history of the indians of the United States,* Oklahoma, University of Oklahoma, 1979.
92. Defoe, Daniel, *Aventuras de Robinsón Crusoe,* México, Porrúa, 1975.
93. Descola, Jean, *La vida cotidiana en el Perú en tiempos de los españoles (1710/1820),* Buenos Aires, Hachette, 1962.

94. Díaz, Lilia, »El liberalismo militante«, en *Historia general de México,* varios autores, México, El Colegio de México, 1977.
95. Doucet, Louis, *Quand les français cherchaient fortune aux Caraïbes,* París, Fayard, 1981.
96. Douville, Raymond, y Jacques-Donat Casanova, *La vie quotidienne en Nouvelle-France. Le Canada, de Champlain a Montcalm,* París, Hachette, 1964.
97. – *Des indiens du Canada à l'époque de la colonisation française,* París, Hachette, 1967.
98. Duchet, Michèle, *Antropología e historia en el Siglo de las Luces,* México, Siglo XXI, 1975.
99. Dugran, J. H., *Edgar A. Poe,* Buenos Aires, Lautaro, 1944.
100. Dujovne, Marta, con Augusto Roa Bastos y otros, *Cándido López,* Parma, Ricci, 1976.
101. Dumas, Alejandro, *Montevideo o una nueva Troya,* Montevideo, Claudio García, 1941.
102. Duval Jr., Miles P., *De Cádiz a Catay,* Panamá, Editorial Universitaria, 1973.
103. Echagüe, J. P., *Tradiciones, leyendas y cuentos argentinos,* Buenos Aires, Espasa-Calpe, 1960.
104. Echeverría, Esteban, *La cautiva/El matadero* (Prólogo por Juan Carlos Pellegrini), Buenos Aires, Huemul, 1964.
105. Escalante Beatón, Aníbal, *Calixto García. Su campaña en el 95,* La Habana, Ciencias Sociales, 1978.
106. Eyzaguirre, Jaime, *Historia de Chile,* Santiago de Chile, Zig-Zag, 1977.
107. – *Chile y Bolivia. Esquema de un proceso diplomático,* Santiago de Chile, Zig-Zag, 1963.
108. Fals Borda, Orlando, *Historia doble de la costa,* Bogotá, Carlos Valencia, 1980/1981.
109. Faria, Alberto de, *Irenêo Evangelista de Souza, barão e visconde de Mauá, 1813/1889,* San Pablo, Editora Nacional, 1946.
110. Felce, Emma, y León Benarós (Selección), *Los caudillos del año 20,* Buenos Aires, Nova, 1944.
111. Fernández de Lizardi, José Joaquín, *El Periquillo Sarniento,* Buenos Aires, Maucci, s/f.
112. Fernández Retamar, Roberto, *Introducción a José Martí,* La Habana, Casa de las Américas, 1978.
113. Fohlen, Claude, *La vie quotidienne au Far West,* París, Hachette, 1974.
114. Foner, Philip S., *La guerra hispano-cubano-norteamericana y el surgimiento del imperialismo yanqui,* La Habana, Ciencias Sociales, 1978.
115. Escalante Beatón, Aníbal, *Calixto García. Su campaña en el 95,* La Ha-Academia de Ciencias, 1966.

116. Frank, Waldo, *Nacimiento de un mundo. Bolívar dentro del marco de sus propios pueblos,* La Habana, Instituto del Libro, 1967.
117. Freitas, Décio, *O socialismo missioneiro,* Porto Alegre, Movimento, 1982.
118. Freitas, Newton, *El Aleijadinho,* Buenos Aires, Nova, 1944.
119. Freyre, Gilberto, *Sobrados e mucambos,* Río de Janeiro, José Olympio, 1951.
120. Friedemann, Nina S. de (con Richard Cross), *Ma Ngombe: Guerreros y ganaderos en Palenque,* Bogotá, Carlos Valencia, 1979.
121. – (Con Jaime Arocha), *Herederos del jaguar y la anaconda,* Bogotá, Carlos Valencia, 1982.
122. Frieiro, Eduardo, *Feijão, agua e couve,* Belo Horizonte, Itatiaia, 1982.
123. Frota, Lélia Coelho, *Ataíde,* Río de Janeiro, Nova Fronteira, 1982.
124. Furst, Peter T., y Salomón Nahmad, *Mitos y arte huicholes,* México, Sep/Setentas, 1972.
125. Fusco Sansone, Nicolás, *Vida y obras de Bartolomé Hidalgo,* Buenos Aires, s/e, 1952.
126. Gantier, Joaquín, *Doña Juana Azurduy de Padilla,* La Paz, Icthus, 1973.
127. García Cantú, Gastón, *Utopías mexicanas,* México, FCE, 1978.
128. – *Las invasiones norteamericanas en México,* México, Era, 1974.
129. – *El socialismo en México, siglo XIX,* México, Era, 1974.
130. Garraty, John A., y Peter Gay, *Columbia history of the world,* Nueva York, Harper and Row, 1972.
131. Garrett, Pat, *La verdadera historia de Billy the Kid,* México, Premiá, 1981.
132. Geddes, Charles F., *Patiño, the tin king,* Londres, Hale, 1972.
133. Gendrop, Paul, »La escultura clásica maya«, en *Artes de México,* número 167, México.
134. Gerbi, Antonello, *La disputa del Nuevo Mundo,* México, FCE, 1960.
135. Gibson, Charles, *Los aztecas bajo el dominio español (1519/ 1810),* México, Siglo XXI, 1977.
136. Girod, François, *La vie quotidienne de la société créole (Saint-Domingue au 18e. siècle),* París, Hachette, 1972.
137. Gisbert, Teresa, *Iconografía y mitos indígenas en el arte,* La Paz, Gisbert, 1980.
138. – (Con José de Mesa), *Historia de la pintura cuzqueña,* Lima, Banco Wiese, 1982.
139. Gisler, Antoine, *L'esclavage aux Antilles françaises (XVIIe./XIXe. siècle),* París, Karthala, 1981.
140. Godio, Julio, *Historia del movimiento obrero latinoamericano,* México, Nueva Imagen, 1980.

141. González, José Luis, *La llegada,* San Juan, Mortiz/Huracán, 1980.
142. González, Luis, »El liberalismo triunfante«, en *Historia general de México,* México, El Colegio de México, 1977.
143. – y otros, *La economía mexicana en la época de Juárez,* México, Secretaría de Industria y Comercio, 1972.
144. González Navarro, Moisés, *Raza y tierra. La guerra de castas y el henequén,* México, El Colegio de México, 1979.
145. González Prada, Manuel, *Horas de lucha,* Lima, Universo, 1972.
146. González Sánchez, Isabel, »Sistemas de trabajo, salarios y situación de los trabajadores agrícolas (1750/1810)«, *en La clase obrera en la historia de México.* 1. *De la colonia al imperio,* México, Siglo XXI, 1980.
147. Granada, Daniel, *Supersticiones del río de la Plata,* Buenos Aires, Kraft, 1947.
148. Gredilla, A. Federico, *Biografía de José Celestino Mutis y sus observaciones sobre las vigilias y sueños de algunas plantas,* Bogotá, Plaza y Janés, 1982.
149. Green, Martin, *Dreams of adventure, deeds of Empire,* Nueva York, Basic Books, 1979.
150. GriguléVich, José, *Francisco de Miranda y la lucha por la liberación de la América Latina,* La Habana, Casa de las Américas, 1978.
151. Griswold, C. D., *El istmo de Panamá y lo que vi en él,* Panamá, Ed. Universitaria, 1974.
152. Guasch, Antonio, *Diccionario castellano-guaraní y guaraní-castellano,* Sevilla, Loyola, 1961.
153. Guerrero Guerrero, Raúl, *El pulque,* México, Instituto Nal. de Antropología e Historia, 1980.
154. Guier, Enrique, *William Walker,* San José de Costa Rica, s/e, 1971.
155. Guiteras Holmes, Cali, *Los peligros del alma. Visión del mundo de un tzotzil,* Mexíco, FCE, 1965.
156. Guy, Christian, *Almanach historique de la gastronomie française,* París, Hachette, 1981.
157. Hassrick, Peter H., y otros, *Buffalo Bill and the Wild West,* Nueva York, The Brooklyn Museum, 1981.
158. Hernández, José, *Martín Fierro,* Buenos Aires, EUDEBA, 1963.
159. Hernández Matos, Román, *Micaela Bastidas, la precursora,* Lima, Atlas, 1981.
160. Herrera Luque, Francisco, *Boves, el Urogallo,* Caracas, Fuentes, 1973.
161. Hofstadter, Richard, *The american political tradition,* Nueva York, Knopf, 1948.
162. Huberman, Leo, *We, the people. The drama of America,* Nueva York, Monthly Review Press, 1970.
163. Humboldt, Alejandro de, *Ensayo político sobre el reino de la Nueva España,* México, Porrúa, 1973.

164. Ibáñez Fonseca, Rodrigo, y otros, *Literatura de Colombia aborigen,* Bogotá, Instituto Colombiano de Cultura, 1978.
165. Ibarra, Jorge, *José Martí, dirigente político e ideólogo revolucionario,* La Habana, Ciencias Sociales, 1980.
166. Irazusta, Julio, *Ensayo sobre Rosas,* Buenos Aires, Tor, 1935.
167. Isaacs, Jorge, *María* (introducción de Germán Arciniegas), Barcelona, Círculo de Lectores, 1975.
168. Jacobs, Paul, con Saul Landau y Eve Pell, *To serve the Devil. A documentary analysis of America's racial history and why it has been kept hidden,* Nueva York, Random, 1971.
169. Jane, Calamity, *Cartas a la hija (1877/1902),* Barcelona, Anagrama, 1982.
170. Juan, Jorge, y Antonio de Ulloa, *Noticias secretas de América,* Caracas, Ayacucho, 1979.
171. Kaufmann, William W., *British policy and the independence of Latin America (1804/1828),* Yale, Archon, 1967.
172. Klein, Herbert S., *Bolivia. The evolution of a multiethnic society,* Nueva York/Oxford, Oxford University Press, 1982.
173. Kom, Anton de, *Nosotros, esclavos de Surinam,* La Habana, Casa de las Américas, 1981.
174. Konetzke, Richard, *Colección de documentos para la historia de la formación social de Hispanoamérica,* Madrid, Consejo Superior de Investigaciones Científicas, 1962.
175. Kossok, Manfred, *El virreynato del río de la Plata. Su estructura económico-social,* Buenos Aires, Futuro, 1959.
176. Lacoursière, J., con J. Provencher y D. Vaugeois, *Canada/Quebec. Synthése historique,* Montreal, Renouveau Pédagogique, 1978.
177. Lafargue, Pablo, *Textos escogidos,* Selección e introducción por Salvador Morales, La Habana, Ciencias Sociales, 1976.
178. Lafaye, Jacques, *Quetzalcóatl y Guadalupe. La formación de la conciencia nacional en México,* México, FCE, 1977.
179. Lanuza, José Luis, *Coplas y cantares argentinos,* Buenos Aires, Emecé, 1952.
180. Lara, Oruno, *La Guadeloupe dans l'histoire,* París, L'Harmattan, 1979.
181. Lautréamont, Conde de, *Œuvres complètes,* prólogo de Maurice Saillet, París, Librairie Générale Française, 1963, y *Obras completas,* prólogo de Aldo Pellegrini, Buenos Aires, Argonauta, 1964.
182. Laval, Ramón, *Oraciones, ensalmos y conjuros del pueblo chileno,* Santiago de Chile, 1910.
183. Lewin, Boleslao, *La rebelión de Túpac Amaru y los orígenes de la emancipación americana,* Buenos Aires, Hachette, 1957.

184. Liedtke, Klaus, »Coca-Cola über alles«, en el diario *El País,* Madrid, 30 de julio de 1978.
185. Liévano Aguirre, Indalecio, *Los grandes conflictos sociales y económicos de nuestra historia,* Bogotá, Tercer Mundo, 1964.
186. Lima, Heitor Ferreira, »Os primeiros empréstimos externos«, en *Ensaios de Opinião,* núm. 2/1, Río de Janeiro, 1975.
187. López Cámara, Francisco, *La estructura enconómica y social de México en la época de la Reforma,* México, Siglo XXI, 1967.
188. Ludwig, Emil, *Lincoln,* Barcelona, Juventud, 1969.
189. Lugon, Clovis, *A república »comunista« cristã dos guaranis (1610/1768),* Río de Janeiro, Paz e Terra, 1977.
190. Machado de Assís, *Obras completas,* Río de Janeiro, Jackson, 1961.
191. Madariaga, Salvador de, *El auge y el ocaso del imperio español en América,* Madrid, Espasa-Calpe, 1979.
192. Maldonado Denis, Manuel, *Puerto Rico: una interpretación histórico-social,* México, Siglo XXI, 1978.
193. Mannix, Daniel P., y M. Cowley, *Historia de la trata de negros,* Madrid, Alianza, 1970.
194. Manrique, Nelson, *Las guerrillas indígenas en la guerra con Chile,* Lima, CIC, 1981.
195. María, Isidoro de, *Montevideo antiguo. Tradiciones y recuerdos,* Montevideo, Ministerio de Educación y Cultura, 1976.
196. Marmier, Xavier, *Buenos Aires y Montevideo en 1850,* Buenos Aires, El Ateneo, 1948.
197. Marmolejo, Lucio, *Efemérides guanajuatenses,* Guanajuato, Universidad, 1973.
198. Marriott, Alice, y Carol K. Rachlin, *American indian mythology,* Nueva York, Mentor, 1972.
199. Martí, José, *Letras fieras,* selección y prólogo de Roberto Fernández Retamar, La Habana, Letras Cubanas, 1981.
200. Martínez Estrada, Ezequiel, *Martí: el héroe y su acción revolucionaria,* México, Siglo XXI, 1972.
201. Marx, Karl y Friedrich Engels, *Materiales para la historia de América Latina,* selección y comentarios de Pedro Scarón, México, Pasado y Presente, 1979.
202. Masur, Gerhard, *Simón Bolívar,* México, Grijalbo, 1960.
203. Matute, Álvaro, *México en el siglo XIX. Fuentes e interpretaciones históricas* (Antología), México, UNAM, 1973.
204. Mauro, Frédéric, *La vie quotidienne au Brésil au temps de Pedro Segundo (1831/1889),* París, Hachette, 1980.
205. Maxwell, Kenneth, *A devassa da devassa. A Inconfidência Mineira, Brasil-Portugal, 1750/1808,* Río de Janeiro, Paz e Terra, 1978.
206. McLuhan, T. C. (Compilador), *Touch the earth. A selfportrait of indian existence,* Nueva York, Simon and Schuster, 1971.

207. Medina Castro, Manuel, *Estados Unidos y América Latina, siglo XIX,* La Habana, Casa de las Américas, 1968.
208. Mejía Duque, Jaime, *Isaacs y María,* Bogotá, La Carreta, 1979.
209. Mello e Souza, Laura de, *Desclassificados do ouro: a pobreza mineira no século XVIII,* Río de Janeiro, Graal, 1982.
210. Meltzer, Milton (Compilador), *In their own words. A history of the american negro (1619/1865),* Nueva York, Crowell, 1964.
211. Melville, Herman, *Moby Dick* (traducción de José María Valverde), Barcelona, Bruguera, 1982.
212. Mendoza, Vicente T., *El corrido mexicano,* México, FCE, 1976.
213. Mercader, Martha, *Juanamanuela, mucha mujer,* Buenos Aires, Sudamericana, 1982.
214. Mercado Luna, Ricardo, *Los coroneles de Mitre,* Buenos Aires, Plus Ultra, 1974.
215. Mesa, José de (con Teresa Gisbert), *Holguín y la pintura virreinal en Bolivia,* La Paz, Juventud, 1977.
216. Mir, Pedro, *El gran incendio,* Santo Domingo, Taller, 1974.
217. Miranda, José, *Humboldt y México,* México, UNAM, 1962.
218. Mitchell, Lee Clark, *Witnesses to a vanishing America. The nineteenth-century response,* Princeton, Princeton University, 1981.
219. Molina, Enrique, *Una sombra donde sueña Camila O'Gorman,* Barcelona, Seix-Barral, 1982.
220. Montes, Arturo Humberto, *Morazán y la federación centroamericana,* México, Libro Mex, 1958.
221. Morales, Franklin, »Los albores del fútbol uruguayo«, en *Cien años de fútbol,* núm. 1, Montevideo, Editores Reunidos, noviembre de 1969.
222. Morin, Claude, *Michoacán en la Nueva España del siglo XVIII. Crecimiento y desigualdad en una economía colonial,* México, FCE, 1979.
224. Morison, Samuel Eliot, con Henry Steele Commager y W. E. Leuchtenburg, *Breve historia de los Estados Unidos,* México, FCE, 1980.
225. Mörner, Magnus, *La mezcla de razas en la historia de América Latina,* Buenos Aires, Paidós, 1969.
226. Mousnier, Roland, y Ernest Labrousse, *Historia general de las civilizaciones, El siglo XVIII,* Barcelona, Destino, 1967.
227. Muñoz, Rafael F., *Santa Anna. El que todo lo ganó y todo lo perdió,* Madrid, Espasa-Calpe, 1936.
228. Museo Nacional de Culturas Populares, *El maíz, fundamento de la cultura popular mexicana,* México, SEP, 1982, y *Nuestro maíz. Treinta monografías populares,* México, SEP, 1982.
229. Nabokov, Peter, *Native american testimony. An anthology of indian and white relations: First encounter to dispossession,* Nueva York, Harper and Row, 1978.

230. Neihardt, John G., *Black Elk speaks,* Nueva York, Washington Square, 1972.
231. Nevins, Allan, *John D. Rockefeller: the heroic age of american business,* Nueva York, 1940.
232. Nimuendajú, Curt, *Los mitos de creación y de destrucción del mundo,* Lima, Centro Amazónico de Antropología, 1978.
233. Nino, Bernardino de, *Etnografía chiriguana,* La Paz, Argote, 1912.
234. Núñez, Jorge, *El mito de la independencia,* Quito, Universidad, 1976.
235. Ocampo López, Javier, y otros, *Manual de historia de Colombia,* Bogotá, Instituto Colombiano de Cultura, 1982.
236. Oddone, Juan Antonio, *La formación del Uruguay moderno. La inmigración y el desarrollo económico-social,* Buenos Aires, EUDEBA, 1966.
237. O'Kelly, James J., *La tierra del mambí,* La Habana, Instituto del Libro, 1968.
238. O'Leary, Daniel Florencio, *Memorias,* Madrid, América, 1919.
239. Ortega Peña, Rodolfo, y Eduardo Duhalde, *Felipe Varela contra el Imperio británico,* Buenos Aires, Peña Lillo, 1966.
240. Ortiz, Fernando, *Los negros esclavos,* La Habana, Ciencias Sociales, 1975.
241. – *Los bailes y el teatro de los negros en el folklore de Cuba,* La Habana, Letras Cubanas, 1981.
242. – *Contrapunteo cubano del tabaco y el azúcar,* La Habana, Consejo Nacional de Cultura, 1963.
243. Paine, Thomas, *Complete writings,* Nueva York, Citadel, 1945.
244. Palacio, Ernesto, *Historia de la Argentina (1515/1943),* Buenos Aires, Peña Lillo, 1975.
245. Palma, Ricardo, *Tradiciones peruanas,* Lima, Peisa, 1969.
246. Palma de Feuillet, Milagros, *El cóndor: dimensión mítica del ave sagrada,* Bogotá, Caja Agraria, 1982.
247. Paredes, M. Rigoberto, *Mitos, supersticiones y supervivencias populares de Bolivia,* La Paz, Burgos, 1973.
248. Paredes-Candia, Antonio, *Leyendas de Bolivia,* La Paz/ Cochabamba, Amigos del Libro, 1975.
249. Pareja Diezcanseco, Alfredo, *Historia del Ecuador,* Quito, Casa de la Cultura Ecuatoriana, 1958.
250. Parienté, Henriette, y Geneviève de Ternant, *La fabuleuse histoire de la cuisine française,* París, Odil, 1981.
251. Pereda Valdés, Ildefonso, *El negro en el Uruguay. Pasado y presente,* Montevideo, Instituto Histórico y Geográfico, 1965.
252. Pereira de Queiroz, María Isaura, *Historia y etnología de los movimientos mesiánicos,* México, Siglo XXI, 1978.
253. Pereyra, Carlos, *Historia de América española,* Madrid, Calleja, 1924.

254. – *Solano López y su drama,* Buenos Aires, Patria Grande, 1962.
255. Pérez Acosta, Juan F., *Francia y Bonpland,* Buenos Aires, Peuser, 1942.
256. Pérez Rosales, Vicente, *Recuerdos del pasado,* La Habana, Casa de las Américas, 1972.
257. Petit de Murat, Ulyses, *Presencia viva del tango,* Buenos Aires, Reader's Digest, 1968.
258. Pichardo, Hortensia, *Documentos para la historia de Cuba,* La Habana, Ciencias Sociales, 1973.
259. Plath, Oreste, *Geografía del mito y la leyenda chilenos,* Santiago de Chile, Nascimento, 1973.
260. Poe, Edgar Allan, *Selected prose and poetry,* prólogo de W. H. Auden, Nueva York, Rinehart, 1950.
261. Ponce de León, Salvador, *Guanajuato en el arte, en la historia y en la leyenda,* Guanajuato, Universidad, 1973.
262. Portuondo, José A. (Selección y prólogo). *El pensamiento vivo de Maceo,* La Habana, Ciencias Sociales, 1971.
263. Posada, José Guadalupe, *La vida mexicana,* México, Fondo Editorial de la Plástica Mexicana, 1963.
264. Price, Richard (Compilador), *Sociedades cimarronas,* México, Siglo XXI, 1981.
265. Price-Mars, Jean, *Así habló el Tío,* La Habana, Casa de las Américas, 1968.
266. Prieto, Guillermo, *Memorias de mis tiempos,* México, Patria, 1964.
267. Puiggrós, Rodolfo, *La época de Mariano Moreno,* Buenos Aires, Partenón, 1949.
268. Querejazu Calvo, Roberto, *Guano, salitre, sangre. Historia de la guerra del Pacífico,* La Paz/Cochabamba, Amigos del Libro, 1979.
269. Ramírez Necochea, Hernán, *Historia del imperialismo en Chile,* La Habana, Revolucionaria, 1966.
270. – *Balmaceda y la contrarrevolución de 1891,* Santiago de Chile, Universitaria, 1958.
271. Ramos, Jorge Abelardo, *Revolución y contrarrevolución en la Argentina,* Buenos Aires, Plus Ultra, 1965.
272. Ramos, Juan P., *Historia de la instrucción primaria en la Argentina,* Buenos Aires, Peuser, 1910.
273. Reed, Nelson, *La Guerra de Castas de Yucatán,* México, Era, 1971.
274. Reina, Leticia, *Las rebeliones campesinas en México (1819/1906),* México, Siglo XXI, 1980.
275. Renault, Delso, *O Rio antigo nos anúncios de journais,* Río de Janeiro, José Olympio, 1969.
276. Revista *Signos,* Santa Clara, Cuba, julio/diciembre de 1979.
277. Reyes Abadie, W. (Con Oscar H. Bruschera y Tabaré Melogno), *el ciclo artiguista,* Montevideo, Universidad, 1968.

278. – (Con A. Vázquez Romero), *Crónica general del Uruguay,* Montevideo, Banda Oriental, 1979/1981.
279. Riazanov, David, *Karl Marx and Friedrich Engels. An introduction to their lives and work,* Nueva York, Monthly Review, 1973.
280. Rippy, J. Fred, *La rivalidad entre Estados Unidos y Gran Bretaña por América Latina (1808/1830),* Buenos Aires, EUDEBA, 1967.
281. Roa Bastos, Augusto, *Yo el Supremo,* Buenos Aires, Siglo XXI, 1974.
282. Robertson, James Oliver, *American myth, american reality,* Nueva York, Hill and Wang, 1980.
283. Robertson, J. P. y G. P., *Cartas de Sud-América* (Prólogo de José Luis Busaniche), Buenos Aires, Emecé, 1950.
284. Rodrigues, Nina, *Os africanos no Brasil,* San Pablo, Editora Nacional, 1977.
285. Rodríguez, Simón, *Sociedades americanas,* edición facsimilar, con prólogos de Germán Carrera Damas y J. A. Cora, Caracas, Catalá/Centauro, 1975.
286. Rodríguez Demorizi, Emilio, *Martí en Santo Domingo,* La Habana, Ucar García, 1953.
287. Roeder, Ralph, *Hacia el México moderno: Porficio Díaz,* México, FCE, 1973.
288. Rojas-Mix, Miguel, *La Plaza Mayor. El urbanismo, instrumento de dominio colonial,* Barcelona, Muchnik, 1978.
289. Romero, Emilio, *Historia económica del Perú,* Lima, Universo, 1949.
290. Romero, José Luis, *Las ideas políticas en Argentina,* México/Buenos Aires, FCE, 1956.
291. Rosa, José María, *La guerra del Paraguay y las montoneras argentinas,* Buenos Aires, Huemul, 1965.
292. Rosenberg, Bruce A., *The code of the West,* Bloomington, Indiana University, 1982.
293. Rossi, Vicente, *Cosas de negros,* Buenos Aires, Hachette, 1958.
294. Rubín de la Barbolla, Daniel F., *Arte popular mexicano,* México, FCE, 1974.
295. Rumazo González, Alfonso, *Manuela Sáenz. La libertadora del Libertador,* Caracas/Madrid, Mediterráneo, 1979.
296. – *Sucre,* Caracas, Presidencia de la República, 1980.
297. – *Ideario de Simón Rodríguez,* Caracas, Centauro, 1980.
298. – *Simón Rodríguez,* Caracas, Centauro, 1976.
299. Rumrrill, Roger, y Pierre de Zutter, *Amazonia y capitalismo. Los condenados de la selva,* Lima, Horizonte, 1976.
300. Sabogal, José, *El desván de la imaginería peruana,* Lima, Mejía Baca y Villanueva, 1956.

301. Salazar, Sonia (Recopiladora), »Testimonio sobre el origen de la leyenda del Señor de Ccoyllorithi«, en la revista *Sur,* núm. 52, Cuzco, julio de 1982.
302. Salazar Bondy, Sebastián, *Lima la horrible,* La Habana, Casa de las Américas, 1967.
303. Salomon, Noel, »Introducción a José Joaquín Fernández de Lizardi«, en la revista *Casa del Tiempo,* vol. II, núm. 16, México, diciembre de 1981.
304. Sánchez, Luis Alberto, *La Perricholi,* Lima, Nuevo Mundo, 1964.
305. Sanford, John, *A more goodly country. A personal history of America,* Nueva York, Horizon Press, 1975.
306. Sanhueza, Gabriel, *Santiago Arcos, comunista, millonario y calavera,* Santiago de Chile, Pacífico, 1956.
307. Santos, Joaquim Felício dos, *Memórias do Distrito Diamantino,* Belo Horizonte, Itatiaia, 1976.
308. Santos Rivera, José (Recopilador), *Rubén Darío y su tiempo,* Managua, Nueva Nicaragua, 1981.
309. Sarabia, Viejo, María Justina, *El juego de gallos en Nueva España,* Sevilla, Escuela de Estudios Hispano-Americanos, 1972.
310. Sarmiento, Domingo Faustino, *Vida de Juan Facundo Quiroga,* Barcelona, Bruguera, 1970.
311. – *Conflicto y armonías de las razas en América,* Buenos Aires, La Cultura Argentina, 1915.
312. Scobie, James R., *Buenos Aires del centro a los barrios (1870/1910),* Buenos Aires, Hachette, 1977.
313. Scott, Anne Firor, »Self-portraits«, en *Women's America,* de Linda Kerber y Jane Mathews, Nueva York, Oxford University, 1982.
314. Scroggs, William O., *Filibusteros y financieros. La historia de William Walker y sus asociados,* Managua, Banco de América, 1974.
315. Schinca, Milton, *Boulevard Sarandí. 250 años de Montevideo; anécdotas, gentes, sucesos,* Montevideo, Banda Oriental, 1976.
316. Scholes, Walter V., *Política mexicana durante el régimen de Juárez (1855/1872),* México, FCE, 1972.
317. Selser, Gregorio, *Sandino, general de hombres libres,* Buenos Aires, Triángulo, 1959.
318. Servando, fray (Servando Teresa de Mier), *Memorias,* prólogo de Alfonso Reyes, Madrid, América, s/f.
319. Silva, José Asunción, *Prosas y versos,* prólogo de Carlos García Prada, Madrid, Eisa, 1960.
320. Silva Santisteban, Fernando, *Los obrajes en el Virreinato del Perú,* Lima, Museo Nacional de Historia, 1964.
321. Simpson, Lesley Byrd, *Muchos Méxicos,* México, FCE, 1977.

322. Solano, Francisco de, *Los mayas del siglo XVIII,* Madrid, Cultura Hispánica, 1974.
323. Soler, Ricaurte, »Formas ideológicas de la nación panameña«, en *Tareas,* Panamá, octubre/noviembre de 1963.
324. Sosa, Juan B., y Enrique J. Arce, *Compendio de historia de Panamá,* Panamá, Editorial Universitaria, 1977.
325. Souza, Márcio, *Gálvez, Imperador do Acre,* Río de Janeiro, Civilização Brasileira, 1981.
326. Sozina, S. A., *En el horizonte está El Dorado,* La Habana, Casa de las Américas, 1982.
327. Stein, Stanley J., *Grandeza e decadência do café no vale do Paraíba,* San Pablo, Brasiliense, 1961.
328. Stern, Milton R., *The fine hammered steel of Herman Melville,* Urbana, University of Illinois, 1968.
329. Stewart, Watt, *La servidumbre china en el Perú,* Lima, Mosca Azul, 1976.
330. Syme, Ronald, *Fur trader of the north,* Nueva York, Morrow, 1973.
331. Taylor, William B., *Drinking, homicide and rebellion in colonial mexican villages,* Stanford, Stanford University, 1979.
332. Teja Zabre, Alfonso, *Morelos,* Buenos Aires, Espasa-Calpe, 1946.
333. Tibol, Raquel, *Hermenegildo Bustos, pintor de pueblo,* Guanajuato, Gobierno del Estado, 1981.
334. Tocantins, Leandro, *Formação histórica do Acre,* Río de Janeiro, Civilização Brasileira, 1979.
335. Touron, Lucía Sala de, con Nelson de la Torre y Julio C. Rodríguez, *Artigas y su revolución agraria (1811/1820),* México, Siglo XXI, 1978.
336. Trías, Vivian, *Juan Manuel de Rosas,* Montevideo, Banda Oriental, 1970.
337. Tristán, Flora, *Les pérégrinations d'une paria,* París, Maspero, 1979.
338. Tulard, Jean (Recopilador), *L'Amérique espagnole en 1800 vue par un savant allemand: Humboldt,* París, Calmann-Lévy, 1965.
339. Tuñón de Lara, Manuel, *La España del siglo XIX,* Barcelona, Laia, 1973.
340. Turner III, Frederick W., *The portable north-american indian reader,* Londres, Penguin, 1977.
341. Twain, Mark, *Un yanqui en la corte del rey Arturo,* Barcelona, Bruguera, 1981.
342. Un inglés, *Cinco años en Buenos Aires (1820/1825),* Buenos Aires, Solar/Hachette, 1962.
343. Uslar Pietri, Arturo, *La isla de Robinsón,* Barcelona, Seix Barral, 1981.
344. Valcárcel, Carlos Daniel, *La rebelión de Túpac Amaru,* México, FCE, 1973.

345. – (Recopilación y comentarios), *Colección documental de la independencia del Perú,* tomo II, vol. 2, Lima, Comisión Nal. del Sesquicentenario, 1971.
346. Valle-Arizpe, Artemio de, *Fray Servando,* Buenos Aires, Espasa-Calpe, 1951.
347. Vargas, José Santos, *Diario de un comandante de la independencia americana (1814/1825),* México, Siglo XXI, 1982.
348. Vargas Martínez, Ubaldo, *Morelos, siervo de la nación,* México, Porrúa, 1966.
349. Velasco, Cuauhtémoc, »Los trabajadores mineros en la Nueva España (1750/1810)«, en *La clase obrera en la historia de México. 1. De la colonia al imperio,* México, Siglo XXI, 1980.
350. Vidart, Daniel, *El tango y su mundo,* Montevideo, Tauro, 1967.
351. Vieira, Antonio, *Obras várias,* Lisboa, Sá da Costa, 1951/1953.
352. Villarroel, Hipólito, *Enfermedades políticas que padece la capital de esta Nueva España,* México, Porrúa, 1979.
353. Viñas, David, *Indios, ejérito y frontera,* México, Siglo XXI, 1983.
354. Vitier, Cintio, *Temas martianos,* La Habana, Centro de Estudios Martianos, 1969 y 1982.
355. Von Hagen, Víctor W., *Culturas preincaicas,* Madrid, Guadarrama, 1976.
356. Walker, William, *La guerra de Nicaragua,* San José de Costa Rica, Educa, 1975.
357. Westheim, Paul, y otros, *José Guadalupe Posada,* México, Instituto Nal. de Bellas Artes, 1963.
358. Whitman, Walt, *Hojas de hierba* (Traducción de Jorge Luis Borges), Barcelona, Lumen, 1972.
359. Williams García, Roberto, *Mitos tepehuas,* México, Sep/Setentas, 1972.
360. Wissler, Clark, *Indians of the United States,* Nueva York, Doubleday, 1967.
361. Ziegler, Jean, *Les vivants et la mort,* París, Seuil, 1975. (Hay trad. cast., *Los vivos y la muerte,* México, Siglo XXI, 1976.)

Ausführliches Inhaltsverzeichnis